《当代中国马克思主义》论丛（第二辑）

马克思主义中国化研究

Makesi Zhuyi Zhongguohua Yanjiu

中共中央党校马克思主义理论教研部
中国马克思主义研究基金会 编

人民出版社

目 录

序

李景田

　　马克思主义是我们的立党之本。坚持和发展马克思主义，对于我们中国共产党人来说，是一件"天经地义"的事情。推进马克思主义中国化，用发展着的马克思主义指导新的实践，这是我们党坚持和发展马克思主义的重要经验，也是我们党坚持和发展马克思主义的实际体现。马克思主义中国化，就是把马克思主义同中国具体实际相结合，在解决中国问题的过程中形成富有中国风格、中国气派的新理论。我们党推进马克思主义中国化的过程，也就是运用马克思主义解决中国问题并实现理论创新的过程。

　　推进马克思主义中国化，是我们党吃尽了教条化地对待马克思主义的苦头之后才获得的一条基本经验、一个重要认识。它来之不易，弥足珍贵。有了这样的经验和认识，才有了马克思主义在中国的科学运用，才有了马克思主义中国化理论成果的相继产生。毛泽东思想和中国特色社会主义理论体系，就是我们党在推进马克思主义中国化的历史进程中创造出的两大理论成果。这两大理论成果对中国问题的探索解答，依据的是中国国情，运用的是马克思主义的立场、观点和方法，遵循的是马克思主义的基本原理。所以，它们既是切合中国实际的，又是马克思主义的，是坚持和发展马克思主义的典范。毛泽东思想科学地解答了在中国这样一个半殖民地半封建的东方大国，如何进行革命才能走向社会主义的问题，并对建设什么样的社会主义、怎样建设社会主义问题进行了艰辛的探索，为马克思主义增添了新的内容。中国特色社会主义理论体系在科学地解答了建设什么样的社会主义、怎样建设社会主义这一问题的同时，也科学地解答了建设什么样的党、怎样建设党，实现什么样的发展、怎样发展等重大问题，由此形成的一系列新思想、新观点，生动、鲜明地表现出马克思主义在当代中国的丰富和发展。正因为如此，在当代中国，坚持中国特色社会主义理论体系，就是真正坚持马克思主义。

以科学的态度对待马克思主义，是我们推进马克思主义中国化的一个重要前提。马克思主义作为一种科学理论，作为一种认识世界和改造世界的思想武器，是在解答人类历史问题过程中形成的，也是在解答人类历史问题过程中不断发展的。其科学性，就在于它是以客观现实为依据；其生命力，就在于它是随着时代和实践的发展而发展。离开了社会实践，离开了时代的要求，马克思主义就不可能成为充满生机和活力的理论，也不可能对人类社会历史进程产生持久的影响。与时俱进，是马克思主义的内在品格。有马克思主义作指导，这是我们共产党人认识世界、改造世界的一大优势。但我们必须始终以科学的态度对待马克思主义，随着实践和时代的发展把马克思主义不断推向前进。要是以教条化的方式对待马克思主义，不仅失去了优势，还会走向反面。这既危害事业，也危害马克思主义的声誉和命运。

　　及时回答实践提出的新问题，为实践提供科学指导，是我们推进马克思主义中国化的根本目的。实践的过程，就是一个不断提出问题和解决问题的过程。有了实践问题的不断提出，才有了推进马克思主义中国化的必要。实践在一个新的起点上展开，理论创新也必然要随之上升到一个新的层次。马克思主义是我们认识和解决中国问题的指导思想和基本原则，而不是解决中国实际问题的现成答案。如果我们只是简单地重复马克思主义立场、观点、方法和基本原理，或拘泥于一些具体的结论和判断，就无法解决我们遇到的各种问题，也无法推动我们事业的发展。因此，只有把马克思主义运用到解决实际问题中，针对新的问题，作出新的理论概括，指导实践的发展，才能体现出马克思主义中国化的实际意义。"老祖宗"不能丢，还要不断讲新话，这是马克思主义中国化的基本要求。立足于实践，以我们正在做的事情为中心，着眼于实际问题的回答和解决，这是马克思主义中国化的一个显著特点。无论是过去还是现在，我们党对马克思主义中国化的推进，都是围绕着实践的需要展开的，都是为了回答和解决实践中的问题而进行的。

　　马克思主义中国化的过程，也是马克思主义与中华文化交汇的过程。在中国这样一个有着悠久历史和文化传统的国家，要使马克思主义根植于人们的思想深处，成为社会发展和进步的主导，就要使其不断吸纳中华文化的精华，融合中华民族的精神追求和思维方式。在数千年的历史进程中，中华民族形成了重和谐、讲信修睦的观念意识，积累了厚德载物、天人合一、协和万邦的思想，形成了以爱国主义为核心，追求团结统一、艰苦创业、自强不息的民族精神。这些观念精神，是马克思主义中国化的重要思想资源，也是马克思主义形成中国风格、中国气派的基本要素。马克思主义同中华文化相融合，同民族精神相贯通，不仅具有了深厚的中华文化底蕴，还具有了鲜活的民族表达方式，更易于为人民大众所理解、所接受。

深入研究马克思主义中国化的历史进程和独创经验，着重阐发马克思主义中国化的重要理论成果，不断推进马克思主义中国化的新发展，这是我们党的理论建设的一项重要任务，也是理论工作者义不容辞的责任。中央党校马克思主义理论教研部与中国马克思主义研究基金会共同编的《当代中国马克思主义》论丛，以"马克思主义中国化研究"为题推出新的研究专辑，做了一件很有价值的工作。这个专辑收入的文章，集中展示了许多专家学者在这个问题上的研究思考和理论成果。得知这个专辑的出版，感到很高兴，相信这将有助于在新的历史条件下继续推进马克思主义中国化问题的研究。

马克思主义中国化研究

李君如

我们学习的"马克思主义中国化研究"这一专业，是一个最具有中国特色的理论专业，是一个新专业。因此，我们必须从基础做起，对"马克思主义中国化"这一命题提出和发展的一系列基本问题进行深入的思考和研究。

一、"马克思主义中国化"的提出

"马克思主义中国化"这一命题，是以毛泽东为主要代表的中国共产党人在认真总结我国革命实践中积累的丰富经验，并进行深入的哲学和理论思考的基础上提出的。

（一）"马克思主义中国化"命题的提出

"马克思主义中国化"这一命题是毛泽东代表党中央在抗日战争初期提出的。

1938年10月，在党的（扩大的）六届六中全会上，毛泽东作了题为《论新阶段》的长篇报告。在这一著名报告的第七部分《中国共产党在民族战争中的地位》中，他以我们党在北伐战争和土地革命战争经历的两次胜利、两次失败的历史经验和抗日战争初期在统一战线问题上出现的右倾错误为鉴戒，深刻地指出："没有抽象的马克思主义，只有具体的马克思主义。所谓具体的马克思主义，就是通过民族形式的马克思主义，就是把马克思主义应用到中国具体环境的具体斗争中去，而不是抽象地应用它。成为伟大中华民族之一部分而与这个民族血肉相连的共产党员，离开中国特点来谈马克思主义，只是抽象的空洞的马克思主义。因此，马克思主义的中国化，使之在其每一表现中带着中国的特性，即是说，按照中国的特点去应用它，成为全党亟待了解并亟须解决的问题。"尽管在这之前，也有人使用过"马克思主义哲学中国化"、"马克思主义中国化"等提法，但是在这里毛泽东是在中央全委会上代表党中央向全党提出的任务，并强调这是全党"亟待了解并亟须解决的问题"。

在中国革命和建设的伟大实践中形成的毛泽东思想，就是马克思主义中国化的第一个成果。刘少奇在党的七大上论述毛泽东思想是党的指导思想的时候，明确指出：毛泽东"成功地进行了马克思主义中国化的巨大工作"。

（二）"马克思主义中国化"思想的形成

毛泽东之所以能够在抗日战争初期提出"马克思主义中国化"这一命题，是因为中国革命的实践告诉我们：马克思主义是解决中国问题的最好理论武器，但是马克思主义只有与中国革命的具体实践相结合，才能使中国革命的面貌为之一新。

从中国革命的实际进程来考察毛泽东关于"马克思主义中国化"

思想的形成及这一命题提出的过程，经历了三个重要的发展阶段：

第一阶段，以"改造中国与世界"为己任学习和接受马克思主义。近代中国落后挨打、任人宰割的悲惨命运，激发了无数志士仁人救亡图存的爱国热情。但是，从林则徐、魏源提出"师夷长技以制夷"，到洪秀全领导的波澜壮阔的太平天国运动，到康有为、梁启超推动的戊戌变法，都没有获得成功。孙中山先生领导的辛亥革命，尽管结束了统治中国两千多年的君主专制制度，但并没有改变中国自1840年鸦片战争以来逐步形成的半殖民地半封建社会的性质，革命的成果最终还是落到了北洋军阀手中，国家和人民仍然处在水深火热之中。毛泽东在青年时代就具有"改造中国与世界"的志向。为了救亡图存，他和同时代的许多爱国青年一样，在五四新文化运动"打倒孔家店"的呐喊中突破中国封建文化的藩篱，以宽广的世界眼光寻找救国救民的真理。应该讲，五四新文化运动也有不足，还存在着毛泽东后来在《反对党八股》中所说的，对中国传统文化缺乏历史唯物主义的批判精神，即"所谓坏就是绝对的坏"等形式主义问题。但是在五四新文化运动中，世界上各种思潮汹涌澎湃地进入中国，毛泽东的思想认识也发生了急剧的变化，实现了一次又一次超越。在哲学思想上，他经历了从"无我论"到"唯我论"特别是"精神之个人主义"，到"平民主义"，再到"唯物史观"的转变；在政治思想上，他经历了从传统的爱国主义到民主主义特别是无政府主义，再到共产主义的转变。①毛泽东经历的这一系列思想转变，不是在书斋里发生的，而是在他亲身经历的实践推动下发生的，即在他参与和领导的思想启蒙

---

① 参见李君如：《毛泽东与近代中国》，福建人民出版社1994年版。

运动、驱张运动、湖南自治运动等一系列民主主义实践遭受失败以后发生的，所以他的思想转变要比别人更为深刻。[①] 他最终接受或选择马克思主义，表明他开始把马克思主义作为改造中国和世界的思想武器。而这一点，正是他后来形成并提出"马克思主义中国化"的历史起点。

第二阶段，在"反对本本主义"中提出马克思主义"本本"与中国实践结合的原则。毛泽东和一批先进的知识分子接受马克思主义，并把马克思主义与中国工人运动结合起来创建中国共产党，是因为他们在实践中认识到，马克思主义反映了社会发展的客观规律并代表被剥削被压迫的广大劳动人民的利益，认识到只有马克思主义才是解决中国社会的主要矛盾即反对帝国主义和封建主义的思想武器。但是，实践告诉毛泽东和中国共产党人，产生于西方社会并以解决无产阶级与资产阶级的矛盾为主要任务的马克思主义，要运用于中国社会环境，还必须根据中国实际提出能够解决中国问题的正确的战略思想和方针政策。为此，毛泽东运用马克思主义的阶级分析方法，全面系统地分析了中国社会的阶级状况，形成了无产阶级领导的团结广大农民阶级、城市小资产阶级和民族资产阶级，反对帝国主义、封建主义以及与此相联系的买办资本主义的战略策略思想；在大革命失败后，又不失时机地提出了"枪杆子里面出政权"的思想并带领秋收起义队伍走上了农村包围城市最后夺取全国政权的独特革命道路；在农村革命

---

① 毛泽东 1921 年 1 月 1 日、2 日在新民学会长沙会员大会上说："因俄式系诸路皆走不通了新发明的一条路，只此方法较之别的改造方法所含可能的性质为多。"见《毛泽东文集》第 1 卷，人民出版社 1993 年版，第 1—4 页。

根据地建设中，通过深入细致的调查研究提出了解决农村土地问题、红色政权建立问题、人民军队建设和党的建设等一系列新问题。在此基础上，他在 1930 年针对党的工作指导中出现的主观主义倾向，提出了"反对本本主义"；要把马克思主义的"本本"与中国实际相结合；没有调查就没有发言权；中国革命斗争的胜利要靠中国同志了解中国情况；要形成从斗争中创造新局面的思想路线等一系列重要思想。毛泽东这些关于如何对待马克思主义的唯物主义思想的提出，是"马克思主义中国化"思想形成的重要环节。[①]

第三阶段，在历史经验和哲学思想的总结中提出"马克思主义中国化"这一科学命题。经过长征和遵义会议的生死考验，毛泽东在红军到达陕北以后，一方面总结北伐战争和土地革命战争两次胜利两次失败的经验教训，写了《中国革命战争的战略问题》和《实践论》、《矛盾论》等讲义，着手在红军指战员中进行党的历史经验和马克思主义哲学思想的教育；另一方面分析国内外形势的变化，特别是国内民族矛盾取代阶级矛盾上升为社会主要矛盾的新特点，制定了建立抗日民族统一战线的政治策略路线，并以第一次国共合作的经验教训为鉴戒提出了共产党要在统一战线中保持独立自主的原则。正当毛泽东在进行这些马克思主义的创造性工作时，1937 年 11 月，王明以共产国际执委会主席团委员的领导身份回国，并在政治局 12 月会议上传达共产国际提出的"一切服从统一战线"、"一切经过统一战线"的指示，批评了毛泽东关于党要在统一战线中保持独立自主的主张。1938 年，党中央派任弼时去苏联向共产国际汇报工作。当时主持共产国际工作

---

① 《毛泽东选集》第一卷，人民出版社 1991 年版，第 109—118 页。

的季米特洛夫了解了中国的实际情况后，派中共驻共产国际代表王稼祥回国，指示中国共产党"在领导机关中要在毛泽东为首的领导下解决"。根据这一重要指示，中国共产党召开了（扩大）六届六中全会。① 毛泽东在会上作了《论新阶段》的著名报告，强调党要加强学习，要研究理论、历史和现实，包括要研究从孔夫子到孙中山的历史和中国革命的丰富经验，提出了"马克思主义中国化"的理论任务。

二、围绕"马克思主义中国化"的争论及其提出的问题

毛泽东提出"马克思主义中国化"，统一了党内的思想，为中国共产党的发展奠定了科学的思想基础，但同时也在国内外引起了一系列争论。这些争论提出的问题，正是我们要研究的课题。

（一）关于"马克思主义中国化"的三场争论

在毛泽东提出"马克思主义中国化"之后，我们党同反共的复古思潮、以正统马克思主义面目出现的教条主义，进行了三场思想理论争论。

第一场争论：20 世纪 40 年代初的争论——"马克思主义中国化"是不是要"化"掉马克思主义？

毛泽东提出的"马克思主义中国化"，在思想理论界产生了极大的反响。延安和国民党统治区的许多专家学者都发表了相关文章。在国民党统治区，还掀起了"学术中国化"的讨论，使之成为当时中国义化界的基本口号。但是，同抗日民族统一战线中出现的反共逆流相

---

① 《毛泽东传》（1893—1949）下卷，中央文献出版社 1996 年版，第 504—521 页。

联系，在思想战线也出现了一个以强调中国的"特殊性"来否定马克思主义的反动思潮。叶青（任卓宣）在《论中国的学术精神》上说，马克思主义中国化的"化"，"是带有改作和创造的性质的，理解、精通、继承、宣传、应用、发挥……都不是化，当然也不是中国化了"。因此，说马克思主义中国化就"必须变更其形式，有如一个新的东西，中国的东西，与原来的不同。这才叫做中国化"。1940年2月，艾思奇针对叶青以"马克思主义中国化"为名，鼓吹"中国国情特殊"，用复古主义来否定马克思主义的错误言论，进行了深入的分析和批驳。他尖锐地指出，按照叶青的解释，"经过这么一化，就又把马克思主义化为乌有了"。①

第二场争论：20世纪60年代初的争论——马克思主义作为各个国家普遍适用的真理，是不是就不能"中国化"了？

如果我们注意一下党的思想理论宣传历史，可以发现一个问题：在全国解放后，我们很少公开使用"马克思主义中国化"这一提法，一般只是使用"马克思主义与中国实际相结合"这一提法。其重要原因是，1948年6月共产党情报局通过决议，批评南斯拉夫共产党的所谓民族主义、反苏和亲资本主义倾向。我们党考虑到"马克思主义中国化"的提法可能会被误解为民族主义倾向，而我们又面临着夺取全国政权后需要苏联政府的支持和援助，所以不再提"马克思主义中国化"，包括后来在《毛泽东选集》出版时，也把《中国共产党在民族战争中的地位》一文中的"马克思主义中国化"，改为"使马克思

---

① 艾思奇：《艾思奇全书》第2卷，人民出版社2006年版，第772—779页。

主义在中国具体化"。①

　　即使如此，后来在中苏论战的时候，苏共还是对我们党在历史上使用过"马克思主义中国化"这一提法进行了指责。1960 年 11 月初，刘少奇率中共代表团到莫斯科出席全世界共产党和工人党代表会议，苏共中央在送交中共代表团给中共中央的长篇《答复信》中，对中国共产党进行了一系列指责，其中之一就是："马列主义是一个国际主义的学说，它对一切国家都同样是适用和可以采纳的。然而中共的同志们，中国的报刊，竟广泛地使用'中国化的马克思主义'这个概念。譬如说，刘少奇同志在中共第七次全国代表大会的报告中，就说到马克思主义中国化，说毛泽东同志'成功地进行了马克思主义中国化的巨大工作'。"因此，毛泽东在 1961 年 1 月党的八届九中全会上对此作了回应。他风趣地说道："'马克思主义中国化'，恐怕不是你（指刘少奇）的专有权，我想我也讲过嘛！文字上有，我记得好像有，六中全会上写了马克思主义中国化，我记得我提过，所以发生这个版权问题。所谓马克思主义中国化，就是马克思主义普遍真理跟中国革命具体实践的统一，一个普遍一个具体，两个东西的统一叫中国化。"实践证明，毛泽东提出的"马克思主义中国化"的任务是正确的。

　　第三场争论：20 世纪 80 年代初的争论——提出"马克思主义中国化"、"中国特色社会主义"，是不是否定了马克思主义是普遍真理？是不是搞"马克思主义多元化"？

---

① 毛泽东 1956 年 8 月 24 日在同音乐工作者谈话时，说过在艺术上要学习西方好的东西，但是"应该越搞越中国化，而不是越搞越洋化"。见《毛泽东文集》第 7 卷，人民出版社 1999 年版，第 82 页。

　　长期以来，我们认为苏联模式的社会主义就是标准的社会主义。在苏联模式社会主义的弊端日益暴露的过程中，人们开始重新思考"什么是社会主义、怎样建设社会主义"，包括社会主义是不是只能有苏联一种模式。1982年在党的十二大，邓小平提出要"走自己的道路，建设有中国特色的社会主义"，在世界社会主义运动中产生了强烈的反响。这是对科学社会主义的一个重大突破，也是"马克思主义中国化"的原则在新的历史条件下的应用。

　　但是，1983年，在南斯拉夫察夫塔特召开的世界社会主义圆桌会议上，中国代表团作了关于"建设有中国特色社会主义"的报告后，遭到了苏联代表团的猛烈抨击。他们指责这一思想否定了马克思主义是各个国家普遍适用的真理，搞的是社会主义多元化。但是，经过深入思考，越来越多的人认识到这一问题的重要性。在1985年召开的世界社会主义圆桌会议上，南斯拉夫一些专家指出："每个国家都有权以自己的特定方式去发展社会主义"；"马克思主义并不是任何人的私有财产，不能按照或低或高的利率进行借贷和租用，但也不能把它封闭起来，排斥其他概念和思想。假若不实现这些前提，那么社会主义就会受到自身的危害"；"由于存在多种民族和多种文化，所以也将存在多元的社会主义。在这个意义上，世界历史的进程仍然在不断地向前发展，但它显然正在脱离这个单一性和一元性的模式"。

　　但是，南斯拉夫等国家的理论工作者在支持"中国特色社会主义"，批评苏共的"社会主义多元化"指责的过程中，把中国代表团提出的"中国特色"问题，概括为"多元的社会主义"，并没有准确地反映我们党的立场和观点。这样把社会主义模式的多样性归结为社会主义的多元化，弄不好，会否定科学社会主义的基本原则。20世纪 80 年代在东欧和苏联曲折推进的新一轮改革最终失败，就是一个严重的教训。

（二）争论提出的问题

围绕"马克思主义中国化"问题发生的这三场争论，提出了三个重大问题。

一是在对待马克思主义的问题上，怎么样认识事物的普遍性与特殊性的关系。在上述关于"马克思主义中国化"的三场争论中，叶青借口中国的特殊性来否定马克思主义的普遍适用性；苏共中央和苏联理论家则用马克思主义的普遍适用性来否定中国的特殊性。这两个极端，同出一源，即都不懂得普遍性与特殊性的辩证关系。马克思主义作为自然界、人类社会和思维发展的客观规律的科学反映，对于世界各国具有普遍适用性，这是毫无疑义的。但是这种普遍性不是脱离特殊性而存在的，它不仅是从一个又一个特殊性的客观事物中抽象出来的，并存在于一个又一个特殊性的客观事物之中；而且，当这种来自于特殊性的普遍性，在应用于解决一个又一个特殊性问题时，还必须同一个又一个特殊性问题相结合，形成能够解决特殊性问题的具体论断。毛泽东在《矛盾论》中早就指出："这种共性，即包含于一切个性之中，无个性即无共性。假如除去一切个性，还有什么共性呢？"他还极其深刻地指出："这一共性个性、绝对相对的道理，是关于事物矛盾的问题的精髓，不懂得它，就等于抛弃了辩证法。"① 因此，马克思主义中国化，贯穿的正是唯物辩证法关于这一"事物矛盾问题的精髓"。这也正如毛泽东在党的八届九中全会上所说的："所谓马克思

---

① 《毛泽东选集》第一卷，人民出版社 1991 年版，第 319—320 页。

主义中国化，就是马克思主义普遍真理跟中国革命具体实践的统一，一个普遍一个具体，两个东西的统一叫中国化。"

　　二是在把马克思主义应用于中华民族复兴大业的过程中，怎么样认识马克思主义与爱国主义（民族主义）的关系。正如前面所介绍的，我们党在相当长的时间里没有使用"马克思主义中国化"这一提法，是为了避免被苏共误解我们党具有民族主义的倾向。这里需要指出的是，民族主义是一个多义词。有时候，人们把民族主义等同于爱国主义；有时候，人们把民族主义看做是以民族利益为中心并且狭隘地维护民族利益，没有国际责任，甚至不惜侵犯其他民族利益的思潮。对于后者，我们又常常称它为"狭隘民族主义"。当年，共产党情报局批评南斯拉夫的民族主义，又是一种情况，即认为他们常常在共产主义运动中同苏共不一致。而我们党提出的马克思主义中国化，强调的是中国共产党要从中国实际出发，独立自主地处理重大问题，实现中华民族的独立、解放和发展。毛泽东在领导革命的时候，经常强调要把我们的爱国主义与无产阶级的国际主义统一起来，就是这个意思。同时，我们要认识到，民族主义、爱国主义都是历史范畴。毛泽东在《中国共产党在民族战争中的地位》中就说过："爱国主义的具体内容，看在什么样的历史条件之下来决定。有日本侵略者和希特勒的'爱国主义'，有我们的爱国主义。"[1]同样是我们倡导的爱国主义，在民族危亡的时候，救亡是民族主义或爱国主义的主题；在今天，民族主义或爱国主义的主题是在发展中国特色社会主义事业中实现中华民族的伟大振兴。因此，我们讲马克思主义中国化，是同我们民族肩负的历史

―――――――――――

① 《毛泽东选集》第二卷，人民出版社1991年版，第520页。

任务紧密地联系在一起的。但是在我们强调国际主义的时候，苏共并没有意见；在我们突出爱国主义的时候，他们总认为我们是那种狭隘的民族主义。我们不能因为人家怀疑我们是这种民族主义就放弃爱国主义的旗帜，我们也不能因为强调爱国主义而纵容那种狭隘的民族主义。这是我们在坚持马克思主义中国化的时候，一定要注意和牢记的。

三是坚持马克思主义中国化是不是推行马克思主义多元化。如前所说，在讨论"中国特色社会主义"问题时，苏联的理论家把"中国化"、"中国特色"当做否定马克思主义基本原理的"多元化"来批判，而南斯拉夫的学者则认为马克思主义就应该是"多元化"的。这两种针锋相对的观点，实际上都把我们党提出的"中国化马克思主义"、"中国特色社会主义"等同于"马克思主义多元化"、"科学社会主义多元化"，区别仅仅在于一个是否定，一个是肯定。但是，他们都不懂得中国共产党人对待马克思主义、科学社会主义的科学态度。关于马克思主义、科学社会主义能否"多元化"的争论，由于"元"的问题非常复杂，涉及马克思主义的本体问题。弄不好会给从根本上否定马克思主义基本原理留下很大的缝隙。所以，我们强调马克思主义中国化，决不能走向马克思主义多元化，进而否定马克思主义。中国共产党人提出"马克思主义中国化"、"中国特色社会主义"，是以坚持马克思主义、科学社会主义的普遍适用性为基本前提的。用邓小平的话来说，就是："我们多次重申，要坚持马克思主义，坚持走社会主义道路。但是，马克思主义必须是同中国实际相结合的马克思主义，社会主义必须是切合中国实际的有中国特色的社会主义。"①

---

① 《邓小平文选》第三卷，人民出版社 1993 年版，第 63 页。

这三个重大问题，集中起来，就是"什么是马克思主义，怎样对待马克思主义"，这一坚持和发展马克思主义的基本问题。我们要的是同中国具体实际相结合的马克思主义，要的是同中华民族伟大的爱国主义精神相联系的马克思主义，要的是在实践中不断发展的而不是所谓"多元化"的马克思主义，要用这样的马克思主义来指导我们的伟大实践。

三、"马克思主义中国化"的重新提出及其内涵的深化

自从党的（扩大）的六届六中全会提出"马克思主义中国化"以来，在这个问题上经历了三次争论以后，我们在实践中越来越体会到这个思想的科学性和重要性，进入21世纪初，我们党以实践为检验真理的标准，重新使用了"马克思主义中国化"和"中国化马克思主义"的提法。同时，在党的思想理论建设中深化了对这一思想的认识。

（一）"马克思主义中国化"的重新提出及其意义

经过长期实践的检验，特别是在中国特色社会主义提出以来，我们在20世纪80年代末90年代初经历了苏东剧变的严峻考验以后，以江泽民为核心的第三代中央领导集体决定重新提出"马克思主义中国化"这一科学概念。

2001年7月1日，江泽民在庆祝中国共产党成立80周年的重要讲话中，首次用"中国化了的马克思主义"来说明毛泽东思想和邓小平理论在马克思主义发展史上的地位。同年9月26日，在中共中央《关于加强和改进党的作风建设的决定》中，明确提出了"不断推进马克思主义中国化"的要求。

党的十六大以后，"马克思主义中国化"就成为我们党经常使用的提法。2003年6月22日，中共中央在关于学习"三个代表"重要思想的通知中，强调这一重要思想"是马克思主义中国化的最新成果"。胡锦涛总书记在2003年7月中央政治局集体学习时的重要讲话、同年12月在纪念毛泽东诞辰110周年上的重要讲话、2005年1月在新时期保持共产党员先进性专题报告会上的重要讲话、2006年8月在学习《江泽民文选》报告会上的重要讲话、同年10月在党的十六届六中全会上以及在其他一系列重要活动的重要讲话中，多次使用了"马克思主义中国化"这一提法。2006年5月31日，胡锦涛总书记在为全国干部学习培训教材所写的序言中，明确提出"干部教育培训工作，必须坚持以马克思列宁主义、毛泽东思想、邓小平理论和'三个代表'重要思想为指导，全面贯彻落实科学发展观，把学习和传播马克思主义中国化的最新成果作为中心内容，着力引导广大干部准确把握当代中国马克思主义理论发展成果的科学内涵和精神实质，并用以武装头脑、指导实践、推动工作"。特别是，党的十七大继党的七大后，又一次把"马克思主义中国化"写进了党代会报告。

应该看到的是，我们党在改革开放过程中重新提出"马克思主义中国化"，不是为了重复或重新肯定毛泽东的提法，而是为了科学地总结我们党在改革开放以来推进理论创新的经验，概括理论创新的最新成果。第一，我们在实践中清醒地认识到，坚持马克思主义中国化是我们党推进理论创新的主线，也就是说，在中国进行理论创新必须始终坚持马克思主义，坚持马克思主义与中国实际相结合，而不能与此背道而驰。第二，我们必须清醒地认识到，在改革开放过程中形成的邓小平理论、"三个代表"重要思想以及科学发展观等重大战略思想，以及由这些科学理论构成的中国特色社会主义理论体系，是马克思主义中国化的最新成果。在当代中国，只有坚持中国特色社会主义理论体系，才是真正坚持马克思主义。

（二）"马克思主义中国化"的原则和要求

历史的回顾告诉我们，"马克思主义中国化"是一个全新的命题。这一命题的提出，不仅在中国是一个理论创新，在马克思主义发展史上也一个理论创新。因此，我们在研究马克思主义中国化的过程中，应该深入地研究这一命题的科学内涵。

这里，先有必要区分一下"马克思主义中国化"与"中国化的马克思主义"这两个概念。前者指的是中国的马克思主义理论工作者在理论工作中必须坚持的原则和要求，后者指的是在马克思主义中国化过程中所获得的理论成果。

那么，什么是"马克思主义中国化"呢？这个问题当年在延安曾经引起过人们广泛的兴趣。根据毛泽东在《实践论》、《矛盾论》中阐述的辩证唯物主义认识论，特别是他从《反对本本主义》开始到延安时期反复强调的，关于学习研究马克思主义的一系列科学论述，我们认为，"马克思主义中国化"这一科学命题，回答的是在中国应该"怎么样坚持和发展马克思主义"这一根本的理论问题。因此，它首先是一个马克思主义理论工作的原则，同时又是马克思主义对党的理论工作的要求。

概括地说，中国的马克思主义理论工作者在理论工作中必须坚持的原则和要求，包括了一个基本原则、三个理论要求：

一个基本原则就是，"马克思主义与中国实际相结合"。用当时的话来说，是"马克思主义普遍真理与中国革命具体实践相结合"。也就是不能抽象地教条式地对待马克思主义。毛泽东在1938年《论新阶段》即《中国共产党在民族战争中的地位》中明确提出这一问题后，在1939年《〈共产党人〉发刊词》中，进一步系统地论述了我们党对这个问题的认识过程及其对党的成熟程度的影响。值得注意的是，在《中国共产党在民族战争中的地位》中，强调党要努力学习，研究理论，研究历史，研究现实，在这样三方面的学习中实现"马克思主义中国化"；而在1941年《改造我们的学习》这篇著名的整风文献中，毛泽东在阐述"理论联系实际"的"实事求是"原则时，指出理论与实践相结合必须做到理论与历史、现实相结合，也就是说理论与此结合的"实际"包括"历史经验"和"现实状况"两个方面。在这里，毫无疑问，"现实状况"的研究是最重要的。不研究现实问题，不解决现实问题，就谈不上理论联系实际，就不可能实事求是，就无所谓马克思主义中国化。与此同时，"历史经验"也是很重要的一个方面。毛泽东在运用马克思主义研究现实问题时，特别重视联系更广更深的历史经验来研究现实运动的规律。这里所讲的"历史经验"，包括中国的，也包括外国的；包括中国现代的，也包括中国古代的。实际上，是运用马克思主义研究古今中外历史经验的基础上，来认识现实并解决现实问题的。马克思主义中国化的过程，是一个艰苦的理论研究过程，是理论与包括历史经验和现实状况的客观实际之间相结合的复杂过程。

三个理论要求：一要运用马克思主义研究和解决中国问题，包括要运用马克思主义研究总结中国的历史经验进而研究总结中国现实社会的矛盾运动规律；二要总结中国革命和建设实践中形成的丰富经验，并在同外国经验的深刻比较中使之上升为理论，充实到马克思主义理论体系中去，即毛泽东在 1941 年所说的"要使中国革命丰富的实际马克思主义化"①；三要通过民族形式包括中国人民喜闻乐见的民族语言来表达马克思主义，不仅在内容上要努力使马克思主义中国化，在形式上也要努力实现马克思主义中国化。

把这三个理论要求与基本原则统一起来，我们可以注意到两点：

一是马克思主义中国化的过程是马克思主义与中国实践之间双向互动的过程。这个过程，既是理论指导实践的过程，也是实践经验上升到理论的过程。究其实质，是马克思主义面对中国实际，回答和解决中国实践提出的问题的过程，是在实践中坚持和发展马克思主义理论的过程。这里，理论要面对中国现实，指导中国实践；同时要深入实践而不能脱离实践，回答和解决实践中提出的问题；还要在实践中敢于和善于进行理论概括、理论创新。

二是马克思主义中国化的过程是马克思主义指导下的历史经验总结与现实矛盾研究之间双向互动的过程。不研究现实矛盾不可能实事求是，不研究历史经验也不可能实事求是。只有把对现实矛盾的研究与对古今中外历史经验的研究结合起来，才有可能认识并揭示事物内部的矛盾运动规律，推进马克思主义的理论创新，实现马克思主义中国化。

（三）对于"马克思主义中国化"的新思考

自从改革开放以来，特别是党的十六大、十七大以来，学术界在研究中对于"马克思主义中国化"科学内涵的认识越来越深化。

一是马克思主义中国化与"异端"问题。在对"马克思主义中国

---

① 《毛泽东文集》第 2 卷，人民出版社 1993 年版，第 374 页。

化"科学内涵思考的过程中，有一种观点值得重视。这就是，要正确看待马克思主义中国化过程的所谓"异端"。提出这一问题，是因为在马克思主义中国化过程中，许多创新的理论观点都曾经被看做是"异端"。这种情况，在思想史上具有某种普遍性。马克思主义中国化的过程，是一个在解放思想、实事求是过程中进行实践探索和实践创新、理论探索和理论创新的过程，对于在实践中形成的新经验和新观点也有一个需要以实践为基础进行再认识、以实践为标准进行客观检验的过程。在这个探索和创新过程中，难免会发生一系列新旧观点的分歧、对立和冲撞，难免会有一些新经验新观点被看做是正统理论的"异端"。比如，毛泽东关于农村包围城市最后夺取全国胜利和中国革命的主力军是农民的思想，邓小平关于以经济建设为中心建设社会主义和社会主义也可以搞市场经济的思想，江泽民关于共产党要坚持"三个代表"和新的社会阶层的优秀分子也可以入党的思想，等等，都曾经被所谓正统的理论视作马克思主义的"异端"。邓小平在谈到党的十二届三中全会通过的《关于经济体制改革的决定》时说过："这次经济体制改革的文件好，就是解释了什么是社会主义，有些是我们老祖宗没有说过的话，有些新话。我看讲清楚了。过去我们不可能写出这样的文件，没有前几年的实践不可能写出这样的文件。写出来，也很不容易通过，会被看作'异端'。"①这在马克思主义发展史上出现过，在人类文明发展史上也发生过，因此它不是一个你愿意不愿意的问题，而是一个在实践和理论探索、创新过程中难以完全避免的问题。所以，在理论创新过程中，在马克思主义中国化过程中，必须解

---

① 《邓小平文选》第三卷，人民出版社 1993 年版，第 91 页。

放思想，正确对待所谓的"异端"。

正确对待"异端"，就是要正确对待新观点。问题是，并不是什么新观点都是正确的。我们党在"文化大革命"时期曾经提出过"无产阶级专政下继续革命"的理论，并说这一理论把马克思主义发展到了新阶段。实践证明，这一理论是完全错误的。正因为是这样，就有一个正确认识"异端"、正确认识新观点的问题。我们要以实践为检验真理的唯一标准，看一看人们提出的各种新观点，究竟有哪一些是符合客观规律的，在实践中是最有成效的，是正确的。当然，这个检验也不是一朝一夕就能够检验出来的，要经过长期的实践、长期的观察、长期的检验，才能够认识其真伪对错。

二是马克思主义中国化和它的实现形态问题。马克思主义中国化，本质是马克思主义的基本原理和中国革命的具体实践相结合。其科学内涵总要体现在中国化马克思主义的内容和形式的统一上。因此，研究马克思主义中国化，还要研究其实现形态。在学习研究党的十七大精神时，有的学者认为马克思主义中国化是马克思主义在中国的发展道路和理论形态的统一。近年，我们进一步认识到："马克思主义不是从书斋中产生的一种纯学术的思想理论，而是一种融理论、运动和制度于一体的工人阶级的世界观和方法论。马克思主义中国化也有三种形态，一是理论形态，二是实践形态，三是制度形态。"①

胡锦涛总书记在庆祝中国共产党成立90周年的重要讲话中，深刻地指出："经过90年的奋斗、创造、积累，党和人民必须倍加珍惜、长期坚持、不断发展的成就是：开辟了中国特色社会主义道路，形成

① 李君如：《马克思主义中国化与中国的政治制度》，《学习时报》2011年6月20日。

了中国特色社会主义理论体系，确立了中国特色社会主义制度。"这明确指出了中国特色社会主义作为马克思主义中国化的最新成果，表现为"道路"、"理论体系"、"制度"三种形态，体现了我们今天对马克思主义中国化科学内涵认识的深化。

最后，还需要强调的一点是，我们必须清醒地认识到，马克思主义中国化的过程，就是马克思主义与中国实际相结合的理论飞跃过程，这一过程并不因为我们已经取得的成果而完结。也就是说，对于中国共产党人来说，坚持马克思主义中国化，推进马克思主义中国化，是一个任重道远的历史任务，我们必须为此不断地奋斗，奋斗，再奋斗。

（作者系中央党校原副校长、教授）

从整体上深化对马克思主义中国化、时代化、大众化的理解

韩庆祥

党的十七届四中全会明确提出，要不断推进马克思主义中国化、时代化、大众化（以下简称马克思主义"三化"）。这是我们党在意识形态与思想理论建设领域面临的一个具有总体性、根本性和战略性的重大课题。从理论上，研究马克思主义"三化"，既利于从学理上正本清源，还马克思主义本来面目，也利于推进理论创新，进而发展马克思主义，增强马克思主义的生命力、创造力和感召力；从政治上，有利于加强我们党的意识形态建设，巩固我们党执政的理论基础；有利于解决当代中国共产党人面临的重大国内国际问题，用发展着的马克思主义指导中国发展实践，彰显当代中国马克思主义的世界历史意义；也有利于重建当代中国人的精神信仰。

党的十七届四中全会提出推进马克思主义"三化"这一重大论题之后，理论界开始集中研究马克思主义"三化"问题，取得一些可喜成果。但也存在不足：一是问题意识不强。一些相关成果多从概念出发研究"三化"，从解决中国问题的角度进行研究显得不够；二是整

体性研究不够。一些成果往往研究其中某一"化",未真正认识到"三化"是一个整体;三是学理性研究不够。一些相关成果仅从政治宏观层面研究"三化",从学理上具体研究"三化"的理论基础、实质、内涵、关系、历史进程、经验教训、基本规律,则显得不足;四是多学科研究及整合不够。由于对马克思主义"三化"问题的研究缺乏多学科整合的视野,关于中国传统学术、西方哲学社会科学与马克思主义理论的关系,关于当代中国马克思主义与西方马克思主义的比较等重要问题,却被忽视了;五是哲学层面的研究不够。对"三化",学界从其他学科研究较多,从哲学层面研究相对较少。比如没有运用唯物史观来研究马克思主义中国化的历史经验和发展规律,因而对这一问题的研究不够深入。

要深化对马克思主义"三化"的重大意义、精神实质和发展规律的研究,必须从马克思主义"三化"所解决的问题出发,从整体上来研究马克思主义"三化"的理论、历史和实践。

一、从理论层面理解马克思主义的中国化、时代化、大众化

首先需要弄清马克思主义"三化"的理论基础。我认为,马克思主义"三化"的理论基础是党的思想路线,即解放思想、实事求是。解放思想、实事求是意味着要从客观实际出发。任何一种"实际"都是特定空间中的实际,这就为马克思主义中国化提供了理论依据,即马克思主义要与"中国"具体实际相结合;任何一种"实际"也是在特定时间中存在的,实事求是、从客观实际出发内在要求与时俱进,这为马克思主义时代化提供了理论依据,即马克思主义要与"时代发

展"相结合；当今人民群众的主体性日益增强，实事求是体现在党的群众路线上，迫切要求我们党的理论要被广大人民群众所掌握并满足其需求，这就为马克思主义大众化提供了理论支持。

其次需要揭示马克思主义"三化"的实质。马克思主义"三化"的实质蕴涵于所解决的问题中：它针对一般性的马克思主义无法完全解答当代中国问题，而强调创立中国化的马克思主义，要用中国化的马克思主义解决中国问题、指导当代中国的实践；它针对把马克思主义教条化的倾向而强调马克思主义要与时俱进，要通过"中国化、时代化、大众化"三种根本途径推进马克思主义的创新与发展，增强其生命力，通过时代化和大众化两种基本路径增强马克思主义尤其是当代中国马克思主义的影响力，用发展着的马克思主义指导当代中国实践；它针对仅仅把马克思主义看做意识形态而强调建立一种为大众立言的马克思主义，树立人民大众对当代中国马克思主义的信仰。

再次，应从本义和引申义两方面来揭示马克思主义"三化"的内涵。

在本义上，马克思主义中国化，就是马克思主义基本原理要与中国具体实际相结合，其内涵就是"立足中国国情"（横向总体）、"总结中国经验"（纵向历史）、"汲取中国传统优秀文化"（过去）、"反映当代中国实践"（现在）和"解决中国问题"（目的）。这五个基本要素构成马克思主义中国化的内在结构，它集中体现为"中国风格"。这里，中国具体实际包括立足中国国情、总结中国经验、汲取中国传统优秀文化、反映当代中国实践和解决中国问题五个基本方面。其中人们最关注的是如何看待马克思主义中国化与中国传统文化的关系，这是争论的一个焦点。有两种不同观点：一种是拒斥中国传统文化；

另一种是力求在中国传统文化中找到马克思主义的因素。实际上，如果不与中国传统优秀文化相结合，马克思主义中国化就会失去中国文化之根，而仅仅立足于中国传统文化来谈论马克思主义中国化，马克思主义中国化就难以获得自己的超越性和时代性。这里，应深入探讨马克思主义与中国传统优秀文化相结合的方式。我认为，二者的结合体现为"体用关系"，马克思主义中国化是"体"，中国传统优秀文化是"用"，这叫做"古为今用"。马克思主义时代化，就是马克思主义基本原理要与时代发展相结合，使马克思主义具有时代性，体现时代水平，发挥时代作用，把握时代走向，其内涵包括"把握时代特征"、"体现时代精神"、"吸收时代成果"、"解答时代课题"、"反映时代趋势"五个基本要素。这五个基本要素构成马克思主义时代化的内在结构，它集中体现为"与时俱进"。马克思主义大众化，就是使马克思主义包括中国化马克思主义被广大人民群众所认同和掌握，成为人民群众心灵世界的精神支柱和生活世界的精神武器，其内涵包括马克思主义要"体现大众立场"、"解决大众问题"、"关注大众生活"、"注重大众参与"、"具有大众表述"和"诉诸大众实践"六个基本要素。这六个基本要素构成马克思主义大众化的内在结构，它集中体现为"为大众立言"。

从引申义上，马克思主义"三化"主要包括"化什么"（对象）、"怎么化"（方法）、"化出什么"（结果）、"化得如何"（评价）四个基本环节。这里的"化"，既指使理论化为某种结果的一种努力和过程，也指使理论具有某种状态。其中最值得我们关注的是"化什么"。"化什么"既是主体与客体互动性的统一，又是过程与结果的统一。如马克思主义中国化，就是"化一般的马克思主义"（化理论）与"化中国"

（化具体实际）的统一："化一般的马克思主义"的方法，就是马克思主义一般原理要与中国具体实际相结合，即立足中国国情、总结中国经验、汲取中国文化、反映中国实践、解决中国问题，使马克思主义成为具有中国风格的当代中国马克思主义，这是用"中国具体实际"化一般的马克思主义，"中国"是"主"，"一般马克思主义"是"客"；"化中国"，就是用中国化的马克思主义指导当代中国实践，改造中国现实，促进社会进步和人的发展，使中国化马克思主义成为中国共产党执政的理论基础和中国人民的精神武器，这是用"中国化马克思主义"化中国，"中国化马克思主义"是"主"，"中国"是"客"。

最后，特别值得我们深入思考的是马克思主义"三化"之间的关系。马克思主义"三化"之间不是彼此并列、相互独立的关系，而是同一主题的三个不同层面，都是解决马克思主义在中国的功用问题，解决马克思主义在中国的创新与发展的基本路径及其生命力、创造力和感召力的问题，解决马克思主义尤其是当代中国马克思主义的理论成果之影响力的基本路径和实现方式问题，解决人民大众对马克思主义包括当代中国马克思主义的信仰等问题。马克思主义"三化"既包含马克思主义与"三化"之间的关系，也包含"三化"之间的关系。就前者来讲，马克思主义与"三化"是"一主三基"的关系，即马克思主义创新与发展是"主题"，中国化、时代化、大众化是实现马克思主义创新与发展的三种"基本"途径；就后者来说，中国化、时代化、大众化三者之间是"一主二从"的关系，即马克思主义中国化是"主题"，时代化和大众化"服从"于马克思主义中国化，是增强当代中国马克思主义影响力的两种基本途径，马克思主义中国化内在要求其时代化和大众化。

二、从历史层面理解马克思主义的中国化、时代化、大众化

(一) 关于马克思主义"三化"的历史进程

马克思主义时代化作为一种历史进程，从马克思主义传播到中国就起步了，但作为一种理论上的自觉追求和努力，是从党的十七届四中全会才开始的，且这方面的思想资源并不多。由此，这里着重梳理与反思马克思主义中国化和大众化的历程。

根据"中国化的不同方式"，马克思主义中国化的历程大致可划分四个历史时期。简要来说，1921年中国共产党成立至1938年，是马克思主义在中国传播时期。这一时期，马克思主义通过传播、解释、启蒙、通俗化而开始中国化；1938年至1949年，是马克思主义与中国革命实际相结合时期。这一时期，马克思主义通过本土化或民族化而推进中国化，产生的主要成果是毛泽东思想；1949年至1977年，是马克思主义中国化出现一定曲折时期；1978年至今，是马克思主义与中国改革和建设实际相结合时期，马克思主义通过解决"四个重大问题"（什么是马克思主义、怎样对待马克思主义；什么是社会主义、怎样建设社会主义；建设什么样的党、怎样建设党；实现什么样的发展、怎样发展）而进一步中国化，所取得的主要成果是邓小平理论、"三个代表"重要思想和科学发展观。

完整来说，根据"大众化的不同方式"，马克思主义大众化的历程大致可划分六个时期：一是"五四"前后马克思主义在中国初步传播时期。这一时期马克思主义的大众化以中国革命为目标，其内容主要体现为对马克思主义的传播、初步解释，用通俗化的语言启蒙、教

化劳苦大众，并运用唯物史观的基本原理分析社会历史，所采取的方式主要是"解释—启蒙"，社会精英用他们所解释的马克思主义启蒙、教化劳苦大众，注重语言的通俗化；二是从20世纪30年代前后到解放前夕马克思主义深入传播时期。这一时期，推动马克思主义大众化的主要代表是毛泽东、艾思奇、李达等，主要目标是注重提炼马克思主义大众化的基本原则，这就是毛泽东所要求的"洋八股必须废止，空洞抽象的调头必须少唱，教条主义必须休息，而代之以新鲜活泼的、为中国老百姓所喜闻乐见的中国作风和中国气派"。①它通过采取"民族—本土"的方式，使马克思主义融入民族"土壤"，注重语言的民族化；三是解放初国家意识形态建设时期。这一时期主要采取的是"群众—运动"方式，它通过制度安排和全国范围内大规模的群众运动开展大众化；四是"文革"时期。这一时期主要采取"实用主义"的方式，期间到处流行马克思主义的标语和口号，且把马克思主义主要理解为阶级斗争、无产阶级专政理论，它阉割了马克思主义的科学精神和人文精神，丧失了大众化的本来意义；五是拨乱反正时期。这一时期，邓小平确立了马克思主义大众化的"精—用"思路和方式，即理论本身的大众性维度——"学马列要精、要管用"。其中蕴涵着大众化的基本内容：对马克思主义的阐述要简明扼要，易被人掌握；马克思主义要反映人民大众利益，被大众认同和接受；马克思主义要对人民大众管用，对大众具有吸引力、感召力。正如邓小平指出的："长篇的东西是少数搞专业的人读的，群众怎么读？……我的

---

① 《毛泽东选集》第二卷，人民出版社1991年版，第534页。

入门老师是《共产党宣言》和《共产主义 ABC》"①；六是综合创新时期。这一时期主要采取"人本—大众"的方式，且进一步体现了马克思主义的大众本性。它在理论上确立了"以人为本"的人民大众的价值取向，在实践上着力解决民生问题，突显马克思主义的人民性，在意识形态上强调要增强马克思主义对人民群众的吸引力、感召力、凝聚力。徐晨光教授对马克思主义大众化的历程问题有较好的阐述，我是赞同的。

（二）关于马克思主义"三化"的基本经验

以党十七届四中全会为界，可以把马克思主义"三化"划分为相对分开阶段和构成一个整体阶段。马克思主义时代化虽然在客观上有其发展的历史进程，但在主观上的真正理论自觉却开始于党的十七届四中全会。由此，我们着重在"三化"的总体关系中来总结、提升马克思主义中国化和大众化的基本经验及教训。

马克思主义中国化的基本经验可从"中国化"本身和"三化"整体两方面来概括和总结。

就"中国化"本身方面，马克思主义中国化的基本经验可概括为：以分析解决中国问题为中心，着眼于从历史发展阶段与主要矛盾来把握中国国情，着眼于从正确的政治方向（前提）、正确的思想路线（出发点）、合理的价值标准（有利于马克思主义发展和中国发展）、正确处理中国革命、建设和改革进程中出现的基本关系（基本关系面）和自主创新追求（道路）来把握中国历史经验，着眼于从符合历史规律且有利于社会进步和人的发展来把握中国优秀文化，着眼于从时间

---

① 《邓小平文选》第三卷，人民出版社 1993 年版，第 382 页。

（历史方位）、空间（中国首要根本任务）和条件（主客观条件）出发把握中国实践发展要求。从目的来看，马克思主义中国化的过程实质上就是以解决中国问题为中心的过程，只是为了解决中国革命、改革、建设中的重大问题，才会有马克思主义中国化的必要，因为一般性的马克思主义不能完全、真正解决这些中国问题。从总体来看，马克思主义中国化首先要把握中国国情，中国国情在根本上可主要从历史发展阶段与主要矛盾来理解，不同历史发展阶段及其主要矛盾蕴涵着不同的中国问题。从历史来看，马克思主义中国化必须把握好正确的政治方向，既要坚持中国共产党人所应遵循的政治原则，又要促进中国实践发展；必须坚持"解放思想、实事求是"的思想路线，既要体现时代性和规律性，又要不断创新；必须明确确立并坚持判断马克思主义中国化成效的根本标准，这就是既要有利于马克思主义的创新与发展，又要有利于解放和发展中国生产力，有利于增强中国综合国力，有利于提高中国人民群众的物质文化生活水平；在马克思主义中国化历史进程中，必须正确处理且解决好中国革命、建设和改革进程中出现的基本关系，如革命时期的敌我关系，我国改革进程中的提高效率与促进社会公平的关系、坚持社会主义基本制度与发展市场经济的关系、劳动与资本的关系、人与物的关系、促进改革发展与保持社会稳定的关系、经济发展中的又好与又快的关系，等等，也就是党的十七大报告总结、概括的"十大结合"。马克思主义中国化的历史过程还是不断追求和探索我国自主创新道路的过程，从农村包围城市的革命道路到探索中国特色社会主义的道路，都体现了马克思主义中国化进程中对自主创新的追求和探索。从传统来看，在马克思主义中国化进程中，如何汲取中国传统优秀文化是其必须考虑的"血脉"问题，我们几代中国共产党人从符合社会历史发展规律且有利于社会进步和人的发展的高度来汲取中国优秀文化，有力地推进了马克思主义的中国化。从实践发展来看，我们中国共产党人着眼于从不同历史时期的历史方位（比如今天我们所讲的社会主义初级阶段）、首要根本任务（比如我们今天所讲的解放和发展生产力）和主客观条件出发，来把握中国实践发展要求，且根据这种要求来不断推进马克思主义的中国化。

从"三化"的整体方面，马克思主义中国化的基本经验可概括为：马克思主义中国化只有体现时代发展要求和人民大众利益，才能得到顺利健康发展，离开时代发展就会落后于时代发展所要求的水平，离开人民大众利益就得不到人民大众的认同。在革命时代，人民大众争取的是翻身解放，马克思主义中国化就必须体现革命时代人民大众的这种利益诉求，毛泽东思想就是这种诉求的理论表达。在改革开放和社会主义现代化建设时代，人民大众所期待的主要是解放和发展生产力、增强国家综合国力和提高自己的生活水平，是民富、民创、民享、民生、民主以及社会和谐，邓小平理论、"三个代表"重要思想和科学发展观就是这些期待的理论表达。而马克思主义中国化的教训，就在于对中国国情、中国历史经验、中国传统优秀文化、中国实践发展要求、中国问题的把握出现偏差甚至失误，而且也脱离了时代发展要求和人民的根本利益。

马克思主义大众化的基本经验也可从"大众化"本身和"三化"整体两方面来总结。

就"大众化"本身方面，可将马克思主义大众化的基本经验概括性地表述为：必须从体现大众立场、满足大众需求、关注大众生活、注重大众参与、运用大众语言和诉诸大众实践方面，来推进马克思主义的大众化。其中最为根本的，是体现大众立场且把大众当做主体。在传统"主—客"关系模式的视野中，精英往往被看做推进马克思主义大众化的主体，大众则常常被看做精英所教化的客体。要真正推进马克思主义大众化，就必须扬弃且超越"主—客"关系模式，在"主—主"的平等关系模式中理解大众以及大众化，把人民大众也看做推进马克思主义大众化的主体。在这种关系模式中，内在要求体现大众的立场且把大众当做主体。只有体现大众立场且把大众当做主体，才能真正实现马克思主义的大众化。因为只有体现大众立场，才能自觉主动去满足大众需求、关注大众生活、解决大众问题、注重大众参与、运用大众语言和诉诸大众实践；只有把大众当做主体，才能让人民大众真正参与到马克思主义大众化的进程中来，进而才能让大众认同和接受马克思主义。

从"三化"的整体方面，马克思主义大众化的基本经验集中概括起来就是：只有采取适合中国发展和时代发展要求的大众化方法，才能得到顺利发展，脱离中国发展要求的大众化是抽象的大众化，离开时代发展要求的大众化是落后时代发展水平的大众化。马克思主义大众化的教训，就在于要么脱离中国具体实际，要么落后于时代发展水平，要么不关心大众利益且没有把人民大众当做大众化的主体。五四前后马克思主义在中国初步传播时期、20世纪30年代前后到解放前夕马克思主义在中国深入传播时期、1978年后拨乱反正时期和当今综合创新时期的马克思主义大众化，基本上是采取了适合中国发展和时代发展要求的大众化方法，也基本上体现了马克思主义的大众本性，由此，马克思主义大众化获得了较为顺利的发展；而"文革"时期的马克思主义大众化却采取"实用主义"或"教条主义"的方式，它失去了大众化的原初意义，马克思主义大众化也未能得到健康、顺利发展。

三、从实践层面理解马克思主义的中国化、时代化、大众化

就当前情况看，马克思主义中国化实现中的问题，集中体现在如何实现当代中国马克思主义的大众化上，应特别加强并深化对当代中国马克思主义大众化的研究。在我国宣传界和理论界，对当代中国马克思主义的政治意义和学理逻辑比较关注且开展研究。虽然对推进当代中国马克思主义的大众化也较为关注，但效果并不十分理想，当代中国马克思主义还没有完全、真正深入大众的心灵世界。

马克思主义具有大众形态、学理形态和政治形态。所谓形态，就是指由研究主题、研究方法、核心内容、表述形式、涉指主体和运思方式所呈现的理论形象。马克思主义首先是以大众理论的形象出现的，它为大众立言，是人民大众的精神武器；马克思主义又以完整的理论逻辑的形象出现，它致力于理论本身的学理探索，它包含着唯物史观、政治经济学和科学社会主义等解释世界和改造世界的理论体系；马克思主义也具有政治维度，它注重用代表无产阶级根本利益的理论武装政党、掌握群众，以解决无产阶级政党从自发到自觉的问题，解决无产阶级政党如何组织和带领群众以实现无产阶级解放的问题，它从理论上言说政治，从政治上谈论理论。然而，在马克思以后的马克思主义发展过程中，这三种形态呈现不同的演变，也出现了一定程度的分离，即政治形态不断强化，学理形态没有获得相对独立且

主要为政治服务，政治形态、学理形态一定程度上又疏离大众，尚未真正赢得大众的认同，马克思主义的大众形态没有真正建立起来，这就造成了一些大众对马克思学说和马克思主义的肢解、误解与疏离。因而，当今应充分体现马克思主义的大众本性，加强研究并推进当代中国马克思主义的大众化。实际上，无论是把当代中国马克思主义作为意识形态领域之指导思想的政治形态，还是把当代中国马克思主义作为学术研究对象的学理形态，在实践上最终都只有落脚到使当代中国马克思主义被大众所掌握的大众形态，才具有彻底的现实意义。如果当代中国马克思主义只是作为意识形态停留在政治报告和文献中，或者只是作为专家学者的专利停留在学院的书斋里，而没有真正被大众所掌握，那就在一定程度上疏离了马克思主义更为根本的大众本性。事实上，以往我们对马克思主义的大众形态关注、研究是不够的。由此，党的十七大特别强调："要开展中国特色社会主义理论体系宣传普及活动，推动当代中国马克思主义大众化"。①

　　当代中国马克思主义的大众化，从总体和根本意义上来讲，就是基于马克思主义的大众本性（大众性是马克思主义的一个本质属性，马克思主义本来就是无产阶级的世界观或"头脑"，它十分关注大众的生存境遇、发展命运和心灵世界，并为分析解决大众关心的问题提供方法；它是一种真正为大众立言、以无产阶级解放和人类解放为理想目标的理论体系），使当代中国马克思主义全方位地走近中国，走近现实，走近大众世俗生活，契合大众心灵世界，符合大众思维方

---

① 《中国共产党第十七次全国代表大会文件汇编》，人民出版社2007年版，第33页。

式，满足大众各方面的需要，进而使当代中国马克思主义可信、可亲、可近。正如马克思所说的："理论在一个国家实现的程度，总是决定于理论满足这个国家的需要的程度"。① 检验这种满足程度的最好尺度，就是这种理论的大众化程度。

实现当代中国马克思主义大众化的具体路径是什么？

一是马克思主义的基本原理要结合中国具体实际，具有生命力。马克思主义大众化是一个"发展"范畴，也是一个需要诸多环节不断推进的历史过程。使马克思主义基本原理走近中国具体实际，与中国具体实际相结合，解决中国问题，实现马克思主义的中国化，使一般的马克思主义成为当代中国化的马克思主义，是实现当代中国马克思主义大众化的首要路径。这样的马克思主义立足中国国情，总结中国经验，运用科学方法，解决中国问题，促进中国成功，是我们中国人自己的"主义"。

任何一种"主义"都是在特定的时空背景、意识形态、文化传统、思维方式、实践要求等综合因素作用下形成的，因而它只有与中国具体实际相结合，同中国国情相适应，才得以在中国生根、开花、结果，进而才能实现这种"主义"的中国化。马克思主义经典作家对此作过类似明确的论述。马克思、恩格斯在谈到《共产党宣言》中有关原理的实际运用时强调："随时随地都要以当时的历史条件为转移"②。列宁也认为，马克思主义理论"所提供的只是总的指导原理，而这些原理的运用**具体地说**，在英国不同于法国，在法国不同于德国，在德

---

① 《马克思恩格斯选集》第 1 卷，人民出版社 1995 年版，第 11 页。
② 《马克思恩格斯选集》第 1 卷，人民出版社 1995 年版，第 248 页。

国又不同于俄国。"①毛泽东则明确要求"使马克思主义在中国具体化，使之在其每一表现中带着必须有的中国的特性"②。由此可见，只有把马克思主义基本原理与中国具体实际相结合，使马克思主义"接中国地气"，真正融入中国文化和大众精神系统之中，把马克思主义转化为我们自己的精神元素，实现马克思主义的中国化，变成中国人民大众所能接受的理论，才能真正开始谈论马克思主义的大众化。

马克思主义大众化内在要求把马克思主义基本原理与中国具体实际相结合。而对中国具体实际的认识，对马克思主义基本原理的把握，以及实现这二者的结合，不可能一次完成，也不可能一帆风顺。正如毛泽东所说："我党在幼年时期，我们对于马克思列宁主义的认识和对于中国革命的认识是何等肤浅，何等贫乏"③。就是说，由于我们党在幼年时期没有能够把马克思主义的基本原理与它的某些具体论断区分开来，与俄国革命经验及苏联建设模式区分开来，致使我们党在革命和建设中都付出过不小代价。正是在总结革命、建设、改革的经验教训的基础上，我们党把马克思主义基本原理与中国具体实际结合起来，不断推进马克思主义中国化，形成了毛泽东思想和中国特色社会主义理论体系两大理论成果，才使马克思主义真正扎根于中国社会、中国实践、中国文化的"土壤"中。这样的马克思主义"接中国地气"，能逐渐渗入大众的血脉，因而能不断增强其生命力。

二是当代中国马克思主义的基本方法要解决中国现实问题，具有

---

① 《列宁选集》第 1 卷，人民出版社 1995 年版，第 274—275 页。
② 《毛泽东选集》第二卷，人民出版社 1991 年版，第 534 页。
③ 《毛泽东选集》第三卷，人民出版社 1991 年版，第 795—796 页。

影响力。运用当代中国马克思主义的基本方法分析解决大众关切的现实问题，由学院派的马克思主义成为面向中国现实问题的马克思主义，是实现当代中国马克思主义大众化的第二条路径。

从马克思主义的方法及其效用的角度看，推进当代中国马克思主义大众化，离不开实现当代中国马克思主义的效用化。一种"主义"要实现"大众化"，必须管用，能给大众带来实效。马克思指出，共产主义"从一开始就是现实的和直接追求实效的"①。他还强调"问题在于改变世界"②。马克思对"改变世界"的功能性理解，实质上是通过关注大众的生存境遇并为分析解决大众生活世界的问题提供方法论来体现的。列宁注重把马克思主义基本方法运用于分析俄国现实。他对俄国社会主义道路的探索，走的就是由一开始注重"书本公式"到逐渐注重"生活公式"的过程。

马克思主义在中国社会主义实践的运用中，一定意义上也经历了一个由注重"书本词句"到注重"现实关切"、由当做"公式标签"到当做"行动指南"的曲折过程。从 1957 年到 1977 年，我们比较注重根据马克思主义关于社会主义的个别结论、书本词句来选择社会主义建设的方式。改革开放以后，邓小平注重依据实际效果（"三个有利于"）来选择解放和发展生产力的方式。他特别指出："学马列要精，要管用的。"③ 这就要求改变以往那种仅仅停留于"纯学术"的学院式研究方式（这当然是必要的），提倡面向大众问题的现实性研究

---

① 《马克思恩格斯全集》第 42 卷，人民出版社 1979 年版，第 121 页。
② 《马克思恩格斯选集》第 1 卷，人民出版社 1995 年版，第 57 页。
③ 《邓小平文选》第三卷，人民出版社 1993 年版，第 382 页。

方式。马克思主义中国化的最新理论成果即中国特色社会主义理论体系，就具有鲜明的"问题意识"。这一理论体系集中回答的就是"什么是社会主义、怎样建设社会主义"、"建设什么样的党、怎样建设党"、"实现什么样的发展、怎样发展"、"什么是马克思主义、怎样对待马克思主义"这四个重大问题。只有让大众真正享受改革开放和发展的成果，并在现实生活中切实感受到马克思主义的魅力与实效，才能有力推进当代中国马克思主义的大众化。因为这样的马克思主义能解决人民大众关切的问题，对平民大众管用，能增强其影响力。

三是当代中国马克思主义的基本价值要反映大众生活，具有感染力。当代中国马克思主义要进一步发挥其实效，就必须使其基本价值反映大众生活，关心大众的物质利益，由仅仅满足于书本词句的马克思主义成为关注平民大众物质生活并得到人民大众认同的马克思主义。这是实现当代中国马克思主义大众化的第三条路径。

马克思主义不是对"彼岸世界"的一种论证，而是对"此岸世界"的现实关注。实现大众的物质利益，就是这种现实关注的重要内容。利益是马克思主义的历史唯物主义的基本范畴，生产力是社会历史发展的根本动力，而需要和利益则是推动社会生产力不断发展的内在动因。马克思恩格斯指出："'思想'一旦离开'利益'，就一定会使自己出丑。"[1] 马克思还认为："人们为之奋斗的一切，都同他们的利益有关"[2]。

在我国社会主义制度确立以后，本应按照马克思主义关于物质利

---

① 《马克思恩格斯文集》第 1 卷，人民出版社 2009 年版，第 286 页。
② 《马克思恩格斯全集》第 1 卷，人民出版社 1995 年版，第 187 页。

益的理论，注重实现人民大众的物质利益。但在"文革"十年，"四人帮"提出"宁要贫穷的社会主义"的荒谬口号，要人们安于贫穷。这是对社会主义的严重歪曲，也是对马克思主义的极大误解。通过总结经验教训，邓小平指出，贫穷不是社会主义，共同富裕才是社会主义的重要目标。这就要求当代中国马克思主义理论工作者转变那种远离大众、不关心大众世俗物质生活、仅仅满足于"词句革命"的倾向，要关注大众感性的世俗生活，关心大众的物质利益诉求。

当前我国利益矛盾日益凸显，这是对推进当代中国马克思主义大众化提出的一个新课题。随着我国改革的不断深化，利益主体结构、利益表达方式、利益分配差距等都发生了很大变化。如何满足人民大众合理的利益诉求，是当代中国马克思主义面临的一个突出问题。中国特色社会主义理论体系作为马克思主义中国化的最新理论成果，对与大众息息相关的民生问题提出了明确的目标。党的十七大报告提出的"五有"目标（学有所教、劳有所得、病有所医、老有所养、住有所居），就是要把社会建设的大道理融入人民大众的心坎里，使当代中国马克思主义真正走近大众的现实生活世界。当代中国马克思主义的基本价值只有切实走近大众现实的生活世界，关注大众切身的物质利益，才能真正疏导大众情绪，赢得大众认同，从而推进当代中国马克思主义的大众化，增强其感染力。

四是当代中国马克思主义的本性要契合大众心灵世界，具有凝聚力。当代中国马克思主义大众化的第四条路径，就是它必须走入大众的精神或心灵世界，把握大众的"心"情，解决大众精神世界的心灵问题，由教条化或说教式的马克思主义成为具有包容性、为大众立言、与大众进行心灵对话的马克思主义。

一种"主义"要实现"大众化"，不仅要关注大众的物质利益需求，而且必须切合大众的心理或精神需求，并站在大众立场上为大众说话。在本来意义上，马克思主义是一种真正为大众立言、体现大众根本利益、给人类命运予以深刻关怀的理论体系。关注大众心灵世界，本质上就是马克思主义的一种价值关怀，当然也应是当代中国马克思主义的一种价值追求。

社会主义制度确立以后，我们本应基于马克思主义的价值关怀，积极为大众精神世界中的困惑提供心灵引导。然而在"文革"十年中，却在一定程度上出现了谈"人"色变、践踏人性、伤害人的精神世界的现象，结果使一些人远离了马克思主义。改革开放以来，我们开始注重从马克思主义的价值维度重新认识"人"，所取得的一个重要成果，就是当代中国马克思主义提出了以人为本的科学发展观。由"谈人色变"到"以人为本"，改变了以往我们一度把马克思主义教条化的说教倾向，重新彰显了马克思主义反映大众呼声且具包容特性的理论特征。

当前我国正处于社会变革时代，人们思想活动的独立性、选择性、多变性和差异性明显增强，各种社会思潮呈现相互激荡的复杂态势。有些人在变革而且陌生的现实面前感到无能为力，把握不住时代发展的脉搏，对新的社会现实感到捉摸不定，无所适从，难以适应新的环境；有些人对事事靠自己能力及选择不习惯，有失落感，难以接受新的现实；有些人对多元、不确定、复杂的客观世界不理解，有恐惧感，难以驾驭周围世界；有些人曾付出艰辛的努力，但由于事物的复杂性，并没有获得应有的回报，因而对所谓"无情"的社会和人生充满疑惑，感到叹息，难以拥抱社会和人生；还有一些人对腐败、收入分配不公、社会邪恶和人际冷漠感到不满，甚至感到压抑和绝望，难以改变难堪的处境。所有这些，都要求当代中国马克思主义必须关注社会变革对大众心灵世界的影响，贯彻以人为本的理念，关注大众的心灵世界，读好大众的心灵之书，为解决大众的心灵世界问题提供可亲可信的理论和方法。当代中国马克思主义理论本性只有契合大众的心灵世界，了解大众"心"情，与平民大众进行平等的心灵对话，进而入心入脑，才能真正推动当代中国马克思主义的大众化，增强其凝聚力。

五是当代中国马克思主义的表述方式要符合大众思维，具有吸引力。要进一步推进当代中国马克思主义的大众化，还要求其表述方式符合大众思维，以解决当代中国马克思主义传播方式和大众理解能力的问题，由抽象深奥的马克思主义转变为大众喜闻乐见的马克思主义。这是马克思主义大众化的第五条路径。

从马克思主义传播的角度看，推动当代中国马克思主义的大众化，离不开其表述方式的通俗化。一种"主义"要实现"大众化"，必须具有通俗性，要善于将理论语言转换为符合大众思维的大众语言。要更好地发挥当代中国马克思主义的指导作用，就必须按照现代传播学的"传播—接受"理论，通过摆事实、讲道理，借用日常语言和历史典故，使理论由深奥到通俗，符合大众思维、为大众所掌握。当年马克思就强调，理论要"尽可能地做到通俗易懂"①。

大众化离不开通俗化，但通俗化绝不是庸俗化。要做到浅出，就必须深入。所谓深入，就是要抓住理论的根本。正如马克思所说：

---

① 《马克思恩格斯选集》第 2 卷，人民出版社 1995 年版，第 99 页。

"理论只要彻底，就能说服人 [ad hominem]。所谓彻底，就是抓住事物的根本"①，而事物的根本在人本身。这就要求深入掌握理论的精髓。所谓浅出，就是基于对人民大众之根本的把握，既使当代中国马克思主义符合大众思维，善于运用"三贴近"的大众化语言感染人民大众，又要借鉴大众文化的传播运作方式，用感性的生活世界事例来阐释抽象的理论。当前必须加大对当代中国马克思主义的科学内涵和精神实质的传播力度。由此，我们的理论工作者应力求写出精炼生动、通俗易懂的"当代中国马克思主义ABC"，以推动当代中国马克思主义的大众化，增强其吸引力。

六是当代中国马克思主义的精神产品要面向大众群体，具有辐射力。当代中国马克思主义大众化的上述五条路径，最后都要指向同一个目标，那就是使当代中国马克思主义成为大众的精神食粮，而不仅仅是专家的学问致思。因此，当代中国马克思主义大众化最后也是最重要的一条路径，就是当代中国马克思主义的精神产品要面向大众群体，解决当代中国马克思主义接受主体的问题，由少数专家学者作为学问来研究的马克思主义成为大众手中的思想武器、精神食粮的马克思主义。从掌握马克思主义的主体角度来看，推动当代中国马克思主义大众化，离不开掌握当代中国马克思主义的主体的大众化。一种"主义"要实现"大众化"，必须具有掌握这个"主义"的主体的群众性。马克思主义本质上走的就是一种"从群众中来、又到群众中去"的群众路线。"从群众中来"，要求尊重群众的主体地位，提炼群众的实践经验，以丰富当代中国马克思主义；"到群众中去"，又要求把当代中

---

① 《马克思恩格斯选集》第1卷，人民出版社2009年版，第11页。

国马克思主义真正内化为大众的精神食粮，使当代中国马克思主义由少数专家的书斋式研究转变为大众的思想武器。我们既要重视"从群众中来"，尊重群众的首创精神，又要重视"到群众中去"，让群众真正掌握马克思主义的理论和方法，并将其真正运用到社会实践中去。把当代中国马克思主义基本理论转化为大众改造世界的巨大物质力量，是当代中国马克思主义大众化的最终目的。

推动当代中国马克思主义大众化，必须使当代中国马克思主义成为人民大众的"头脑"，使人民大众成为当代中国马克思主义的"心脏"，实现当代中国马克思主义与人民大众的联姻。这种联姻是人民大众在发展中国特色社会主义的实践过程中实现的，是大众"化"和"化"大众的有机统一，其实质就是要求当代中国马克思主义的精神产品与接受主体的需求相结合，真正面向大众群体。这样一种当代中国马克思主义，必将具有辐射力。

（作者系中共中央党校马克思主义理论教研部副主任、教授）

马克思主义中国化中的文本阅读问题 | 安启念

马克思主义中国化是一个极为复杂的理论问题。从宏观上看，所谓马克思主义中国化，就是马克思主义的普遍真理与中国实际相结合。这样说当然不错。然而如果我们对这一问题略加具体考察，就会发现事情远非如此地简单。它的复杂性一方面与中国国情十分复杂难以准确把握尤其是不可能一劳永逸的把握有关，另一方面也是因为对马克思主义本身的准确理解困难重重。中国化的马克思主义是什么？这个问题不可能有固定的答案。对马克思主义的理解形成于对马克思恩格斯文本的阅读之中，而对马克思恩格斯文本的阅读，在文本本身以及阅读者两个方面都要受到许多复杂因素的制约，而且这些因素本身也在不断变化。这使得我们对马克思主义的认识很难统一，而且永远处在不断深入与系统化的过程之中。本文无意讨论中国国情，只想就马克思主义中国化过程中与对马克思恩格斯文本的阅读理解相关的两个问题做初步探讨。

一、文本阅读：马克思主义中国化的基础

首先是文本。对马克思主义的任何理解都要从阅读文本开始，这是马克思主义中国化的基础。在文本问题上，有三种情况是不能不考虑的。

第一，马克思恩格斯一生从未就自己的理论做过全面、系统的阐述。于是，不仅马克思主义的基本思想散见于各个时期的不同著作之中，而且由于受写作时的具体情况制约，关于同一个问题他们时而强调这一方面，时而强调那一方面。这些不同方面究竟是什么关系，颇费后来的马克思主义者猜测。这导致人们在努力运用马克思主义理论时，对马克思主义的理解很难做到全面、准确。往往他们相互之间的观点互有出入，但都有文本依据。有时你指责我教条主义，我又认为你是修正主义。哲学上的辩证唯物主义、历史唯物主义和实践唯物主义之争就是很好的事例。关于辩证唯物主义、历史唯物主义的论述，基本上全在 19 世纪 70 年代后恩格斯的著作中，而关于实践唯物主义的论述则主要见诸马克思的早期著作。一些人认为马克思集中论述实践唯物主义的《1844 年经济学哲学手稿》等早期著作写于马克思主义形成之前，不能算做马克思主义哲学的内容，但是人所共知恩格斯在晚年写了《劳动在从猿到人的转变中的作用》一文，其思想正是实践唯物主义，这又如何解释？再如，马克思恩格斯无数次地强调阶级斗争的重要意义，在宣告马克思主义诞生的《共产党宣言》以及总结巴黎公社经验教训的《法兰西内战》等著作中，他们还对无产阶级的暴力革命大加赞颂。然而在晚年，尤其是恩格斯，一而再再而三地说

明实际情况已经发生重要变化，暴力革命不再现实，只能作为备用手段考虑，无产阶级政党应当致力于靠选票掌握政权的议会道路。他们在革命道路问题上的这些表面看来相互矛盾的论述在国际共产主义运动中造成了怎样的分歧乃至对立，毋庸赘言。

　　第二，马克思主义理论本身是分层次的。最高层次的马克思主义理论是马克思恩格斯关于共产主义的论述。这是他们毕生追求的价值目标，是他们心中与"现有"对立的"应有"，相对而言比较抽象。正因为比较抽象，是遥远的目标，因而马克思恩格斯的有关思想也最为稳定与明确。1894年，恩格斯去世的前一年，意大利人朱泽培·卡内帕请求恩格斯为即将出版的《新纪元》周刊找一段题词，用简短的词句来表述未来社会主义纪元的基本思想。恩格斯回信说："除了《共产党宣言》中的下面这句话（意大利文刊物《社会评论》第35页），我再也找不出合适的了：'代替那存在着阶级和阶级对立的资产阶级旧社会的，将是这样一个联合体，在那里，每个人的自由发展是一切人的自由发展的条件。'"[1]《共产党宣言》出版于1848年，这表明马克思恩格斯对共产主义的理解历经将近半个世纪而没有改变。

　　第二个层次是我们常说的"马克思主义基本原理"。由于前面所说的原因，马克思恩格斯对这些基本原理从未做过全面系统的表述。《反杜林论》曾被称做"马克思主义的百科全书"，理由是恩格斯自己说：在此书中"消极的批判成了积极的批判；论战转变成对马克思和我所主张的辩证方法和共产主义世界观的比较连贯的阐述"[2]，然而正

---

① 《马克思恩格斯选集》第4卷，人民出版社1995年版，第1730页。
② 《马克思恩格斯选集》第3卷，人民出版社1995年版，第1347页。

是在这句话之前，恩格斯说："本书所批判的杜林先生的'体系'涉及非常广泛的领域，这使我不能不跟着他到处跑，并以自己的见解去反驳他的见解。"① 很明显，上面所说的阐述的"连贯"性，并非出自恩格斯对他和马克思思想的自觉系统的阐述，而仅仅是因为杜林的思想有"体系"，所以反驳杜林时"不能不跟着他到处跑"。不仅《反杜林论》，大约十年之后恩格斯写的《路德维希·费尔巴哈和德国古典哲学的终结》一样不能被视为恩格斯对马克思主义哲学原理的系统阐述。这本著作所阐述思想的系统性，与对费尔巴哈的批判有关。费尔巴哈在自然观上是唯物主义，在历史观上是唯心主义。恩格斯要对他的思想做评论，论述范围自然要局限在这两个领域之中。恩格斯认为费尔巴哈的失误在于不懂辩证法，因而阐述了他和马克思的唯物辩证的世界观及其对自然界和社会历史的看法。如果把这种看法等同于马克思主义哲学原理，理由不够充分。在发表《路德维希·费尔巴哈和德国古典哲学的终结》时，恩格斯将马克思 1845 年春天写的《关于费尔巴哈的提纲》作为附录发表，称之为"包含着新世界观的天才萌芽的第一个文献"②，可见在他心目中《关于费尔巴哈的提纲》的思想是何等重要。然而这一文献的思想，并没有包含在《路德维希·费尔巴哈和德国古典哲学的终结》中，这足以说明把《路德维希·费尔巴哈和德国古典哲学的终结》中的思想与马克思主义哲学划上等号是不够慎重的。

以上情况表明，马克思恩格斯对"马克思主义原理"的论述远不

---

① 《马克思恩格斯选集》第 3 卷，人民出版社 1995 年版，第 1347 页。
② 《马克思恩格斯文集》第 4 卷，人民出版社 2009 年版，第 266 页。

如对共产主义的论述那么明确。

第三个层次是就许多具体情况发表的政策、策略层面的意见。这些意见只有在特定的环境中才具有指导意义，离开这种环境，只有参考价值。最典型的是《共产党宣言》第二章和第四章的某些论述。第二章结尾处马克思恩格斯指出了最先进的国家的无产阶级在夺取政权后可以采取的10项措施。然而在《共产党宣言》1872年德文版序言中，马克思恩格斯说："第二章末尾提出的那些革命措施根本没有特别的意义。如果是在今天，这一段在许多方面都会有不同的写法了。……这个纲领现在有些地方已经过时了。"①

上述马克思主义理论的层次性，要求我们在运用这一理论时必须慎之又慎。首先，对涉及长远目标的思想，因其抽象性而应当特别注意我们所处环境的具体性；其次，对关于具体政策策略的思想则必须注意具体环境的变化以及由此而来的这些思想的历史相对性；最后，究竟什么是马克思主义原理，本身是一个理论界分歧很大、很复杂，尚需要下工夫研究的问题。

第三，必须注意，有些话确实是马克思恩格斯说的，但是表达的未必一定是他们的思想。恩格斯在1853年4月12日致魏德迈的信中说过这样一段话：

> 我们的党有一天不得不出来执政，而归根结蒂是去实行那些并不直接符合我们的利益，而是直接符合一般革命的利益、特别是小资产阶级利益的东西；在这种情况下，在无产

---

① 《马克思恩格斯文集》第2卷，人民出版社2009年版，第5—6页。

阶级大众的压力下，由于被我们自己所发表的、或多或少地
已被曲解的、而且在党派斗争中多少带着激昂情绪提出来的
声明和计划所约束，我们将不得不进行共产主义的实验，并
实行跳跃，但这样做还不是时候，这一点我们自己知道得非
常清楚。这样做，我们会丢掉脑袋，——但愿只在肉体方面，
——就会出现反动，并且在全世界能够对这种事情作出**历史**
的判断以前，我们不仅会被人视为怪物（这倒无所谓），而
且会被人看成笨蛋（那就糟糕多了）。"①

　　恩格斯说，他的某些计划和声明有可能是在"无产阶级大众的压
力下"作出的，并非出于自己的本意；而且与马克思主义基本原理相悖，
以它们指导的实践是事先就可以预见一定会失败但又不得不进行的。

　　上面的话告诉我们，马克思恩格斯的话并非句句都是"马克思主
义的"。这极大地增加了后人准确把握马克思主义的难度。不过这只
是恩格斯提出的一种可能出现的情况，下面马克思的话则是在谈论一
种事实。

　　《资本论》出版后，在给恩格斯的一封信中马克思说：

　　　　至于这本书本身，那么应该区别其中的两个部分：作者
所做的正面的叙述（另一个形容词是"切实的"）和他所做
的倾向性的结论。前者直接丰富了科学 ……

　　　　至于作者的**倾向**，也同样需要加以区别。当他证明现代

---

① 《马克思恩格斯全集》第 28 卷，人民出版社 1973 年版，第 587—588 页。

社会，从经济上来考察孕育着一个新的更高的形态时，他只是在社会关系方面揭示出达尔文在自然史方面所确立的同一个逐渐变革的过程。自由主义的关于"进步"的学说（这是迈尔的本来面目）是包括了这一点的，而作者的功绩是：他指出，甚至在现代经济关系伴随着直接的恐怖的后果的地方，也存在着潜在的进步。由于他的这种批评的观点，作者同时也就——也许是违反着自己的意志——消灭了所有专门家的社会主义，也就是所有乌托邦主义。

与此相反，作者**主观的**倾向——他也许由于自己所处的党的地位和自己过去的历史而不得不如此——也就是说，他自己怎样设想或怎样向别人表述现代运动、现代社会发展过程的最后结果，是同他对实际的发展的叙述没有共同之处的。如果篇幅许可比较详细论述这个问题，那也许可以指出，他的"客观的"叙述把他自己的"主观的"奇怪想法驳斥掉了。①

马克思指出，不论《资本论》书中还是其作者心里，都有两种倾向：一种是科学倾向，严格强调社会发展的客观规律性；另一种是价值倾向，即作者的政治立场决定的带有明显主观色彩的意见。他还指出，后者只是他"由于自己所处的党的地位和自己过去的历史而不得不"说的话，是不符合自己的科学理论的，如果书的篇幅允许，他会依据社会发展客观规律把"自己的'主观的'奇怪想法驳斥掉"。

---

① 《马克思恩格斯全集》第 31 卷，人民出版社 1972 年版，第 410—411 页。

马克思的话与恩格斯的论述所表达的意思完全一致，即他们有许多话只是迫于党以及无产阶级大众的压力的违心之论。自然，这些话是他们讲的，但对我们而言，它们的意义需要分析。

综上所述，从文本的角度看，什么是马克思主义？是个十分复杂的问题。

二、文本的阅读者：阅读者阅读文本时所理解的马克思主义

其次是文本的阅读者。马克思主义中国化所化的，只能是我们作为阅读者阅读文本时所理解的马克思主义。然而阅读者的各种主观因素极大地影响着他对文本的理解，对此西方的阐释学理论有很好的论述。本文不想作专门的理论探讨，下面以毛泽东完成的马克思主义中国化的第一次伟大实践为例，就这个问题作个简要的分析。

人所共知，阶级斗争理论是马克思主义的基本内容。关于自己的阶级斗争思想，马克思曾经说："无论是发现现代社会中有阶级存在或发现各阶级间的斗争，都不是我的功劳。在我以前很久，资产阶级历史编纂学家就已经叙述过阶级斗争的历史发展，资产阶级的经济学家也已经对各个阶级做过经济上的分析。我所加上的新内容就是证明了下列几点：(1) **阶级的存在**仅仅同**生产发展的一定历史阶段**相联系；(2) 阶级斗争必然导致**无产阶级专政**；(3) 这个专政不过是达到**消灭一切阶级**和进入**无阶级社会**的过渡……"① 贯穿上述三点的基本思想，是强调阶级和阶级斗争的存在及其消亡是由生产力的发展决定

---

① 《马克思恩格斯选集》第 4 卷，人民出版社 1995 年版，第 547 页。

的。这是马克思主义阶级斗争思想最核心的内容。正因为如此，马克思恩格斯才认为阶级斗争的最高形式暴力革命不是社会历史发展的决定力量，认为它只是新社会诞生过程中的"产婆"；才提出"无论哪一个社会形态，在它所能容纳的全部生产力发挥出来以前，是决不会灭亡的；而新的更高的生产关系，在它的物质存在条件在旧社会的胎胞里成熟以前，是决不会出现的。"①

马克思主义中国化的第一次高潮和中国革命的胜利，与毛泽东联系中国实际运用马克思主义阶级斗争理论密切相关。毛泽东说："记得我在 1920 年，第一次看了考茨基的《阶级斗争》，陈望道翻译的《共产党宣言》，和一个英国人作的《社会主义史》，我才知道人类自有史以来就有阶级斗争，阶级斗争是社会发展的原动力，初步地得到认识问题的方法论。可是在这些书上，并没有中国的湖南、湖北，也没有中国的蒋介石和陈独秀，我只取了它四个字：'阶级斗争'，老老实实地来开始研究实际的阶级斗争。"② 遵循这条思路，毛泽东 1926 年写了《中国社会各阶级的分析》，1927 年写了《湖南农民运动考察报告》，正确解决了中国革命的动力和对象等一系列关键问题，取得了民主革命的胜利。

但是大家都知道，毛泽东晚年对马克思主义阶级斗争理论的理解出现了偏差。他夸大阶级斗争在社会发展中的作用，滑入阶级斗争决定论的唯心史观，这是"文化大革命"灾难的重要根源。脱离生产力的决定来讲阶级斗争，无疑是对马克思恩格斯思想的误读。

---

① 《马克思恩格斯文集》第 2 卷，人民出版社 2009 年版，第 592 页。
② 《毛泽东农村调查文集》，人民出版社 1982 年版，第 22—23 页。

毛泽东对马克思主义阶级斗争理论的误读，可以生动地说明在对马克思主义的理解中文本解读者的主观因素有多么重要。

毛泽东在这个问题上的失误，直接原因是他的个性。"与天奋斗，其乐无穷；与地奋斗，其乐无穷；与人奋斗，其乐无穷"，其个性斗争精神之强，令人惊叹。这种斗争精神使他十分重视人的主观能动性。他在 1917 年 8 月 23 日致友人的信中说："当今之世，宜有大气量人，从哲学、伦理学入手，改造哲学，改造伦理学，根本上变换全国之思想。"[①] 他以救民为己任，用以救民的，是孔子的大同思想。他说："大同者，吾人之鹄也。立德、立功、立言以尽力于斯世者，吾人存慈悲之心以救小人也。"[②]

他崇尚个人的精神力量。他说："个人有无上之价值，百般之价值依个人而存，使无个人（或个体）则无宇宙，故谓个人之价值大于宇宙之价值可也。"[③] 又说："宇宙间可尊者惟我也，可畏者惟我也，可服从者惟我也。我以外无可尊，有之亦由我推之；我以外无可畏，有之亦由我推之；我以外无可服从，有之亦由我推之也。"[④]

对个人及个人精神力量如此推崇，很容易过分夸大阶级斗争在社会发展中的作用。1920 年 12 月 1 日，他曾给远在法国的蔡和森等人写了一封信，此信写于毛泽东阅读《共产党宣言》之后，被人们认为是毛泽东已经完成向马克思主义转变的标志。他在信中主张立即学习俄国人进行阶级斗争和无产阶级革命。他说：

---

① 《毛泽东早期文稿》，湖南出版社 1990 年版，第 86 页。

② 《毛泽东早期文稿》，湖南出版社 1990 年版，第 89 页。

③ 《毛泽东早期文稿》，湖南出版社 1990 年版，第 151 页。

④ 《毛泽东早期文稿》，湖南出版社 1990 年版，第 230—231 页。

理想固要紧，现实尤其要紧，用和平方法去达共产目的，要何日才能成功？假如要一百年，这一百年中宛转呻吟的无产阶级，我们对之如何处置（就是我们）。无产阶级比有产阶级实在要多得若干倍。假定无产者占三分二，则十五万万人类中有十万万无产者（恐怕还不止此数），这一百年中，任其为三分一之资本家鱼肉，其何能忍？且无产者既已觉悟到自己应该有产，而现在受无产的痛苦是不应该，因无产的不安而发生共产的要求，已经成了一种事实。事实是当前的，是不能消灭的，是知了就要行的。因此我觉得俄国的革命，和各国急进派共产党人数日见其多，组织日见其密，只是自然的结果。①

毛泽东对苦难中的广大劳动人民的深刻同情，为解救劳苦大众而"一万年太久，只争朝夕"的急切心情，发动阶级斗争和无产阶级革命的决心，跃然纸上。但他认为，因为社会不公，无产者有了共产的要求，只要靠阶级斗争便可实现共产主义，完全不提生产力和社会发展水平。这与马克思主义的唯物史观相去甚远。此外，信中表示占人口大多数的无产者要他这样的少数精英人物来"处置"（解救），更有英雄史观的味道。

每个人都有自己特有的个性。个性集中体现了主体的性格、修养、知识、习惯等主观因素，因而每个人在阅读马克思恩格斯的文本时都会形成自己所理解的马克思主义。然而对马克思主义的理解不仅

---

① 《毛泽东书信选集》，人民出版社1983年版，第7页。

仅与一个人的个性有关，更与他的社会地位，他生活于其中的社会的发展程度，他身上体现的民族性格、传统文化等密切相关。它们是主观因素或者决定个人主观世界的客观因素，强烈地影响着他的个性，从深层决定着他对周围世界的认识以及对马克思主义的理解。毛泽东也是如此。

在上述诸因素中，最重要的是中国社会的整体发展水平。马克思主义产生于先进资本主义国家，法国、英国。它的某些思想，例如对资本主义社会普遍存在的人的异化、物化、人道主义沦丧的批判，是资本主义社会高度发展显露出来的问题的产物。发达资本主义国家的人，比较容易接受这些思想。在俄罗斯和中国这样苦于资本主义发展不足的国家，人们要理解这些思想是比较困难的。相反，这些国家是各种矛盾的交汇之处，阶级斗争异常激烈，因此它们接受阶级斗争理论是比较容易的。但是正因为国家落后，经济、物质生产力在社会生活中的决定性作用，"市民社会决定国家和法"，没有得到充分表现；此外这些国家没有经过启蒙运动的洗礼，科学理性精神尚未深入人心，这些原因导致毛泽东在理解马克思恩格斯的阶级斗争思想时，很难认识到物质生产力对阶级和阶级斗争的决定作用，很难真正理解社会历史发展是不以人的意志为转移的客观规律的。

此外，中国历史上的农民起义传统，近代以来湖南旺盛的民气与革命氛围，乃至中国几千年传统文化中的惟道德主义和"不患寡而患不均"的平均主义，也使毛泽东难以意识到物质生产力对阶级斗争的决定作用。至于毛泽东个人，出身于农民家庭、没有出国留学和接受高等教育的机会、不懂外语、忙于具体的斗争实践无暇系统阅读、在思想成熟以前很少接触马克思恩格斯的著作，等等，这些直接影响到他的哲学、经济学、历史学理论素养，与其他一些知识分子出身的中国马克思主义者相比，极大地制约了他对马克思恩格斯著作的理解。

列宁曾经说：

> 工人本来**也不可能有**社会民主主义的意识。这种意识只能从外面灌输进去，各国的历史都证明：工人阶级单靠自己本身的力量，只能形成工联主义的意识，即相信必须结成工会，必须同厂主斗争，……而社会主义学说则是从有产阶级的有教养的人即知识分子创造的哲学理论、历史理论和经济理论中发展起来的。现代科学社会主义的创始人马克思和恩格斯本人，按他们的社会地位来说，也是资产阶级知识分子。①

这番道理完全适用于毛泽东。他也不可能自发地或者仅凭读一本《共产党宣言》就能正确地理解马克思主义。

毛泽东的例子告诉我们，马克思恩格斯文本的阅读者要受各种各样自身和外在环境条件的影响，这些条件决定了他能够接触到哪些文本以及能够对这些文本理解到什么程度。不同的人自身条件和外在环境不同，即使阅读同一个文本，得出的结论必然互不相同。

这种情况极大地增加了正确理解马克思主义进而使之中国化的难度。

---

① 《列宁选集》第 1 卷，人民出版社 1995 年版，第 317—318 页。

三、理解的相对性：与实践需要和实践成功相比文本研读是第二位的

正像世界上没有两片树叶是完全相同的一样，完全相同的两个人也是不存在的。不同的人对马克思恩格斯文本的理解不可能完全相同，每一个人的理解不会永远相同，事实上每个人都有他自己理解的马克思主义。回想中国共产党的历史，许多时候大家都在谁才是真马克思主义的问题上争论不休。这个问题实际上并没有许多人想象中那么重要。

第一，如前所述，由于阅读者各种主观因素的作用，要在这个问题上取得一致意见是十分困难的。认识这一点非常重要。它告诉我们：真理可能在自己手上，也可能在别人手上；大家必须谦虚谨慎，要有宽容之心，相互尊重。"唯我独马"是要不得的。仅仅从理论的角度看，毛泽东、邓小平的正确意见在大多数理论家眼里都曾经不是马克思主义的，因为他们的意见在马克思恩格斯的文本中找不到相关依据。其实，这些理论家自己误读了马克思主义。他们记住了一些具体结论，至于马克思恩格斯得出这些结论的方法和原理——实事求是、历史唯物主义——则对不住，忘记了。

第二，即使我们在解读马克思主义的某个论述上取得共识，也千万不要夸大它的意义。因为"我们"、"大家"虽然不是个人，但完全可能受到共同的历史局限性从而造成对马克思恩格斯的集体误读。站在毛泽东以及邓小平对立面的机会主义者、教条主义者，手中都有文本依据，而且往往以理论权威，起码是行家里手的面目出现，在人数上也一度占优。然而事实证明，他们对马克思恩格斯的个别思想和

一些具体结论的理解是对的，但是对与此相关的其他思想，对整个马克思主义的精神实质，理解得并不正确。

第三，正确理解马克思恩格斯的文本是十分不容易的，但是最重要的问题不在这里，而在实践。我们下工夫去研读马克思恩格斯的著作，不是因为其中的思想姓马，而是因为它们能满足我们的实践需要。阅读中产生的认识分歧，许多只有通过实践才能得到判别和解决。在实践中取得成功永远是第一位的。革命战争年代，保存自己消灭敌人的需要压倒一切；改革开放之初，解决十几亿人的吃饭问题进而实现中国的现代化远比理论家们姓资姓社的争论重要。无助于解决这些生死攸关的实践问题的思想，哪怕确实从理论上看是对马克思恩格斯文本的正确解读，也不能夸大其意义。否则，一旦它们被当做"天条"，就会变为无视国情裁剪现实的教条，就不会有今天我们引以为傲的中国革命和改革开放的成就，也没有中国共产党人对马克思主义理论的重大发展。如果不能把马克思恩格斯的思想变成实践中的工具、武器，还有必要下工夫研读他们的著作吗？还谈得上马克思主义中国化吗？

本文的结论可以归结为两句话：其一，通过阅读文本正确理解马克思恩格斯的思想是一件十分复杂、十分困难的事情，在这里，一种宽容的开放的心态，即尊重不同意见，拒绝把马克思恩格斯的思想教条化，是极为重要的。其二，与实践需要和实践的成功相比，文本研读永远是第二位的。即使对马克思恩格斯某个思想的正确理解，也要接受实践检验，在实践中发展。

（作者系中国人民大学教授）

马克思主义中国化的科学依据与价值诉求

郝立新

马克思主义中国化是当代中国思想理论领域的主流话语或思想理论运动的主旋律。从历史、现实和未来看，马克思主义中国化的成功实现和继续深化取决于两个因素，一是它的科学依据，即体现或反映一定的实践基础、科学品质和客观规律，二是它的价值诉求，即蕴涵一定社会主体的利益、愿望和目标。伴随着当代中国在世界的日渐崛起和中国发展模式的逐步形成，马克思主义在中国的发展进入了一个新的阶段，面临一些新的问题。当前推进马克思主义中国化，必须认清马克思主义中国化在现阶段的特征和问题，进一步理解和把握马克思主义中国化的科学依据和价值诉求。

一、自觉认识我们面临的新时期的特征，分析并应对在继续推进马克思主义中国化进程中面临的新问题

马克思主义从 20 世纪早期在中国传播以来，特别是中国共产党提

出推进马克思主义中国化的理念、任务以来，在中国革命、建设和改革的伟大实践中，与中国实际相结合，形成了具有中国特色、中国风格的马克思主义理论体系。从大尺度看，这一过程分为两个大的阶段。一是以毛泽东为代表的中国共产党人创造性地运用马克思主义指导中国革命，并概括、总结中国革命和中国建设初期的经验和规律，丰富和发展了马克思主义，其理论结晶是毛泽东思想；二是以邓小平、江泽民、胡锦涛为代表的中国共产党人，在探索、开拓中国特色社会主义建设的道路或模式中，创造性地发展了马克思主义理论，创立并丰富了中国特色社会主义理论体系。从改革开放以来，我们党始终坚持把马克思主义作为思想旗帜，在当代中国社会发展的不同历史时期或阶段，不断推进马克思主义与中国实际相结合，推动中国特色社会主义理论体系的形成与发展。邓小平理论、"三个代表"重要思想、科学发展观是当代马克思主义中国化进程的标志性成果。科学发展观的提出及其发展，标志着马克思主义中国化开始进入一个新阶段。作为马克思主义理论工作者，应自觉认识我们面临的新阶段或新时期的特征，分析并应对在继续推进马克思主义中国化进程中面临的新问题。

当前马克思主义中国化进程已经进入新的阶段，面临新的问题。这主要表现在：

首先，当代中国马克思主义理论研究和建设进入新的境界。伴随中国特色社会主义实践的发展，以中国共产党人为主导的马克思主义中国化进程在不断深入。党中央启动了前所未有的马克思主义理论研究与建设工程，在人力、财力和物力上给予力度空前的投入。与此相应，全国教育系统、社科院系统、党校系统、军队系统和各省市地方相继推出了各具地区特色和行业特色的马克思主义理论研究与建设工程。一批马克思主义经典著作的翻译、研究以及基础理论和基本问题研究、教材编写等成果涌现。马克思主义一级学科应运而生，马克思主义学院或研究院纷纷成立。中央和地方党校和教育行政部门联合连续数年每年举办多期马克思主义理论骨干培训班。这是中国共产党理论建设史上的一个壮举。这一阶段的标志性成果集中表现在：对中国特色社会主义理论进行了系统的概括、提炼和总结，完善了中国特色社会主义的理论体系；对中国特色社会主义建设的规律进行了进一步的探索，提出了全面协调可持续发展的战略思想和构建和谐社会的目标；对中国特色社会主义社会的政治经济文化建设中的重大问题进行了深入研究，提出了以人为本的重要理念和建设社会主义核心价值体系等重要思想，为马克思主义的发展作出了历史性的贡献。

其次，当代中国马克思主义的研究和发展正面临新的时代课题。国内发展和国际社会中各种矛盾丛生交织，问题空前复杂。经过30多年的改革开放，我国经济发展迅速，已经成为世界上第二大经济体，人均GDP超过4000美元。在实现经济发展目标方面，我国用三十多年的时间走完了西方发达国家上百年才走完的历程，这种时间的压缩导致许多相关制度和体制来不及建构，许多利益关系来不及理顺，从而难免会积累众多的矛盾。经济快速发展、社会结构急剧变化、利益格局深刻调整，引发和激活了一些深层次的问题和矛盾。社会发展不平衡问题、民生问题、公平问题、社会稳定问题尤其突出。中国发展模式的成功经验和代价教训问题需要进一步的理论总结。时代潮流把正在崛起的中国推到国际舞台的前沿，各种矛盾在汇集并考验着中国。中国问题及其解答不仅具有民族的、特殊的意义，而且具有世界的、普遍的意义。马克思主义理论发展面临着新的挑战，也酝酿着新的突破。

　　再次，当代中国马克思主义处在多元文化思想并存发展、各种社会思潮空前活跃的情势之中。马克思主义作为社会主义核心价值体系的主要内容和主导的意识形态，仍然在当代中国思想理论领域占据主流地位。当前我国的思想文化是对社会转型期经济、政治的折射，反映着一定的经济取向和政治诉求，也体现出一定的社会价值和道德要求。随着全球化进程的发展，对外开放的扩大，外来文化特别是西方思想文化以前所未有的规模和速度传入我国并传播开来。同时，随着本土文化认同的增加，中国传统文化也"热"浪滚滚。在当代中国，我国文化发展的基本格局是中国特色社会主义文化、中国传统文化和西方思想文化三种主要类型的文化相并存。在多元文化的格局下，在文化多样化发展的态势中，马克思主义在中国文化发展中的地位、命运、作用等问题进一步凸显出来。一是中国特色社会主义文化建设对作为指导思想的马克思主义提出了新的要求。与中国特色社会主义经济建设和政治建设相适应，中国特色社会主义文化建设出现了一些新的时代特点，并要求进一步实现马克思主义的中国化、时代化、大众化。马克思主义如何在大众文化、学术文化中产生更积极的影响，获得更多的话语权，成为摆在我们面前的迫切问题。马克思主义的研究和宣传不能高高在上，而要落地生根；不能自言自语，而要积极面对社会发展特别是文化发展的要求和挑战。二是中国传统思想文化的复兴再次把马克思主义与中国文化发展的关系问题推到思想舞台的前沿。当代新儒学的持续不断的发展特别是国学热的兴起表明，中国在由传统向现代化转变的进程中，中国传统思想文化的当代价值在进一步彰显。但是，如果把中国传统文化与马克思主义完全对立起来，甚至提出应该确立儒家思想在中国复兴进程中的指导地位，这就需要加以认真对待和回应。三是西方思想文化特别是以自由主义为核心的政治价值观念继续挑战马克思主义的国家观、民主观、人权观、自由观。如何进一步准确厘清和把握政治价值及其观念的普遍性与特殊性、科学性与阶级性的关系，已成为马克思主义研究面临的新课题。四是各种宗教文化的蔓延或扩展，从一定侧面反映了人们精神世界的匮乏和信仰的缺失，迎合了一些社会心理的需求，从而对传统的信仰教育和无神论教育提出了严峻的挑战。

马克思主义必须正视并应对上述挑战。只有在回应并解答这些高难度问题的过程中，马克思主义才能获得新的动力和生命力。

二、推进马克思主义中国化的基本路径

在思考推进马克思主义中国化的问题时，需要面对一个现实：马克思主义的研究和宣传有时离我国社会发展和人民群众的需要还比较远，在反映国情、民情、党情方面还有一定差距。在学界和民间，马克思主义在一定程度上存在被边缘、被稀释、被冷落的现象。马克思主义的"热"似乎还未传导到大众层面，在群众特别是青年学生的信仰层面上马克思主义的话语权有所缺失。

在我看来，这些情况的出现，与对三个问题的认识不到位有关。一是对马克思主义的现实性品格的认识不到位，忽略了马克思主义中国化必须立足现实、关注和回答当代中国问题；二是对马克思主义的科学品质的认识不到位，忽略了马克思主义中国化需要探求和获取马克思主义自身理论的科学依据；三是对马克思主义的价值向度的认识

不到位，忽略了马克思主义中国化在价值诉求上必须体现一定社会主体需要的批判性和建构性。上述问题其实可以分为两个方面，一方面是马克思主义中国化的科学依据，包括现实性、实践性、科学性；另一方面是马克思主义中国化的价值取向或主体需求。

纵观马克思主义中国化的历史进程，我们不难发现一个规律性的现象：马克思主义理论的吸引力、生命力和影响力来自于它与中国社会发展客观规律相符合、与人民群众切身利益相契合，来自于对先进思想文化成果的吸纳，来自于理论自身的发展和创新。一旦脱离社会实践和人民群众的需要、吸收人类文明成果和缺乏创新的方法和思想，理论就会萎缩、丧失社会影响力甚至淡出历史舞台。

推进马克思主义中国化，首先需要立足当代社会实践，关注和回答中国问题。马克思主义本质上是反映社会发展规律和时代发展趋势的科学理论。马克思主义之所以能在中国扎根，正在于它能够围绕并回答中国社会发展的基本走向问题。当代中国问题有三个层面，一是涉及国家、民族和整体社会发展道路问题，二是涉及民生、公平的制度设计问题；三是涉及价值观念和信仰的精神层面问题。中国共产党诞生 90 周年，新中国成立 60 余年，改革开放 30 多年，中国由衰至兴、由弱到强的发展的历史轨迹和成功经验为发展中国家的发展提供了可资借鉴的宝贵财富。中国模式及其成功经验是举世无双的，中国问题的复杂性也是独一无二的。这首先表现在中国社会性质的复杂性。多种经济成分并存，市场经济体制逐步确立但又很不完善，社会阶层分化出现，城乡差距拉大。这些问题关乎中国未来发展的命运，备受广大民众关注。对这些问题的研究和回答还很不够，理论与现实的反差较大，理论严重滞后于现实。要使马克思主义同中国实际相结合，就必须实现从以文献研究和政策论证为中心的研究模式向以问题为中心的研究模式转变。理论研究要敢于碰硬。无论是基础研究还是应用研究，都应聚焦中国现实问题，为社会和实践发展提供大智慧和战略思维。

推进马克思主义中国化，需要加强科学研究探索，继续实现马克思主义理论自身的创新。马克思主义的创新包含两方面的动力因素。一方面是立足于社会实践和关注现实问题，另一方面是严谨的科学研究或深入的学术探究。这两个方面是紧密联系、相辅相成的。众所周知，马克思主义基本原理中的实践观点、劳动观点、群众观点、社会基本矛盾运动的理论、社会形态理论、人的自由和全面发展的理论、关于资本主义社会和社会主义社会的理论等，至今闪耀着真理的光辉，是我们认识和把握现时代、洞察事物矛盾和问题的指南。但是不能把这些观点当做现成的公式来套用现实、剪裁现实。当代马克思主义中国化的本质要求在于，要把马克思主义理论已有的"经典理论"化为能够指导现今中国社会发展的科学理念，同时吸收中国传统文化和外国文化中的精华，形成中国风格、中国气派的马克思主义。马克思主义不仅是一种意识形态，而且也是一种建立在科学研究基础上的理论体系。不可把它当作不证自明的教义或者只有结论的空洞口号。应鼓励对马克思主义进行科学研究、学术探讨和理论创新，加强马克思主义与传统文化和外来文化的对话与借鉴，增强马克思主义的学术底蕴和科学力量。如果没有扎实的科学研究和自由的学术探索作支撑，马克思主义理论就会失去科学魅力，进而失去社会共鸣，即使使用行政力量去推动马克思主义研究，也会容易流于形式或停留在表面上的轰轰烈烈。在积极借鉴西方学者的研究成果的同时，也要注意克服洋八股现象。在马克思主义理论学术研究中存在一个时髦现象，就是把自己的研究与西方的学术研究"嫁接"，好像不嫁接就不好看，不嫁接就显示不出国际性，热衷于套用西方话语和西方思想，缺乏中国话语与中国思想，缺乏中国学者对马克思主义和中国问题的理解。这种学风显然有悖于马克思主义中国化的要求。

推进马克思主义中国化，需要进一步展现马克思主义理论的价值取向度，体现社会主体的价值诉求。马克思主义理论既包含了揭示社会发展本质及规律的科学内涵，又具有反映人民群众根本利益、追求人类解放、建立美好社会、倡导人文关怀、实现人的自由全面发展的价值取向和价值目标。马克思主义中国化蕴涵两个方面的价值向度：从理论自身看，马克思主义理论要同满足我国广大人民群众的物质与精神需要相结合，同适应中国社会全面进步的需要相结合，彰显人文精神，走近人民群众的生活。从马克思主义中国化的承担者看，中国共产党人肩负着坚持真理，不断开拓理论新境界，振兴中华，造福人民的历史使命；马克思主义理论工作者应有崇高的社会责任感，勇于担当，关注国家命运，关心民生，自觉地把理论研究和宣传同服务于改革开放、民富国强结合起来，既善于从生活中总结经验并上升到理论，又善于用正确理论引导社会生活。当前，中国正处在社会转型期，许多问题前所未遇。在重大的理论和现实问题上，需要有马克思主义理论的声音，需要站在维护国家利益和人民群众利益的立场上表现批判性的精神和表达建构性的主张。我们期待着通过大家的共同努力，使马克思主义理论在中国大地上展示出它的新的活力与魅力。

（作者系中国人民大学哲学学院院长、教授）

马克思主义中国化的文化维度　　　郭建宁

马克思主义中国化这一过程实际上包括两个方面：一是和中国实践相结合，二是和中国文化相结合。也就是说，马克思主义中国化不仅包括实践诠释，而且包括文化解读。马克思主义中国化的本质内容要在中国社会实践和中国文化传统两个维度上展开，并由此揭示马克思主义中国化的实践意义和文化意蕴。实践是马克思主义中国化的主题、主线和主渠道，这是没有疑问的。本文试图在此基础和前提下，着重探讨马克思主义中国化的文化维度问题。

一、马克思主义中国化的文化背景

我们知道，在五四时期的文化论战中主要有：陈独秀、李大钊激进主义的文化观，梁漱溟保守主义的文化观和胡适自由主义的文化观。后来陈独秀、李大钊接受了唯物史观，成为马克思主义者。从而形成了马克思主义、保守主义、自由主义三足鼎立的态势，这一态势构成了 20 世纪初中国思想文化的基本格局。那么，为什么会形成这样一种三足鼎立的态势和格局，再进一步的提问，马克思主义为什么能在中国传播、确立，并逐渐成为主导呢？从文化根源上看，以下几点值得注意：

第一，两难选择的产物。从文化上看，马克思主义在中国的传播和确立，归根结底是鸦片战争后中国人对西方文化和固有文化都陷入了一种肯定——否定，否定——肯定的架构之中，即对西方文化是要肯定的，在现代化方面他是先生，但是先生老是欺负学生，作为侵略者，又要否定。面对西方文化的强劲攻势和近代中国的节节败退、屡战屡败，不适应时代的中国传统文化是要否定的，但是否定中又有民族性、民族感、民族精神的问题，因此又要肯定。要肯定的又要否定，要否定的又要肯定，构成了近代以来中国人对于文化认识的矛盾和复杂背景，近代以来中国人关于文化认识的许多命题和悖论，都与这个背景有关。王国维就说过"爱所不信，信所不爱"的问题，前者指的是中国文化，后者指的是西方文化。西方学者列文森也注意到了这一"理智与情感"的问题，一方面，中国文化（主要是儒学）既可以被称为伟大的遗产又可以被称为吃人的礼教；另一方面，西方文化既可以是文明的导师又可以是强权、霸权和侵略者。一方面，要享用西方文明的成果，另一方面要杜绝西方社会的罪恶，由此产生的可能的结果和合适的出路，就是接受马克思主义这种"西方的反西方主义"。就是说，马克思主义是"西方的"，但它又揭露了西方资本主义的矛盾、危机和罪恶，在这个意义上，它又是"反西方主义"的。这样的一种主义，正适合了中国人既要学习西方文明，又要防止西方资本主义产生的种种罪恶的矛盾心理。

第二，两次危机的结果。所谓两次危机，一是儒学的危机，1905年废除科举，1911年辛亥革命，使儒学先后退出教育和政治领域。1915年新文化运动，1919年五四运动，陈独秀、李大钊、胡适等对儒学进行了激烈的批判和猛烈的抨击，儒学在道德伦理、文化精神和价值认同方面产生了全面危机。二是西方文化的危机，1914年第一次世界大战爆发，多少人生灵涂炭，战后的欧洲一片萧条。1918年斯宾格勒《西方的没落》一书揭露了西方文化的危机。稍后梁启超的《欧游心影录》也揭露了西方文化的危机，并转向文化保守主义。更为严峻的是，1919年1月的巴黎和会竟然将德国在山东的特权移交日本。帝国主义的强权本质，激怒了中国民众特别是知识分子，从而爆发了五四运动。强权战胜公理，这既刺激了中国的民族主义，使救亡压倒启蒙；又导致中国人对西方失去信心，使西方路向幻灭。在这样的情景下，中国人转向马克思主义和社会主义就不难理解了。

第三，双重挑战的解答。近代以来，中国人面临着学习西方与救亡图存，实现富强与复兴传统的双重任务和双重挑战。一方面，中国要跟上时代，学习西方的现代性，实现现代化，同时又要抵御西方的霸权。这里的现代性和霸权都来自同一个对象——西方和西方文化，两者是一而二，二而一的。而这对于中国的文化选择来说，正是尖锐冲突的。另一方面，中国要实现富强，要具有现代性，而现代性又影响传统。这样中国的现代化就面临困难，迎合现代性就会削弱对西方的殖民霸权的抵抗，改革传统又会使民族复兴受到影响。面对如此的复杂局面，如上所述，中国人只能选择马克思主义这种"西方的反西方主义"。1919年7月25日，巴黎和会结束不到一个月，苏俄政府发表宣言，宣布放弃帝俄时代在中国的一切特权。1920年4月苏俄政府代表来华，受到各界热烈欢迎。列宁领导的新兴苏维埃共和国，成为 20 世纪新"公理"新文明的象征。于是，五四知识分子由亲西方转向亲苏俄，对西方的幻想破灭，走俄国人的路，成为一大批中国知识分子的选择。这是新文化运动的转折点，也是中国现代性选择的转折点。

二、马克思主义中国化的文化反思

1840 年的鸦片战争，西方列强用洋枪洋炮轰开了中国的大门。中国在空间上进入了世界史，在时间上进入了近代史。面临着民族危机，救亡保种，中国向何处去这一严峻课题，中国人进行了一次次的努力与抗争。洋务运动之后是维新变法，维新变法之后是辛亥革命，辛亥革命之后是五四新文化运动，变革由器物层次、制度层次推进到文化层次。五四时期的人们认为，中国近代的失败，归根到底是文化的失败。中国社会的危机，归根到底是文化危机。因此中国社会的重建，归根到底是文化的重建。这一重建的旗帜就是民主与科学，主题是启蒙与救亡，内容是反传统，形式是文学革命。五四的思想解放意义是无可限量的，五四的科学精神、民主精神、启蒙精神对当代中国的变革和发展的影响是空前巨大的。

当然，从文化反思的角度看，五四的文化批判也有其自身的历史局限和不足，这主要表现为三个方面：

一是在中西文化比较中截然对立的两极化思维。

比如陈独秀就认为东西文化的区别是：西洋民族以个人为本位，东洋民族以家族为本位；西洋民族以法治为本位，东洋民族以感情为本位；西洋民族以实利为本位，东洋民族以虚文为本位；西洋民族以科学为本位,东洋民族以想象为本位;西洋民族以战争为本位,东洋民族以安息为本位。李大钊则将中西文明的不同概括为静的文明和动的文明:一为自然的,一为人为的;一为安息的,一为战争的;一为消极的,一为积极的;一为依赖的,一为独立的;一为苟安的,一为实进的;一为因袭的,一为创造的;一为保守的,一为进步的;一为直觉的,一为理智的;一为空想的,一为体验的;一为艺术的,一为科学的;一为精神的,一为物质的;一为灵的,一为肉的;一为向天的,一为力地的;一为自然支配人的,一为人征服自然的。上述分析虽然可能不乏真知灼见,但是简单化和片面性也十分明显,表现为典型的两极思维。这种情况在五四的文化论争中相当普遍,比如西方是竞争的文明,东方是调和的文明;比如西方是理智的文明,东方是情感的文明;又比如西方是物质的文明,东方是精神的文明。可谓林林总总,不一而足,但都是以截然对立的二分为特征的。

二是在新旧文化对照中两者不可调和的存一废一型思维。

除了上述种种文化现象的不同之外,中西文明差异的实质是什么呢?严复认为根本原因在于:中之人好古而忽今,西之人力今以胜古。这就是说,中西之争即古今之争。陈独秀对这一见解极为欣赏与认同,从进化论出发,他把文明划分为古代的和近代的,他认为东洋文明还是一种古代文明,西洋文明则是一种近代文明。因此,中国欲进入近代文明,就必须向西方学习,采纳西方的科学与民主,改造自己的传统文化。陈独秀强调新陈代谢是社会的发展法则,"陈腐朽败者无时不在天然淘汰之途"①,他认为新与旧是不可调和的,新学(西

---

① 《陈独秀文章选编》上卷,三联书店 1984 年版,第 73 页。

学）与旧学（中学）也是绝对排斥的。他说："无论政治、学术、道德、文章，西洋的法子和中国的法子绝对两样，断不可调和迁就。若是决计革新，一切都应该采用西洋的新法子，不必拿什么国粹、什么国情的鬼话来捣乱。……因为新旧两种法子，好象水火冰炭，断然不能相容；要想两样并行，必定非牛非马，一样不成。"① 要学习西方的民主与科学，即德先生与赛先生，就必须破坏中国的文化传统与伦理道德。他提出，"要拥护那德先生和赛先生，便不能不反对孔教、礼节、贞节、旧伦理、旧政治；要拥护那赛先生，便不能不反对旧艺术、旧宗教；要拥护德先生又拥护赛先生，便不能不反对国粹和旧文学。"② 两者绝没有调和的余地。有的人在与传统文化的"决裂"方面走的更远，甚至提出什么欲废孔学，必先废汉字；所有的线装书都要扔到茅厕里去，等等。

三是在现实的文化建设中破的多立的少的拒斥性思维。

五四的基本指向是反传统，由于上述的中西截然对立和新旧不可调和的思维方式，就必然导致文化选择中关注破，忽视立；破的多，立的少；拒斥性强，建设性弱。因此对于中国文化优良的方面和西方文化弊端的方面没有给予理性的评估和准确的定位。也就是说，五四只是开启了启蒙之门，五四文化建设的任务还远远没有完成。今天看来，五四的文化运动更多的是体现为一种情绪和声势，而不是持久的文化现象和生活状态，文化建设的任务任重道远。

五四的实质是文化转型。五四那样激烈的反传统，带来了巨大的

---

① 陈独秀：《今日中国的政治问题》，《新青年》第5卷第1期。
② 陈独秀：《新青年罪案之答辩书》，《新青年》第6卷第1期。

文化冲击，引起了强烈的文化焦虑。因此需要不断地进行文化调适，逐步地进行文化修复。"中国化"概念的提出，就是对五四激进反传统的某种反思和校正。五四的新启蒙和反帝反封建不容否定，但问题是对传统否定过多，西化色彩很浓。于是张申府先生提出五四两大口号，打倒孔家店，科学与民主，现在要变一下。"打倒孔家店""救出孔夫子""科学与民主""第一要做主"。① 特别需要重视的是，在延安毛泽东提出了"马克思主义中国化"的命题，强调马克思主义必须和中国实际相结合，同时强调"我们是马克思主义的历史主义者，我们不应当割断历史。从孔夫子到孙中山，我们应当给以总结，承继这一份珍贵的遗产。"② 另外，毛泽东还指出新民主主义的文化是民族的科学的大众的，这里把"民族的"摆在了首位。我觉得，无论是强调"中国化"，还是突出"民族的"，都与对五四全盘反传统的反思和校正有关，其主旨展开来说就是面对思想冲突、文化激荡，必须始终保持文化主体性，千万不能"失语"和"他者化"，更不能丢掉自己的文化基因和文化密码。

弘扬中华文化，建设中华民族共有精神家园，是当前文化建设的重要任务。党的十七大提出弘扬中华文化，建设中华民族共有精神家园，这是一个很重要也很有创意的提法。"精神家园"的提法不仅突出了文化身份的认同，而且强调重新凝聚、整合和塑造。用有的学者的话说就是"恢复记忆""重建传统""精神还乡"，也就是"再中国化"。

文化是一个民族的灵魂和血脉，是一个民族的集体记忆和精神家

---

① 《张申府文集》第1卷，河北人民出版社2005年版，第190页。
② 《毛泽东选集》第二卷，人民出版社1991年版，第534页。

园，是一个民族在全球化进程中的名片、身份证和识别码，体现了民族的认同感、归属感，反映了民族的生命力、凝聚力。失去了民族文化传统，就如同浮萍没有了根，就如同人失去了灵魂，就如同流浪者失去了家园。弘扬中华文化，建设中华民族共有精神家园，在当前具有紧迫性。中华文化具有悠久的历史，但是五四以来在文化方面总的看是破的多，立的少。从五四新文化运动近百年来的文化讨论来看，一些相同的主题几乎过几年就被重新提起，老是在批判传统——重建传统——再批判传统——再重建传统里兜圈子，如同西西弗斯似的重复。说实在的，在如何继承传统文化方面，我们已经没有多少时间可以再犹豫彷徨了。要从娃娃抓起，从最基础的典籍着手，从最基本的文明礼仪和规范做起，在文化建设方面多做扎扎实实的工作。使更多的人了解传统文化，喜爱传统文化，成为优秀传统文化的承载者和传播者。当然，把马克思主义中国化和共有精神家园结合起来，就是摆在我们面前特别重要又颇有难度的"世纪课题"。

三、马克思主义中国化的文化基础

马克思主义如何和中国文化连接，具有关键性的作用和意义。只有实现马克思主义与中国文化的结合、融合、磨合、整合，马克思主义在中国的传播与确立，以及马克思主义的中国化才能成为现实。儒家讲的"行"、"躬行"与马克思主义的实践学说之间，传统文化讲的"天下兴亡，匹夫有责"与马克思主义强调的改造世界之间，中国哲学讲的相反相成、物极必反与马克思的辩证法之间，传统文化中的"大同社会"与马克思主义的社会理想——共产主义之间，都有某种契合和相通之处。中国传统文化和哲学思想中所蕴涵的唯物主义和辩证法，是马克思主义在中国传播与发展，并为人们选择和接受的思想文化基础，是马克思主义中国化的文化基因。对此，我们还可以通过以下例证进一步说明。

比如实事求是。我们都说实事求是是毛泽东哲学思想的根本点、出发点，是毛泽东哲学思想的精髓。而实事求是正是借用了中国的古语，即东汉班固著《汉书·河间献王传》，描写汉景帝刘启的儿子刘德治学严谨，谓之"修学好古，实事求是"。毛泽东在《改造我们的学习》中给予新解。指出："'实事'就是客观存在着的一切事物，'是'就是客观事物的内部联系，即规律性，'求'就是我们去研究。"[1]

又比如哲学。毛泽东的认识论实际上是对中国传统哲学知行观的阐释与总结，《实践论》的副标题就是：论认识与实践的关系——知和行的关系。毛泽东的矛盾学说与中国传统哲学的阴阳概念也有关联，1956 年 11 月，毛泽东在党的八届二中全会上说，一阴一阳谓之道，这就是古代的两点论。

再比如军事。毛泽东谈论最多的是《孙子兵法》，其中特别欣赏"知己知彼，百战不殆"这句话，多次论及。古代的许多战例，如声东击西，围魏救赵，他也常提及。在这一方面，他运用得很自如，已近随心所欲。1945 年 3 月谈到国民党进攻解放区时我们应采取的方针，他说：第一条，就是老子的哲学，叫做"不为天下先"。就是说，我们不打第一枪。第二条，就是《左传》讲的"退避三舍"。你来……我们让一下。第三条，是《礼记》上讲的"礼尚往来"。"往而不来非

---

① 《毛泽东选集》第三卷，人民出版社 1991 年版，第 801 页。

礼也，来而不往亦非礼也"。① 就是说，人不犯我，我不犯人，人若犯我，我必犯人。这里不是讲马恩列怎么说，而是老子、《左传》、《礼记》怎么说，真是得心应手，贴切自如。传统文化已积淀为一种思维方式和行动智慧，用一句老话说就是"溶化在血液中"。

最后有必要探讨一下文化的内容和形式问题。在讲新民主主义文化时，我们总是说新民主主义的内容，民族的形式。在讲社会主义文化时，我们又说社会主义的内容，民族的形式，这成了阐述文化的内容和形式的固定套路。其实，形式与内容是不能分成两截的，民族性存在于内容和形式的统一之中。也就是说，民族性是形式，又不仅仅是形式。它不仅体现在形式中，也体现在内容中。而且只有不仅体现在形式中，同时也体现在内容中的民族性，才是真正有生命力的。因此，仅仅把民族性作为形式，是远远不够的。据此，我认为马克思主义中国化不仅需要民族性的形式，也需要民族性的内容，需要内在的文化基因和文化链接。中国文化的强大生命力，不仅在于它的兼容性和柔韧度，而且在于它的开放性和现代性，从科学发展观强调的"以人为本"，到构建和谐社会体现的"以和为贵"，都渗透着中国文化传统的思想精华，彰显出马克思主义中国化的文化内涵。

四、马克思主义中国化的文化解读

马克思主义中国化的关键是处理好马克思主义与中国文化传统的关系，对儒学、国学的当代价值以科学的认识和准确的定位。

---

① 《毛泽东文集》第3卷，人民出版社1996年版，第326页。

先来看这样两件事情：一个是 2009 年 12 月 21 日，《光明日报》发表几位著名高校校长的访谈，提出要为国学上"户口"，即在国务院学位办的学位名录上有"户口"，成为像哲学、史学、文学、经济学、法学那样的"一级学科"，进而继马克思主义理论成为一级学科之后，使国学也成为一级学科。另一个是 2010 年 1 月 22 日，电影《孔子》在全国上映，票房已过亿。据报道电影《孔子前传》和电视剧《孔子》也在筹拍中。与此同时，中央电视台在播动画片《孔子》（少儿频道）和《孔子是怎样炼成的》（百家讲坛）。这样，国学热、孔子热，就成为 2010 年颇为令人关注的人文景观，其势头之猛，超出了想象。

那么，如何看待当前的国学热和孔子热呢，我谈几点想法。

第一，应当充分肯定儒学、国学在当代社会中的作用。儒学在维护社会良知、弘扬人文精神方面，在遏制工具理性压倒一切，唯科学主义泛滥，拜金主义、享乐主义、功利主义盛行方面，在缓解人类面临的三大紧张即人与自然的紧张，人际关系的紧张，人自身心灵的焦虑与紧张方面，将起到其他学说难以替代的重要作用，是有发言权和影响力的重要角色。

第二，儒学、国学、《孔子》的大众化有许多启示值得马克思主义大众化借鉴。可以说儒学、国学、《孔子》已经大体上实现了由精英文化向大众文化的转化，从少儿读经到董事长班，从孔子学校到电影《孔子》，从于丹说《论语》到王蒙讲《老子》，从傅佩荣讲国学到杜维明、范曾"天与人"对话，五四 90 多年来、新中国 60 多年来、改革 30 多年来，孔子从未像今天这样红火过。这两个大众化，谁更有吸引力，或者说如何结合，关涉到中国文化的发展前景。

第三，对国学热的冷思考。当前突出文化传承是十分必要的，但是要注意在一些人的运作下，国学热有可能变味，变得太功利，染上铜臭味。所谓"国学也是生产力"，说到底是国学变成了摇钱树，从而引起质疑与不满，"普及还是圈钱，做学问还是作秀"。有的人从骂祖宗到吃祖宗，更有甚者，有的地方发行了所谓"孔子彩票"，赚孔子的钱，发国学的财，真是令人匪夷所思！

第四，对儒学、国学的科学态度。儒学是多元文化中的一元，百家争鸣中的一家。过去试图在多元文化中消灭掉儒学这一元是不可取的，今天如果试图以儒学这一元取代其他的多元文化也是不科学的。这就是说，在当代中国的社会发展和文化建设中，儒学既不能缺位，也不能越位。既不要自卑，也不能自大，而是要自信和自觉。

第五，马克思主义中国化与中国传统文化的关系。这是21世纪文化建设最重大的课题，最艰巨的任务。现在高校里有两个学院增加得比较快，一是马克思主义学院，一是国学院。这个"两院"现象耐人寻味，令人思考。两者如何交流，如何对话，如何结合，怎样结合，尤为令人关注。其实质说到底就是如何认识和把握马克思主义与中国传统文化的关系，以及如何看待"回到马克思"与"回到孔子"，如何看待当前的儒学热和国学热，如何看待儒学在当代社会的地位和作用等。应当说在这些问题上大家的意见并不完全一致，有的还分歧很大。但是马克思主义中国化要与中华民族共有精神家园相结合，当代中国马克思主义的发展创新要重视中国传统文化，这个大的目标和方向方面已经形成了共识，现在需要的就是进一步深入研究。

(作者系北京大学马克思主义学院院长、教授)

文化视域中的马克思主义中国化研究 | 杨金海

近年来，马克思主义中国化研究的成果很多，但也存在一个如何进一步深化的问题。其中一个重要问题就是如何厘清研究维度、开辟新的研究领域。目前的研究主要集中在政治维度特别是中国共产党的思想理论建设层面，即研究马克思主义如何与中国革命、建设和改革实际相结合，形成党的理论、路线和方针政策，实现马克思主义在中国的两次飞跃，形成毛泽东思想和中国特色社会主义理论，同时研究党的思想理论建设如何进一步加强，用发展着的马克思主义指导新的实践。这个维度的研究十分重要，是马克思主义中国化研究的主要维度，应当继续深化研究。但回顾马克思主义在中国的百年传播历程不难发现，马克思主义对中国社会的影响是全方位的，不仅对中国政治、经济的发展产生了巨大影响，而且对中国文化的发展也发挥了巨大作用。所以，应当在多个维度多个层面上加强探索，方能深化马克思主义中国化研究。本文主要从文化的维度做一些探索，供大家参考。

一、马克思主义中国化促进了中国人的文化自觉

近代以来的一百七十多年间，中华民族的思想文化跟它赖以形成的社会经济、政治一样，发生了天翻地覆的变化，这与中国人的文化自觉分不开。这种文化自觉，经历了漫长而艰辛的历程。总体上看，中国人的文化自觉是围绕着如何对待世界文化特别是西方文化而展开的，经历了从封闭到开放，从被动到主动，从表层到深层，从引进到输出的多重转变。

围绕中西文化关系问题近代以来曾经长期争论不休。先是有"中体西用"论，后有"西体中用"论，再后来才有"综合创新"论，以及最近的"中国模式"论。其中，这种争论及其过程蕴涵着中国人对待外来文化之理念和思维方式的深刻变化。"中体西用"论是中国人近代以来学习西方文化的第一种思维方式，标志着中国人开始有了学习西方先进文化的意识，有一定的进步性，但它又是封建社会晚期中国人被动学习西方的心理写照，总体上看是一种落后的文化理念。"西体中用"论是中国人近代以来学习西方的第二种思维方式，其核心是要全面学习西方文化或曰"全盘西化"，有着彻底的革命性，但它又是近现代中国人照抄照搬、"食洋不化"地学习西方的历史写真，仍然是一种不成熟的思维方式和接受方式。"综合创新"论或"中国模式"论是中国人近代以来学习西方的第三种思维方式，其本质是要把马克思主义与中国社会发展实际相结合，与中国传统优秀文化、西方传统优秀文化相融合，并创造一种新的有中国特色的现代文化模式，这是主动学习外来文化，同时力图使自己的文化走向世界的比较成熟的理

念和思维方式。

围绕如何学习西方文化问题近代以来曾经长期不懈探索。先是主张"师夷长技以制夷",只学西方的器物文化,于是便有了洋务运动。1894年甲午海战的惨败惊醒了沉睡的中国人,使先进的中国人认识到,不能只在社会的"器物"层面改良中国,还必须在"制度"层面改良中国,于是便有了1898年戊戌变法。戊戌变法的失败使人们认识到,在中国,改良道路是走不通的,必须走革命道路,于是便有孙中山领导的资产阶级革命。辛亥革命的失败使有识之士进一步认识到,只学习西方的器物文化和制度文化不行,还必须学习西方的思想文化,于是,五四新文化运动应运而生。新文化运动起初所提倡的民主、科学精神以及反传统、白话文运动等开始触动了中国传统文化,但由于这里的"民主"、"科学"等概念都还很抽象、很模糊,反掉传统文化之后要建立什么性质的新文化也不清楚,所以早期的新文化运动没有能够从根本上为中国文化发展指明方向。

只是当五四运动时期李大钊、陈独秀等人开始把马克思主义作为重新观察中国和世界的思想武器的时候,特别是随后成立了中国共产党,中国革命的面貌才焕然一新,同时中国文化发展的正确方向才开始确立。以此为标志,中国人的现代文化理念逐渐生发,相应地,中国的文化形态开始发生根本性转变,即由以儒学为核心的中国传统文化开始向以马克思主义为核心的中国现代文化转变。当然,这是一个十分漫长的历史过程,直到今天这种"新文化"仍然在生成发展之中。

在马克思主义影响下,李大钊、陈独秀等人的现代文化意识开始觉醒。他们逐步认识到,和任何社会一样,中国社会是一个系统,改造它需要在经济改造、政治改造的同时,进行文化改造,而且认为中国社会改造的目标不是资本主义，而是社会主义和共产主义。这就为中国现代文化建设道路的探索确立了唯一正确的历史航向。中国共产党的成立又为中国现代文化的建设提供了坚强的组织保证。

比如，李大钊比较早地认识到马克思主义文化观是唯物史观的一部分，主张用马克思主义的人道主义、社会主义改造旧中国的经济组织和人们的思想文化。他在1919年发表的《我的马克思主义观》一文中就明确写道：马克思的唯物史观有二要点：其一是关于人类文化的经验说明；其二即社会组织进化论。所以"我们主张以人道主义改造人类精神，同时以社会主义改造经济组织。不改造经济组织，单求改造人类精神，必致没有结果。不改造人类精神，单等改造经济组织，也怕不能成功。我们主张物心两面的改造，灵肉一致的改造。"① 很明显，这是当时盛行的新文化运动发展的质的飞跃。

中国共产党成立后，更加自觉地把建设反帝反封建的新民主主义文化乃至未来的社会主义文化作为自己文化发展的目标。1927年，毛泽东在《湖南农民运动考察报告》一文中就明确提出，要领导农民从事政治斗争、经济斗争和文化斗争。随着我党领导的土地革命的深入和革命根据地的发展，毛泽东同志于1934年1月提出了"创造新的工农苏维埃文化"的任务。

1940年1月，毛泽东的《新民主主义论》问世。这标志着我党关于新民主主义文化建设理论的正式形成。在这里，毛泽东第一次明确阐述了马克思主义的文化观，并运用它深刻分析了中国文化的历史现状，提出了新民主主义文化建设的基本纲领和方针政策。毛泽东明

---

① 《李大钊文集》第3卷，人民出版社1999年版，第35页。

确将社会划分为经济、政治和文化三大领域，并科学地阐述了三者的关系。

毛泽东明确指出，中华民族的旧文化乃是旧政治和旧经济的反映。而我们要建立的新中国，"不但有新政治、新经济，而且有新文化。这就是说，我们不但要把一个政治上受压迫、经济上受剥削的中国，变为一个政治上自由和经济上繁荣的中国，而且要把一个被旧文化统治因而愚昧落后的中国，变为一个被新文化统治因而文明先进的中国。一句话，我们要建立一个新中国。建立中华民族的新文化，这就是我们在文化领域中的目的。"[①] 这种新文化，就是新民主主义的文化。它是反映并服务于新民主主义的政治和经济的。"所谓新民主主义的文化，一句话，就是无产阶级领导的人民大众的反帝反封建的文化。"[②]

毛泽东还为新民主主义文化建设提出了基本纲领和政策。他说："民族的科学的大众的文化，就是人民大众反帝反封建的文化，就是新民主主义的文化，就是中华民族的新文化。"[③]

在 1949 年 9 月 21 日召开的人民政协第一届会议上，毛泽东庄严宣告："随着经济建设的高潮的到来，不可避免地将要出现一个文化建设的高潮。中国人民被人认为不文明的时代已经过去了，我们将以一个具有高度文化的民族出现于世界。"[④]

新中国成立之初，毛泽东提出了"百花齐放、推陈出新"的文艺

---

① 《毛泽东选集》第二卷，人民出版社 1991 年版，第 663 页。
② 《毛泽东选集》第二卷，人民出版社 1991 年版，第 698 页。
③ 《毛泽东选集》第二卷，人民出版社 1991 年版，第 708—709 页。
④ 《毛泽东文集》第 5 卷，人民出版社 1996 年版，第 345 页。

工作方针。在 1956 年 1 月召开的关于知识分子问题会议上，毛泽东号召全党努力学习科学知识，同党外知识分子团结一致，为迅速赶上世界科学先进水平而奋斗。毛泽东还指出：我们的教育方针，应该使受教育者在德育、智育、体育几方面都得到发展，成为有社会主义觉悟的有文化的劳动者。尽管我们在以后的文化建设中也犯过严重错误，特别是犯了"阶级斗争"扩大化的错误，但新中国的文化理论和文化事业还是取得了前所未有的巨大成就。

改革开放以来，我们党进一步提出了建设中国特色社会主义文化的思想并取得了丰硕成果。我们提出了建设社会主义精神文明的要求，培养"四有新人"即"有理想，有道德，有文化，有纪律"的目标，"三个面向"的文化发展方针；近些年来，我们进一步提出建设中国特色社会主义先进文化、和谐文化的新理念和新任务等，为推进中国特色社会主义事业提供了强大的精神动力，同时继承和发展了马克思主义。

可见，自五四运动以来，中国人的文化理念和文化生活发生了巨大变化，中国的文化体系也随之发生了根本性的转变。在这一转变过程中，马克思主义始终发挥着核心作用。要深化马克思主义中国化研究，应当仔细探讨近一百年来中国人文化自觉的历程，不仅探讨仁人志士们在文化理念层面的心路历程，而且应当探讨整个中华民族的文化自觉历程。

二、马克思主义中国化促进了中国现代文化体系的形成

任何社会都是一个有机体，而作为其重要内容的文化也是一个系

统。中国现代文化体系也是这样，是由诸多子系统构成的一个大系统，包括话语体系、哲学思维方式、哲学社会科学体系、社会思想体系、大众文化体系等诸多方面。中国现代文化的形成始于五四时期，马克思主义在中国的传播和发展对中国现代文化体系的形成发挥了巨大作用，这至少体现在五个层面。

一是马克思主义的传入彻底改变了中国传统的话语体系。五四时期，新文化运动的先驱者主张用白话文代替文言文，但究竟用什么样的白话文代替文言文？是简单把传统的文言文翻译成白话文，还是把西方随便的一种话语翻译成中国的白话文？用今天的说法，就是究竟应当选择什么样的话语体系？对此问题，早期的新文化运动并没有给出答案。大家知道，当今学术界有一个很时髦、很重要的词叫Discourse，是"话语"的意思。围绕这个词，还形成了一种新理论，叫做"话语理论"。该理论告诉我们，话语是文化之砖，一个民族的文化大厦归根到底是由话语决定的，谁掌握了话语领导权，谁就掌握了文化领导权。"话语"这个词，用我们通常的说法，指的就是概念体系。五四时期，还没有这个概念，但提倡白话文，已经自觉不自觉地意识到建立新的话语体系的问题。今天回过头来看，就豁然开朗了。我们现在的话语体系，是以马克思主义的一系列概念为核心的体系，包括经济、政治、文化、生产力、生产关系，等等。这些概念在今天的中国现代文化里面所占的比重很高，特别是在哲学社会科学里面要占一多半。这些概念所构成的话语体系，是五四运动以前所没有的。如果没有这些基本概念，就谈不上有中国现代文化，甚至我们不会用现代语言思考问题，不会写作，不会讲话。由于马克思主义话语体系是当今世界上影响最大、规模最大的话语体系，所以我国现代文化中的这套话语体系应当说是比较先进的，反映了当今世界文化发展的潮流。完全可以说，经过长期比较，中国人最终选择马克思主义话语体系作为现代文化体系的基础是完全正确的，是历史的必然。

这套话语体系是由谁建立的？是怎样建立起来的？我认为，主要是由我国广大的进步知识分子建立的，而且主要是在我们党的领导下通过翻译、研究马列著作逐步建立起来的。在这方面，中央编译局有一定发言权。中央编译局是我国现代文化史上最庞大最权威的翻译研究机构，其前身可以追溯到 1938 年在延安成立的马列学院编译部，而其所从事的这项工作可以追溯到五四时期。我们党从成立之初，就开始有组织地翻译研究《共产党宣言》等马克思主义著作。即使在苏区和白区战斗的艰难岁月中，党也始终没有中断这项工作。马列学院编译部成立之后，翻译了一系列马克思主义经典作家的著作。1953年中央编译局成立后，更加有计划有系统地组织翻译，先后翻译出版了《马克思恩格斯全集》、《列宁全集》等。正是在组织翻译这些经典著作的过程中，通过一代又一代翻译家、理论家的集体攻关，同时借鉴我国学术界其他翻译和研究大家的成果，逐步形成了一整套比较规范的现代话语体系。

深入研究这一话语体系的形成和发展应当是马克思主义中国化研究的基本任务。当然，这需要下很大工夫。比如，马克思主义的许多中文概念都不是一下子就定型的，经历了很多人的翻译、研究，最后才确定下来。又如，这些概念在翻译中的来源不同，有的来自 19 世纪末 20 世纪初日文本的马克思主义著作，如"社会主义"、"共产主义"、"干部"等；有的来自中国古典文献，如"觉悟"、"平等"、"实事求是"等；有的是现代中国人创造的，如"意识形态"一词就是郭沫若翻译《德意志意识形态》时创造的。又如，马克思主义经典著作中的概念在我国现代哲学社会科学中占的比例很大，这说明马克思主义对我国现代文化的影响很深，但这需要统计分析。又如，近百年来，我国几乎所有政治精英和文化精英都参与了马克思主义的引进、研究和传播，包括孙中山、毛泽东、邓小平，也包括鲁迅、瞿秋白、郭沫若、叶圣陶、钱锺书、贺麟、姜椿芳、季羡林、于光远等。所有这些，都需要我们对历史上的马克思主义经典文本和版本及其传播过程进行深入的考证研究，甚至还要借用统计学方法，才能作出科学分析。

二是马克思主义的传入彻底改变了中国人的哲学思维方式。大家知道，在五四运动以前，中国人的哲学思维方式是很落后的。我们的世界观、价值观、历史观中现代性的东西很少。例如，我们对整个自然世界，包括地球、生物、太阳系等构造及其运动规律知之甚少，对社会结构及其发展趋势等几乎一无所知。只是在马克思主义进来之后，我们才知道了许多现代哲学知识，知道了自然、社会、思维发展的规律，特别是突破了历史循环论，知道了社会历史的结构，社会发展的趋势，变革社会的道路，包括经济社会的发展形态、发展阶段、发展目标、发展主体，等等。可以说，由于马克思主义的传入，我们心目中的整个世界图景都发生了变化，这个世界图景在五四运动以前是没有的。应当说，马克思主义是一门开大智慧的学问。而且，随着马克思主义在中国的不断发展，中国人的哲学思维方式不断跃升。

三是马克思主义传入促成了中国现代哲学社会科学的形成。大家知道，现在我们有哲学、政治经济学、科学社会主义，以及很多具体学科，包括政治学、历史学、社会学等等，这些社会科学门类以及它们所组成的学科体系是怎么建立起来的？也主要是在马克思主义基础之上建立起来的，没有马克思主义在中国的传播，没有很多理论界的翻译家、学者的工作，我们这个学科体系是建立不起来的。

四是马克思主义传入促进了中国社会思想文化的大发展大繁荣。我们今天的教育、科学、文学、艺术、新闻、出版、广播、电影、电视以及今天的电脑网络等，也都与马克思主义中国化紧密联系在一起。例如，我们学校的课程设置、大学学科体系的建立、研究机构的建立、报纸杂志的编辑出版等均是如此。

五是马克思主义传入促进了中国大众文化的大发展大繁荣。大众文化是人们日常生活中的文化。我们今天日常生活中使用的很多概念都与马克思主义有关，如少先队员、党员、干部、群众、同志、实事求是、以人为本等等，都是马克思主义传入之后才逐渐形成的。我们的许多节日如"三八"国际妇女节、"五一"国际劳动节、"六一"国际儿童节、"七一"党的生日、"八一"建军节、"十一"国庆节等，都与马克思主义指导的国际共产主义运动以及中国共产党领导的民主革命联系在一起。在五四运动之前，我们只有传统的节日，没有这些节日。如果没有马克思主义，我们现在的生活完全是另一种景象。没有这些东西，我们的语言、生活也不会像今天这样具有时代性和现代性。

仔细想一想，我们会更深切地感受到，马克思主义离我们并不远，就在我们的生活当中。它已经成为中国文化的一个非常重要的部分，是整个中国现代文化体系的核心，是中华民族的精神支柱。

要深化马克思主义中国化研究，应当认真探讨近百年来中国文化的嬗变特别是中国现代文化体系的形成和发展过程，以及马克思主义在其中发挥的重要作用。

三、推进马克思主义中国化须在现代文化建设上下工夫

近代以来，随着西方思想文化的引入，中国传统文化逐渐式微，现代文化因素逐渐增加。在这期间，中国各派进步力量都对文化转变发挥过积极作用，特别是以孙中山为代表的资产阶级革命派曾经起过非常重要的作用。然而，它们都没有能够从根本上完成中国传统文化向现代文化转型的历史任务。真正完成这个历史任务，是由中国共产党人领导人民逐步实现的。中国传统文化向现代文化的根本转型开始于五四时期，其标志是马克思主义开始成为中国先进分子重新观察中国和世界的思想武器，特别是成为中国共产党的指导思想。从那时起，中国文化逐步摆脱了封建主义文化、殖民主义文化和官僚资产阶级文化，而变成以马克思主义为核心的民族的、科学的、大众的文化。新中国成立以来，特别是改革开放以来，中国现代文化体系逐渐完善，从话语体系、哲学思维方式，到哲学社会科学体系、社会思想体系、大众文化体系等，日益形成一套比较科学的现代文化体系。由于马克思主义是当今世界上最大最先进的话语体系，所以，中国现代文化体系也是比较先进的文化体系，既与当今世界文化发展潮流相一致，又是有中国特色的社会主义文化体系，有着强大生命力和广阔的发展空间。

随着近些年中国经济社会的快速发展，中国文化的发展也越来越

受到世人关注，世界各国汉语热的兴起就是明证。这为中国现代文化的大发展提供了难得的历史机遇。同时也要看到，中国现代文化的发展仍然面临很多挑战，甚至是严重挑战。就国内讲，作为中国现代文化之基础的社会主义核心价值观尚需进一步巩固，马克思主义一元指导与社会文化思潮多样发展之间的关系需要不断协调。就国际讲，中国文化在世界上的影响力还很小，形形色色的西方文化殖民主义或文化帝国主义还阻碍着中国文化的发展，甚至威胁着我国的文化安全。推进马克思主义中国化需要在加快建设中国现代文化上下工夫。

第一，应当从文化的角度认真研究社会主义核心价值体系的大众化问题。我们确立的社会主义核心价值体系是一种先进的价值体系，但研究推广不够。其中一个重要问题是话语转化不够。要做到这一点，需要借鉴前人的做法。中国古代儒家把自己的价值观简要概括为仁、义、礼、智、信，西方近代资产阶级把自己的价值观简要概括为自由、平等、博爱。我们也应当把自己先进的价值理念简要概括为普通人们所乐于接受的概念，如科学、务实；民主、法治；公平、正义；诚信、友爱；富强、文明；和谐、和平等。这样，我们的核心价值理念才能具有广泛的适用性，不仅为我国人民所自觉接受，也可以为世界各国人民所认同。

第二，应当从文化的角度深入总结中国特色社会主义的思想理论和实践成果。中国现代文化中有不少思想已经处于世界领先地位，但总结推广不够。比如，中国的社会主义市场经济思想和体制是当今世界上比较先进的，实践证明是比较科学而有效的，也受到世界思想界的广泛重视，但我们自己对社会主义市场经济理论研究不够。要让这一理论走进大众，走向世界，需要从理论到实践、从逻辑与历史的统一上给予令人信服的阐述。实际上，中国现代政治文化、思想文化中，也都有很多先进的东西。比如，中国的政治模式既不同于西方的多党制，又不同于苏联的一党制，是对这两种极端形式的超越，具有稳定、民主、动员力和组织力强等优势。但这都需要认真加以研究推广。

第三，应当从文化的角度深入研究和大力加强马克思主义大众化载体建设。马克思主义大众化的本质是社会化，这就需要转变精神生产方式，特别是要在精神支柱载体建设上下工夫。正像物质生产越来越社会化一样，精神生产也越来越社会化，这是不以人的意志为转移的客观趋势。所以，我们的理论产品也必须越来越社会化。物质产品靠满足人们的物质需要体现自己的价值，赢得人们的欢迎；理论产品必须靠满足人们的精神需要体现自己的价值，赢得社会的普遍的主动的学习和接受。这样，就需要从根本上转变精神生产方式，由传统体制内的理论学习、研究和宣传方式，转变到现在社会化的人群的理论学习、研究和宣传方式。这就需要借鉴古今中外理论大众化的经验，特别是我们自己的经验。古今中外精神支柱的建设都有一些共同的规律性的东西，这至少包括六个要素，也是六个方面的精神载体，即经典、教师、听众、殿堂、形象、礼仪。当然，在不同时代这些要素的表现形式不同。我国在这方面有丰富的经验，但今天的理论大众化工作没有很好借鉴这些经验。例如，我们有马克思主义经典，但通俗化工作不够；有教师，但只限于学校，社会大众的教师即社会化的布道者严重缺乏；有听众，但也只限于体制内，社会大众只是潜在听众，没有机会变成现实听众；有殿堂，也限于学校或极少的文化馆，社会化的殿堂很少，人们想找精神寄托也无处可去；有个别马克思主义者的形象，但少得可怜，更缺乏适当的地方供人们学习敬仰；有礼仪，但远远不够。我们要推进理论大众化，就应当在这些精神支柱载体建设方面下大工夫。特别是应当大力加强马克思主义大众化的物质载体建设，包括各种类型的马克思主义文化馆、展览馆、博物馆等。有了这些马克思主义教育基地，社会化的经典、教师、听众、形象、礼仪等也才能逐步完善起来。

　　第四，应当在全球化背景下重新审视我们的文化建设理念和实践。我们今天所追求的中华民族伟大复兴是在全球化背景下进行的。民族复兴又以文化的复兴为标志。因此，我们的文化复兴使命的完成也须在全球化背景下来思考。我们所追求的中华文化复兴，不同于中国汉唐盛世，也不同于西方文艺复兴。过去的文化盛世、文艺复兴，都仅限于人类活动的一定区域。今天中华民族文化的复兴则是真正意义上的全球范围内的复兴。这种复兴不是要复兴古代文化，而是要实现中华文化的高度现代化，达到中华文化曾经有过的领先于世界的辉煌地位。这就需要我们付出极大的努力。那么，中华文化高度现代化的标志是什么？不是要简单赶上发达国家，简单运用人家创造的文化成果，而是要在人类现代文明的基础上创造一种既属于中华民族又属于世界人民的普遍文化，包括新的话语体系、新的价值体系、新的人文科学体系、新的社会思想和大众文化体系以及新的行为方式。也就是要创造一种能够代表当今人类社会发展水平的新文化，而且这种新文化要得到全世界大多数人民的普遍认同。只有到那个时候，我们才有资格说：我们实现了现代化，实现了中华民族的伟大复兴。可见，我们的文化建设任重而道远。

　　为此，我们的文化建设需要有世界眼光、战略思维、历史视野。

首先要敢于面对并积极参与全球化，包括经济的、政治的、文化的全球化。不能认为当今的文化全球化仍然是西方资本主义国家在主导就不参与，甚至不敢承认。只有积极参与、勇敢面对，才能从被动到主动，从边缘到中心，才能在世界文化的舞台上有一席之地，并逐步取得一定的话语权。这就需要克服自鸦片战争以来中国人所形成的文化自卑心理、弱势心理、防御心理以及与之相应的文化保守主义、爬行主义等毛病。就一般而言，当一种文化处于强势状态的时候，常常主张激进主义，力图把自己的文化普遍化并推广到更大的世界；而当一种文化处于弱势状态的时候，常常主张保守主义，力图把自己的文化特殊化并拒绝接受外来文化或与之进行交流。中国近代以来，一直在探讨中西文化比较，有所谓中体西用论、中国文化特殊论等。这些论点有一定道理，但总体上说，都是文化弱势心理和防御心理的表现。试想，唐代的中国人和近代的西方人会讨论这些问题吗？直到今天，这种文化弱势心理和防御心理还有意无意地严重存在，妨碍着中国文化走向世界。比如，过分强调我们文化的特殊性，不敢与西方文化正面对话，甚至否认人类有共同的价值，否定有文化全球化。这样，客观上就把我们自己孤立于人类越来越多的普遍文化之外了。这是我国文化在国际上影响甚小的一个重要原因。如果我们长期不参与这些共同价值和共同文化的讨论，而是自说自话，甚至孤芳自赏，就不可能走上现代世界文化舞台，不可能掌握现代世界的话语权，也就谈不上引领世界文化，更谈不上中华文化的伟大复兴。

总之，马克思主义中国化需要从文化的维度加以深入研究和实施。既应当研究总结历史经验，包括我国近现代以来的文化发展经验，也包括五千年中华文化发展的经验，还应当借鉴国外文化建设的经验；同时，应当研究全球化背景下中国现代文化的发展未来。只有不断总结经验，发扬成绩，克服缺点，以马克思主义为核心的中国现代文化才能不断繁荣发展，并对世界文化的发展作出我们中华民族的新贡献。

（作者系中共中央编译局秘书长、研究员）

马克思主义中国化的文化意蕴　　　张 琳

马克思主义中国化是以中国的既有文化为土壤和条件的，把马克思主义同中华文化相结合，是马克思主义中国化的题中应有之义。但是，经典的马克思主义诞生于西方文化土壤，在中国这样一个不同于西方文化传统的东方国度，马克思主义为什么能够广为传播并成为中国社会发展的思想纲领？这当中除了历史机遇和现实要求外，还需从文化层面深入探析和说明马克思主义中国化是否可能、如何可能、以及在何种程度上可能的问题，以期更好地认识马克思主义中国化的文化意蕴。

一、马克思主义中国化的历史必然性

马克思主义在中国的传播，是鸦片战争后中国人对西方文化和固有文化都陷入了一种矛盾和悖论后，先进的中国知识分子作出的历史选择，是中西文化冲突与交融的结果。

　　鸦片战争后，在以强大的器物为载体的西方文化面前，中国传统文化价值体系受到了巨大冲击，中国文化向何处去？成了近代以来中国有识之士思考的中心问题。当人们考虑中国文化的命运时，"中体西用"、"西体中用"、"全盘西化"、"儒学复兴"等各种论调纷纷出笼，歧见杂陈，莫衷一是。五四前后的讨论主要就是围绕东、西文化比较以及东方化还是西方化之争展开的。从某种意义上看，长达十余年之久的中西文化论战，也是寻求中国出路的论战。但是，由于传统文化影响过于深厚，中国近代知识分子的救亡实践和文化启蒙都存在极大的历史局限。在中西方文化冲突的现实面前，他们事实上只能以在传统文化的历史背景下形成的文化心态，包括价值观念、思维方式等，去同化、体认西方文化，把一切新奇的事物都纳入传统的认知结构当中，以传统的思想观念和方法去附会和理解西方。这样一方面决定了他们不可能摆脱传统文化对他们的内在制约，不可能对传统文化作出真正彻底的批判；另一方面也决定了他们难以形成对西方文化真正科学的认识。康有为、梁启超、严复等虽然是开思想启蒙先河的人物，但最后他们都殊途同归，重新投入儒家文化的怀抱。[1]

　　中国早期的先进知识分子，对封建文化和西方文化的弊端均有某种程度的了解，正如李大钊所指出："由今言之，东洋文明既衰颓于静止之中，而西洋文明又疲命于物质之下。"[2] 瞿秋白在他的《东方文化与世界革命》一文中，对于封建社会的传统文化的现状做了深刻的

---

① 　参见何显明、雍涛：《毛泽东哲学与中国文化精神》，广西人民出版社 1993 年版，第 15 页。

② 　《李大钊文集》（上），人民出版社 1984 年版，第 560 页。

揭示和分析，他说："中国的文化，宗法社会，已经为帝国主义所攻破；封建制度，已经成为帝国主义的武器，殖民地的命运已经注定，现在早已成为帝国主义的鱼肉。"① 并说东方文化"现已不适应经济的发达，所以是东方民族之社会进步的障碍"。因此，瞿秋白分析指出：东方封建文化已不适应经济的发展，是社会进步的障碍；但是"西方之资产阶级文化……为人类文化进步之巨魔，所以也成了苟延残喘的废物"因此，两种文化都不可取②。正是在这种情况下，人们期待并呼唤着能克服这两种文化弊端的又兼有两种文化特质的新文化，"为救世界之危机，非有第三新文明之崛起"③，这成为近代中国在社会与文化理论需求上的迫切主题。而这所谓的"第三新文明"既要能反映传统的文化根基，又要超越旧有传统意识、宗法意识的局限，拥有新的思想精神资料；既要符合中国传统的理想信念，又要符合当时中国革命的历史需求特征，救中国于时代的水深火热之中。而这是近代中国在社会与文化理论需求上的迫切主题。

　　正当先进的知识分子们为中国的出路彷徨苦恼之时，马克思主义的传入使他们看到了文明的曙光。马克思主义的产生，是以对资本主义文明体系的全面扬弃的形式出现的。马克思的唯物史观和剩余价值学说科学地揭示了资本主义生产方式以及建筑于其上的整个资本主义文明体系的产生、发展直至灭亡的历史命运，对资本主义文明下的人间罪恶进行前所未有的深刻批判，并勾画出了超越资本主义文明体系

---

① 《瞿秋白选集》，人民出版社 1985 年版，第 17 页。
② 《瞿秋白选集》，人民出版社 1985 年版，第 19 页。
③ 《李大钊文集》（上），人民出版社 1984 年版，第 560 页。

的社会主义文明的蓝图。马克思主义又以其独有的批判性，对资本主义工业文明在原始积累时期的血腥手段及残酷的殖民地政策，以及资本主义以前的生产方式做了科学的批判和分析，马克思在《不列颠在印度统治的未来结果》一文中说道："当我们把自己的目光从资产阶级文明的故乡转向殖民地的时候，资产阶级文明的极端伪善和它的野蛮本性就赤裸裸地呈现在我们面前，它在故乡还装出一副体面的样子，而在殖民地它就丝毫不加掩饰了。"① 马克思一针见血地指出，对于殖民地国家而言，统治阶级只是偶尔地、暂时地和例外地对它们的发展问题表示兴趣，但"贵族只是想征服它，金融寡头只是想掠夺它，工业巨头只是想通过廉价销售商品来压垮它。"② 资产阶级在殖民地实行的一切，"既不会使人民群众得到解放，也不会根本改善他们的社会状况，因为这两者不仅仅决定于生产力的发展，而且还决定于生产力是否归人民所有。但是，有一点他们是一定能够做到的，这就是为这两种创造物质前提。难道资产阶级做过更多的事情吗？难道它不使个人和整个民族遭受流血与污秽、蒙受苦难与屈辱就实现过什么进步吗？"③ 因此，马克思明确指出："只有在伟大的社会革命支配了资产阶级时代的成果，支配了世界市场和现代生产力，并且使这一切都服从于最先进的民族的共同监督的时候，人类的进步才会不再像可怕的异教神怪那样，只有用被杀害的头颅做酒杯才能喝下甜美的酒浆。"④

---

① 《马克思恩格斯选集》第 1 卷，人民出版社 1995 年版，第 772 页。
② 《马克思恩格斯选集》第 1 卷，人民出版社 1995 年版，第 769 页。
③ 《马克思恩格斯选集》第 1 卷，人民出版社 1995 年版，第 771 页。
④ 《马克思恩格斯选集》第 1 卷，人民出版社 1995 年版，第 773 页。

马克思对资本主义的理性分析和批判，使饱受剥削压迫的中国人民认识到帝国主义列强的侵略实质及封建制度的腐朽性，认识到无产阶级、半无产阶级在自身解放与国家独立过程中的相互辩证关系，从而使中国新民主主义在具体实践过程中将民众解放与国家独立、民族独立有机地结合起来。而马克思主义具有的既是西方文化产物又是现实资本主义文明的叛逆者的思想特征，也正好融释了中国知识分子对西方文化的矛盾心理，满足了他们试图从西方文化中寻找超越资本主义文明的救国良方的希望。正是通过分析比较，早期先进的中国知识精英看到只有马克思主义才能克服封建文化和西方文化这两种文化的弊端，并在众多西方思潮中，最终选择了马克思主义，走上了马克思主义中国化的道路。事实证明，马克思主义开辟了人类文化的新道路，只有马克思主义才能复兴几千年来光辉灿烂的中国文化。

二、马克思主义中国化成功的前提

中国社会对马克思主义选择的历史必然性，并不意味着马克思主义在中国成功移植的必然性。从文化传播的角度讲，一种外来文化要在文化传统迥然有别的国度中获得广泛传播，并生根开花结果，最终对该国的政治、经济、文化产生深刻久远的影响，它就必然要与该国的文化传统相融合，形成一种在总体性质上保持固有特征的一种崭新文化形态。马克思主义作为一种外来文化要实现在中国的成功移植，就必须从中国传统文化中找到其生长点和结合点，而其前提就在于必须与中国文化传统具有某种价值契合性。

马克思主义虽然产生并形成于欧洲工业文明的时代，是现代文明发展的产物，但它又是整个人类文明时代发展过程的产物，在它的体系中容纳了人类文化（包括中国传统文化）的积极成果，这是马克思主义和中国传统文化具有某种契合性的一个前提条件。文化作为人类生活的样法，它既具有民族性和时代性的一面，也具有超民族性和超时代性的一面；既具有特殊性也具有普遍性。这是异质文化可以相互沟通和融合的一个前提。在人类生存和发展过程中，在不同历史时期或者同一个历史时期，每个国家的文化既面临着一个时代和民族的特殊问题，也面临着人类生存和发展的共同问题，例如在改造自然、治理社会的过程中，如何处理人与自然、人与人的关系问题等。在对这些问题的认识和思考的过程中，虽然解决和回答的方式和结论具有民族的特点，但其中包含着的某些思想和观点往往又超越了时代和民族的局限，具有普遍的意义。这表明，人类生存方式具有普遍同一性。这种同一性决定了在一定历史条件下人类思想必然会超越时代和民族的局限，具有普遍共同性。正因如此，马克思主义和中国传统文化虽然属于在不同的历史文化背景中形成的不同质的文化，但两者之间不可避免地具有相似或相通的方面。

对于马克思主义与中国文化传统的价值契合点和学理上的契合性，人们可以从各种角度去寻找。李泽厚认为，"马克思列宁主义的实践性格非常符合中国人民救国救民的需要……重行动而富于历史意识，无宗教信仰却有治平理想，有清醒理智又充满人际热情……，这种传统精神和文化心理结构，是否在气质性格，思维习惯和行为模式上，使中国人比较容易接受马克思主义呢？其中特别是，马克思主义主要作为一种历史观与中国文化心理尊重历史经验富有历史观念历史情感，更有相互接近的地方。"① 而张岱年、程宜山认为："中国人接受马克思主义，与中国传统文化有密切关系。中国文化中本有悠久的唯物论、无神论、辩证法的传统，有民主主义、人道主义思想的传统，有许多历史唯物主义的思想因素、有大同的社会理想，如此等等，因而马克思主义很容易在中国的土壤里生根。"② 汪澍白亦强调："我国传统文化具有一些与马克思主义相同或相近的先天素质。诸如辩证的思维方式；实用理性的致思路线(实事求是)；以群体为本位的价值取向；'治国平天下'的忧患意识；追求均等与'大同'的社会理想；等等，这些先天素质，正是促使知识分子在十月革命以后迅速地选择了马克思主义的主观原因。而马克思主义一旦在中国落户，也必然要被迫改变自己的形式，从而成为中国化的马克思主义。"③ 有的学者则从问题意识的共同性强调，马克思主义哲学与传统中国人的生活经验、话语方式及价值诉求拥有诸多层面的思想契合，具体来说，一是，马克思主义哲学中本质地蕴涵的非西方的人类性关怀与中国传统社会所倡导的道德化的理想人格和理想社会构成了两者之间第一个相关的问题意识；二是，马克思主义哲学的异化理论与中国古代"元典"的忧患意识构成了两者之间的第二个共同问题意识；三是，马克思主义哲学的实践观与中国传统社会大众所奉行的实用理性之间构成了马克思主义哲学中国化的第三个相关问题意识④。

---

① 李泽厚：《中国思想史论》（下），安徽文艺出版社 1999 年版，第 972 页。

② 张岱年、程宜山：《中国文化与文化论争》，中国人民大学出版社 1990 年版，第 190 页。

③ 汪澍白：《二十世纪中国文化史论》，中国青年出版社 1999 年版，第 212—213 页。

④ 白萍：《马克思主义哲学中国化与中国传统价值观》，《求实》2005 年第 5 期。

　　思维方式问题是文化层面涉及的一个主要问题。有学者认为，尽管中国传统哲学属于一种古代实践哲学思维方式，而马克思主义哲学属于一种现代实践哲学思维方式，因而期间存在着不容忽视的差异，但既然同为实践哲学这一哲学理路，因而二者之间就不可避免地存在某种共同性或亲和性。正是这种共同性或亲和性的存在，使得二者之间有了一种契合性。而正是这种契合性，在加上其他现实条件，使得自近代以来，在中西文化的碰撞之中、在诸多可供选择的西方思想体系之中，许多中国知识分子认同了包括其哲学在内的马克思主义理论体系。若无思维方式上的相近性，纯粹从能解决实际问题方面着眼，这种认同即便可能，也将是十分困难的。①

　　不过，从服务于"中国向何处去"这一时代主题看，马克思主义中国化最重要的内在文化根据，还在于马克思主义与中国传统理想的价值契合。这主要体现在社会理想与人生理想两个方面。就"大同"理想与社会主义、共产主义理想而言；就追求人格理想（人生理想）和马克思主义的新人观而言都具有契合之处。尽管传统文化中的这些因素有空想、主观的成分，但这些思想观念在一定程度上削弱了中国先进分子接受马克思主义的认知障碍，奠定了他们接受马克思主义的心理基础。另外，马克思主义富有实践性和革命性的思想性格与中国传统的注重躬行实践而轻视纯理论的思辨，注重实际功效而轻视理论本身的精巧的实践理性精神也是非常吻合的。这也正是马克思主义得以中国化的深层理论契机。关于这点，余英时曾经在分析为什么杜威与罗素同时来华讲学，杜威的影响却比罗素大得多的原因时指出：

---

① 王南湜：《文化契合、文化融合与文化重建》，《理论视野》2009 年第 1 期。

"杜威的实验主义通过胡适的中国化的诠释之后,这种'改造世界'的性格表现得更为突出。……杜威和马克思之间有许多根本的分歧,但在'改造世界'这一点上(包括强调理论与实践的统一),他们的思想是属于同一形态的,马克思主义之所以能继实验主义之后炫惑了许多中国知识分子,这也是基本原因之一。"① 从中国第一代马克思主义者如李大钊、陈独秀、蔡和森、瞿秋白、毛泽东、李达等对马克思主义的接受来看,他们几乎都是从中国传统文化的思想背景走出来,经过近代西学的启蒙洗礼而最终接受马克思主义的。中国传统文化精神的某些方面所存在的与马克思主义思想性格的相通之处,实际上正是马克思主义之所以能为他们和中国广大知识分子迅速接受的一个重要内在根据,它构成了马克思主义在中国迅速生根的所不可缺少的文化土壤。

三、实现马克思主义中国化需要两种文化和思维方式的融合

马克思主义与中国传统文化的契合还只是马克思主义中国化的一个前提,并不是中国化本身。实现马克思主义中国化需要两种文化和思维方式的融合。只有这样,马克思主义才能为我们民族传统文化所认同、吸收,并转为新的民族意识;否则,是很难在国民的价值观念中生根并结出果实来的。如果说文化融合的可能性在于两种文化之间的契合性,那么,融合的必要性则在于两者之间存在的种种差异,它包括时代的、民族的、哲学思维方式的等。因而,实现文化融合,解

① 余英时:《中国近代思想史上的胡适》,联经出版事业公司1984年版,第61页。

决文化认同，必须了解中国传统文化的特点、掌握民族精神的本质，客观认识马克思主义与传统文化二者之间的差距和相互影响。

　　就我们民族特质而言，大一统的国家意识；重人伦、轻律令的政治伦理意识，注重直觉体悟的思维惯性；"不患寡而患不均"的平均主义利益观念；平稳持重，不偏不倚的中庸之道处世标准；重政务，官本位，轻自然，斥技艺的人生价值取向；讲求"实用"的价值标准等，这些传统文化特质，都是中华民族集体无意识的重要内容，是我们民族特有的超稳定的文化心理结构，它与马克思主义的文化特质有着本质的不同①。就哲学及其思维方式而言，马克思主义哲学所揭示的唯物主义与辩证法的统一是科学形态，体现了现代工业社会的时代精神，属于一种现代实践哲学思维范式；而中国传统哲学中的唯物主义和辩证法的统一是朴素形态，体现了古代农业社会的时代精神，属于一种古代实践哲学思维范式。就社会主义理想而言，传统中国的社会主义理想，是建立在落后的农业经济生产方式与家国一体的政治社会基础上的思想形态，虽然具有某些今日社会主义可以汲取的优秀思想和社会因素，但是在总体上不是建立在现代生产方式和发达社会基础上的，因而是非科学的社会主义②。这些差别和不同，使得在马克思主义中国化过程中，一方面是马克思主义对传统文化的改造和影响，另一方面也存在着中国传统文化对马克思主义的制约和影响。就前者而言，存在着转换和提升、超越和重建的问题，不如此，传统文化只

---

① 李海荣：《从文化认同到实践契合：马克思主义中国化的现实过程》，《学术论坛》2002 年第 3 期。

② 任平：《关于马克思主义中国化若干重大关系问题的反思》，《江苏行政学院学报》2009 年第 1 期。

能是传统的而不是现代的；传统社会主义思想资源也只能是传统的而不可能是科学的。当然，这当中要防止用马克思主义去迎合和低就传统文化的问题。正如有学者所言，马克思主义中国化绝对不是使马克思主义去迎合中国的传统文化、传统哲学，这种迎合的结果只能使马克思主义"空心化"，成为所谓的"儒学马克思主义"；马克思主义中国化也绝不是范畴的简单转化，把矛盾变为阴阳、规律变为理、物质变为气……只能是语言游戏。[①] 就后者而言，则有一个补充和增添、丰富和发展的问题，这当中要防止用传统文化去比附、同化和销蚀马克思主义的问题。

事实上，在文化融合的过程中，传统文化的积极因素和消极因素都会发挥着影响和作用。就中国传统文化的积极因素和作用看，诸如刚健自强、革新进取、尚"变"求"真"的精神，注重人格尊严、强调道德自觉的主张、以"仁"为核心的人际关系准则、"天人合一"的尊重自然的生态伦理观等，这些观念对今天中国的文化建设和现代化建设有着积极的作用，特别是儒家天人合一的有机整体观，民胞物与的伦理观，追求和谐的价值趋向和致思方式，将为我们今天处理全球化问题、环境伦理问题、生命伦理问题等，提供有益思考。从消极因素和作用看：封建专制主义根深蒂固，缺乏自由民主传统；重人治、德治，无现代意义上的法治；重整体，轻个体，不尊重个人，无个性自由；重实用、经验，轻知识、理性；重人道、人文，轻天道、科技；不患寡而患不均等。有学者指出，传统的政治本位主义是导致

---

① 杨耕：《当前马克思主义哲学研究中的三个重大议题》，《中国社会科学研究》2007年第5期。

国民对社会主义本质认识发生偏差的祸根；两极对立的政治思维方式是导致新中国成立后"阶级斗争扩大化"的内在原因；宗法等级意识、人治主义是导致国民在探索建设社会主义过程中缺乏民主法制意识的根源[①]；一元价值观的排他性和封闭性是把马克思主义推上顶峰地位，将马克思主义教条化的主要原因[②]。也有学者强调指出，由于中国没有经过发达的资本主义，也由于现在中国生产力的不够发达和市场经济刚刚形成，中国还处在社会主义初级阶段，时至今日，封建残余及小生产者的习惯势力在政治、经济、文化、家庭等社会生活各个领域都有着广泛而深刻的影响。毛泽东晚年所犯的个人崇拜、个人专断、家长制、重人治、轻法治、平均主义、轻视知识、教条主义、主观主义等错误均与此有密切的关系，是中国传统文化消极因素在他身上的反映。因此，我们对于封建主义残余和小生产者的习惯势力的影响要有足够的估计，对中国哲学文化中消极的、负面因素要有清醒的认识，要警惕马克思主义中国化过程中某些消极的、腐朽的东西渗入[③]。

　　文化融合的结果当然不是一种文化取代另一种文化，亦不是各取两种文化之长混合而配制另一种最优的全新的文化形态。这是因为，文化在其表层的行为文化上虽具有吸收性，但在文化的深层价值文化上则具有排斥性，这是一文化区别于它文化的根基和原因。因此，文化交流、碰撞的结果只能是文化视角和思维方式的拓展与更新，它既

---

① 陈湘芝：《传统政治文化在马克思主义中国化中的效应分析》，《中共福建省委党校学报》2003 年第 2 期。

② 刘华：《马克思主义中国化之特征》，《暨南学报》（哲学社会科学）2001 年第 3 期。

③ 许全兴：《马克思主义哲学史论》，中共中央党校出版社 2005 年版，第 611 页。

是一个不断解说对方文化的过程，也是一个不断对自身文化传统进行重新解释的过程。也就是说，文化的融合，不是要抛弃传统文化，而是要借助拓展的视角重新解说传统，以此达到进一步的拓展视界。马克思主义作为一种外来的西方文化，它要进一步中国化，也不是把它以标签式地附在中国传统文化之上，或取代传统文化，而是借助其立场、观点、方法来审视和改造传统文化，使其现代化。正是从这个意义上，我们说马克思主义中国化与中国传统文化现代化具有内在一致性。

四、真正实现文化融合需要实现对传统文化的现代提升和转换

显然，真正实现文化融合，还需要以马克思主义为指导，实现对传统文化的现代提升和转换。对此，毛泽东有很高的知性和悟性，也有自觉的文化批判意识。以他为代表的中国共产党人创立的毛泽东思想就是坚持植根于民族文化的沃土，从中国社会特有的文化心理结构和价值观念出发去理解消化马列主义的实质，从而形成的马克思列宁主义普遍真理同中国传统文化精华相结合的产物。毛泽东哲学对传统文化的吸收，并不仅仅是形式上的照搬和内容上的一般综合，而是旨在用马克思主义对传统文化进行批判性地改造和创造性地转换与提升。这里，我们仅以毛泽东的《实践论》为例。

我们知道，实践观点不仅是马克思主义认识论首要的和基本的观点，也是整个马克思主义哲学的理论基石。马克思主义认识论的观点是实践第一的观点和认识辩证发展的观点。马克思主义认识论是建立

在西方文明的基础上的，具有欧洲文化传统。要把这种认识论传播到中国来，必须找到它与中国传统哲学的相同之处，赋予它中华民族的形式，这样才能在中国的文化上生根、开花、结果。

纵观中国哲学发展的历史，从孔夫子直到孙中山，知行关系问题的探讨始终是中国哲学认识论探讨的主题。从古代《尚书》"知之非艰，行之惟艰"的论说，到孟子的知先行后的知行分离说，荀子的行先知后说，经过程颐朱熹的知先行后、行重知轻和王守仁"销行以归之"的知行合一等宋明理学道德形而上学的知行观，再到明末清初王夫之的行先知后、"行可兼知"的知行统一观以及清代颜元重"习行"轻知识的观点，而后至魏源、谭嗣同、孙中山等人近代意义上的知行学说，知行关系的讨论长盛不衰。无论是知行的先后、轻重、难易，还是知行合一或分离、知行的相资或相离，都被中国哲学家做过全面的阐述。

从总体上看，中国哲学家们谈论的知行问题，主要有以下几个方面的特征：第一，非常重视"行"。不过中国传统知行学说里讨论的"行"主要是指躬行践履的道德实践功夫，即重视人的道德修养功夫。第二，注重"知"对"行"的引导和支配作用，突出了主观能动性。从孔子的"正名"思想到程朱理学、陆王心学，及至近代启蒙思想家梁启超的"新民说"，谭嗣同的"心力说"，以及孙中山重视革命理论作用的"知难行易说"，都体现了中国传统哲学在知行关系中对主体性及其主观能动性作用的注意和强调。由于受中国传统直观的整体思维和传统哲学伦理化特征的影响，中国传统知行学说存在着以下两个主要的缺陷：一是，中国传统哲学家对"知"和"行"的理解是直观的、笼统的和经验的，特别是缺乏对概念的逻辑分析和科学抽象，因而既不可能对认识的内部机制、认识的辩证发展过程有深入、细致的研究，也不可能摆正"知"和"行"的辩证统一关系；二是，对知行关系的讨论没有脱离道德领域，其认识论是伦理化的，往往混淆了"求真"与"求善"、求知方法与道德修养的界限。

这里，中国传统哲学中的重行思想和强调知对行的指导作用同马克思主义哲学强调实践观点以及马克思主义认识论重视理论对于实践的指导作用，正确处理认识与实践的辩证关系的思想有着某种相同之处，这是马克思主义哲学能够得以中国化的文化契机之一。但是，由于中国传统知行观主要是在伦理范围内讨论知和行的关系，这也就决定了其内涵有着同马克思主义哲学认识论和实践概念根本的质的区别。基于此，如果撇开中国认识论中有生命力的"知行"关系学说而另立炉灶，就背离了中国认识论自身发展的内在逻辑，从而为中国人所不熟悉。但是，中国古老的知行学说，如果不用马克思主义的科学实践观进行改造，也终究走不出知行循环和其伦理化的狭窄视界，从而得不到提升和发展。毛泽东的高明之处在于，一方面他熟知并抓住了中国认识论传统中有活力的东西，即"知行关系"；另一方面他又抓住马克思主义认识论中根本的东西——唯物主义实践观点，并把二者紧紧地结合在一起。

在《实践论》中，毛泽东对中国哲学史上的知行问题进行了系统清理和科学总结，在此基础上，把马克思主义的实践观和认识辩证发展过程的理论同中国传统哲学中上述重习行践履和强调主观能动性的思想结合起来，创立了以科学的社会实践为基础的现代知行合一论。《实践论》无疑既是毛泽东把马克思列宁主义的普遍真理同中国革命的具体实践相结合的产物，又是毛泽东对中国传统哲学尤其是知行观问题进行系统的科学总结的产物。它不仅解决了实践在认识中的作用问题、主观能动性问题，而且还完整、科学地阐明了认识发展的全过程。它既是对马克思主义认识论的继承和发展，又是对中国传统知行学说的批判吸收和科学改造，不仅赋予了马克思主义认识论中华民族的形式，也为马克思主义认识论在中国的发展找到了新的生长点，增添了新的内容。

可以说，在毛泽东及其思想上，马克思主义哲学的中国化与中国哲学的现代化是同一个过程。一旦毛泽东运用马克思主义哲学完成对传统哲学的全面改造，使中国传统哲学在理论形态上完成现代化的转化，形成一种崭新的哲学形态，实质上也就完成了马克思主义哲学与中国哲学的优良传统的结合，完成了马克思主义哲学的中国化，构成了重建中国传统文化特别是中国哲学精神的典范。今后，对传统文化与现代文明接轨课题的探讨，对中国优秀思想遗产如何转化为中国特色社会主义的研究，既要学习和借鉴毛泽东展开这一工作的科学思想和理论方法，又需全面继承和多层次汲取毛泽东哲学思想中对传统哲学更新提高的积极成果。

五、马克思主义中国化的文化意蕴

马克思主义中国化正是由文化契合而达到文化融合，最终实现文化转换和重构的过程，在这个过程中，马克思主义中国化一方面以一种新型的、革命的、具有批判精神的现代文化，对中国传统文化产生了强有力的冲击，使其改变惰性，走向变革；另一方面又把中国文化传统中的仍然具有生命力的内容接纳到这种新型现代文化中，使其通过转型而获得新的存在形式、新的生命活力。而马克思主义中国化的文化意蕴在于：马克思主义中国化是中西文化交流碰撞的结果；马克思主义与中国传统文化存在着契合性，这是二者实现文化融合的前提和基础；马克思主义与中国传统文化存在的本质差异，是其实现文化融合的必要性；马克思主义中国化作为中西文化融合的结果，不仅为文化重构提供了典范，也昭示了马克思主义中国化与中国传统文化现代化的内在一致性。

马克思主义中国化，反映了中国社会和中国革命的极大特殊性对理论发展的特殊需要，昭示了中国共产党对异域文化相互交融这一发展规律的自觉体认，体现了马克思主义在中国更加广泛和进一步发展的内在要求。今后，进一步推进马克思主义中国化，需要我们立足当代中国和世界的实践与现实，运用马克思主义的立场观点和方法对中国传统文化资源进行深入发掘和提炼，重构起一种真正面向现代化、面向世界、面向未来的中国文化和哲学，与此同时，使马克思主义更深层地融进中国文化和哲学精神之中，使其具有更深厚的中华文化底蕴，具有更鲜活的民族表达方式，具有更鲜明的民族特色，从而丰富和发展马克思主义。

（作者系中国马克思主义研究基金会副秘书长、

《理论视野》杂志副主编）

马克思主义中国化新观照：关于"中国模式"、中国道路和中国特色社会主义社会形态

包心鉴

马克思主义中国化的生命力，在于紧跟时代潮流、关注现实问题。在当前改革发展的关键时期，需要关注和研究的重大现实问题很多，中国道路与中国特色社会主义社会形态，则是一个带有根本性和全局性的重大前沿问题。

一、"中国模式"：一个悖离马克思主义中国化的伪命题

一个时期以来，国内外一些人热炒所谓"中国模式"，在理论界引发了一场争论，提出了一系列尖锐的话题：当代中国是否形成了一个所谓的"中国模式"？"中国模式"与"中国道路"是什么关系？中国特色社会主义是一种模式化的社会结构还是一种动态化的发展过程？诸如此类问题的讨论和争论，直接涉及如何科学地认识社会主义尤其是中国特色社会主义这一根本问题，直接涉及马克思主义中国化的基本立场和基本方法，因此仍然有进一步讨论和澄清的必要。

在初创科学社会主义学说的时候，恩格斯就明确指出："社会主义自从成为科学以来，就要求人们把它当作科学看待，就是说，要求人们去研究它。"① 以科学的态度认识社会主义，是坚持和发展社会主义的基本前提。我国改革开放 30 多年的历程，就是不断探索和回答什么是社会主义、怎样建设社会主义的历程。正是在不断澄清和深化什么是社会主义、怎样建设社会主义问题认识的过程中，我们党领导人民成功地开辟了中国特色社会主义发展道路，形成了中国特色社会主义理论体系。中国特色社会主义作为一种发展道路、理论体系和社会形态，虽然已日臻完善，但是中国特色社会主义仍然在实践中，对中国特色社会主义的认识仍然需要在实践中不断深化。不断探索和回答"什么是中国特色社会主义、怎样建设中国特色社会主义"，是对不断探索和回答"什么是社会主义、怎样建设社会主义"的进一步拓展和延伸，是在新的历史起点上推进中国特色社会主义的重要前提。从一定意义上说，当前关于"中国模式"的讨论和争论，是进一步探索和回答"什么是中国特色社会主义、怎样建设中国特色社会主义"的重要切入点。

笔者认为，所谓"中国模式"，是关于中国特色社会主义的一种认识误导，或者说是一个悖离马克思主义中国化本质与要求的伪命题。应当慎提或不提"中国模式"。

其一，我国还处在社会主义初级阶段，我们建设的"是初级阶段的社会主义"。② 虽然经过 30 多年的改革发展，社会各个方面有了飞

---

① 《马克思恩格斯选集》第 2 卷，人民出版社 1995 年版，第 636 页。

② 《邓小平文选》第三卷，人民出版社 1993 年版，第 252 页。

跃式的进步，但是社会主义初级阶段这个基本国情没有变，人民日益增长的物质文化需要同落后的社会生产之间的矛盾这一社会主要矛盾没有变，我国仍然是世界上最大的发展中国家的属性和地位没有变。这三个"没有变"，决定了当代中国不可能形成某种模式化的东西，更不应该将某些现行的制度、体制和做法概括为所谓的"中国模式"而盲目自满、悠然自得，那样对深入推进社会主义初级阶段的改革与发展有百害而无一利。

其二，能称之为"模式"的东西，起码应具备两个基本属性：一是凝固性，二是可复制性。显然，正在进行着的中国特色社会主义，不具备也不应该具备这两个基本属性。中国特色社会主义是一个需要在不断改革与发展的实践中逐步走向自我完善的过程。恩格斯早就指出："所谓'社会主义社会'不是一种一成不变的东西，而应当和任何其他社会制度一样，把它看成是经常变化和改革的社会。"①社会主义社会作为一个漫长的历史过程尚需要"经常变化和改革"，作为仅仅有几十年历史的中国特色社会主义，怎么能说已经形成为一种凝固化的模式呢？列宁深刻指出："一切民族都将走向社会主义，这是不可避免的，但是一切民族的走法却不会完全一样，在民主的这种或那种形式上，在无产阶级专政的这种或那种形态上，在社会生活各方面的社会主义改造的速度上，每个民族都会有自己的特点。"②国际共产主义运动史的正反经验深刻说明，社会主义绝不应该是一种固定的模式，更不应该将一国经验作为模式到处复制，而应该是在科学社会

---

① 《马克思恩格斯选集》第4卷，人民出版社1995年版，第693页。
② 《列宁选集》第2卷，人民出版社1995年版，第777页。

主义基本原则指导下符合各国国情的独特创造。在日益走向多极化和多元化的当代世界，一切社会制度和体制都具有各自的特殊性，不应该向别的国家输出与复制。作为具有鲜明时代特征和中国特色的社会主义，更没有任何理由凝固为"中国模式"而企图向别的国家输出与复制。

其三，在国际共产主义运动史上，由于"苏联模式"的提出并对外输出与复制，给各国社会主义带来了深重影响乃至灾难，这个教训值得永远记取。20世纪50年代，由于照搬"苏联模式"，我国社会主义建设走了许多弯路，甚至留下深重隐患。"中国特色社会主义"这一科学命题的形成和提出，在很大程度上是对"苏联模式"否定与反思的结果。前车之辙，后车之鉴。在"苏联模式"已经成为历史陈迹的今天，我们为什么还要作茧自缚，迷恋和推行所谓"中国模式"呢？

其四，更为严重的是，围内外一些人热炒所谓"中国模式"，是有着深刻的背景和目的的。2004年，美国学者乔舒亚·库珀·雷默在一份关于中国发展的研究报告中首次提出"中国模式"、"北京共识"的概念，起初并未引起多大反响。"中国模式"被热炒，是在2008年世界金融危机之后。2008年以来"中国模式"论迅速升温并成为热门话题，显然有两个不可忽视的背景和目的：一是将中国举全国之力抗击汶川大地震、成功举办北京奥运会、抵御世界金融危机等成就与做法归因于实行高度集权的计划经济，一些人将这些成就和做法概括为所谓的"中国模式"，毫无疑问带有怀疑和否定市场经济改革的底色；二是从"中国威胁论"、"中国责任论"到"中国模式论"，西方社会这一系列炒作显然渗透着某种不良动机。无独有偶，最近美国一些人士又在炒作所谓"印度模式"，大谈所谓"孟买共识"，奥巴马总统2010年11月初访印时甚至称"印度不是正在崛起，而是已经崛起"。（转引自2010年11月26日《国际先驱导报》）对两个发展中大国进行如此炒作，足以显露美国等西方国家的不良用心。以上两种背景与目的，再加上国内理论界一些人望文生义、盲目跟风，从而制造并放大了"中国模式论"这样一个伪命题、伪研究现象。

综上所述，仍然处在社会主义初级阶段、刚刚解决温饱并走向富裕尚面临着严峻挑战、众多矛盾和巨大风险的中国，没有形成所谓的"中国模式"，更没有必要迷恋所谓的"中国模式"。"中国模式论"不啻是中国走向现代化的一口"陷阱"，万不可被它迷惑而深陷其中！

二、中国道路：马克思主义中国化的独特创造

那么，不用"中国模式"，用什么来概括新中国成立60多年来尤其是改革开放30多年来中国的成就与经验呢？用什么来指引尚处在社会主义初级阶段的中国的前进方向和发展路径呢？答案早已明确并严谨科学，那就是"中国道路"，即邓小平早在党的十二大开幕词中所精辟提炼的"中国特色社会主义道路"。

胡锦涛在党的十七大报告中郑重指出：

"改革开放以来我们取得一切成绩和进步的根本原因，归结起来就是：开辟了中国特色社会主义道路，形成了中国特色社会主义理论体系。高举中国特色社会主义伟大旗帜，最根本的就是要坚持这条道路和这个理论体系。

"中国特色社会主义道路，就是在中国共产党领导下，立足基本

国情，以经济建设为中心，坚持四项基本原则，坚持改革开放，解放和发展社会生产力，巩固和完善社会主义制度，建设社会主义市场经济、社会主义民主政治、社会主义先进文化、社会主义和谐社会，建设富强民主文明和谐的社会主义现代化国家。中国特色社会主义道路之所以完全正确、之所以能够引领中国发展进步，关键在于我们既坚持了科学社会主义的基本原则，又根据我国实际和时代特征赋予其鲜明的中国特色。在当代中国，坚持中国特色社会主义道路，就是真正坚持社会主义。"①

这两段精辟结论，深刻揭示了中国道路的本质精髓、科学内涵和时代价值。

第一，中国道路的基础和源泉：作为社会主义制度"第二次革命"的改革开放。

19世纪中叶两次鸦片战争的炮声，使昏昏欲睡的中华民族受到了极大震荡，一批觉醒了的中国人开始了"中国走什么样道路"的探索。然而在百余年的探索过程中，一直没有找到一条引领中华民族走向现代化的正确道路。或者仿效英国、日本，企图走一条君主立宪的道路，或者试图步美国、法国后尘，企图走一条资本主义民主的道路，如此种种，都不仅没有给中国带来希望，反而给中国人民带来新的苦难。即使在新中国成立之后，道路探索依然异常艰难。或者按照马克思恩格斯的设想急于走向共产主义过渡的道路，或者照搬"苏联

---

① 胡锦涛：《高举中国特色社会主义伟大旗帜 为争取全面建设小康社会新胜利而奋斗——在中国共产党第十七次全国代表大会上的报告》，人民出版社2007年版，第11页。

模式"企图走苏联工业化的道路，如此种种，又都导致我国社会主义走了许多弯路。经历了巨大苦难和长期徘徊，中国共产党人通过深入总结历史经验，终于找到了探索中国现代化道路的切入点，这就是被邓小平称之为"第二次革命"的改革开放。正是在初步改革开放中，中华民族在"走什么样道路"这个根本问题上才真正觉醒起来，得出了必须"把马克思主义的普遍真理同我国的具体实际结合起来，走自己的道路，建设有中国特色的社会主义"的"基本结论"。① 历史雄辩地证明，中国特色社会主义道路，是 150 多年以来关于"中国道路"探索的最伟大成果，是引领中国共产党和中国人民走向现代化和实现中华民族伟大复兴的唯一正确的道路；这条道路与新时期的改革开放不可分割地联系在一起，没有改革开放，就没有中国特色社会主义道路的形成；同样，没有中国特色社会主义道路的不断拓展，就没有持续 30 多年改革开放和经济社会发展的伟大成就。

第二，中国道路的本质和精髓：从中国实际出发做好"结合"的文章。

早在 20 世纪 30 年代，在同本本主义、教条主义以及经验主义的斗争中，毛泽东就明确提出了必须把马克思主义普遍真理同中国具体实践结合起来的科学论断。然而如何做好"结合"这篇大文章，我们党经历了曲折的探索和沉重的教训。新中国成立之初，我们党在实践中逐渐发现"苏联模式"的弊端，为此毛泽东曾明确提出搞社会主义不一定全照苏联那套公式，不能教条主义地学习苏联经验。在这一正确思想指导下，我们党对中国社会主义建设道路进行了初步探索，形

_____

① 《邓小平文选》第三卷，人民出版社 1993 年版，第 3 页。

成了一系列正确的社会主义建设指导方针。可惜这一探索未能长期坚持下去，50年代后期即发生严重失误，以致形成严重悖离社会主义本质的"左"的理论和"左"的路线。产生这一挫折有多方面原因，其中一个根本原因，是没有选择好马克思主义基本原理同中国具体实际相结合的逻辑起点。这一时期，尽管毛泽东也不断强调要继续做"结合"的文章，但是这种结合更多的是从"本本"出发，企图在马恩列斯书本中寻求实现理想化社会的方案和解决现实问题的路径，严重忽视了中国的国情，由此导致关于社会主义的理念期待和现实状况之间的强烈反差，导致脱离具体的现实条件加快社会主义进程的路线和政策，乃至在什么是社会主义、怎样建设社会主义这一根本问题上，使人们陷入了迷惘和困惑。正是在总结这段历史经验的基础上，邓小平明确强调必须坚持一切从实际出发，走自己的路，把实践作为"结合"的逻辑起点和根本依据。中国特色社会主义道路之所以完全正确，之所以充满活力，之所以能够引领中国发展进步，关键就在于选择并坚持了这种"结合"的逻辑起点，一切从中国实际出发赋予科学社会主义基本原理和基本原则以鲜明的中国特色。

第三，中国道路的主题和目标：顺应时代潮流实现中国现代化。

实现现代化，是亿万中国人的百年梦想，许多仁人志士为实现这一梦想奔走呼号，上下求索，耗尽毕身心血以至献出宝贵生命。然而作为一个古老的东方大国，作为一个长期饱受外患内乱的弱势国家，尤其作为一个后发型的社会主义大国，走向现代化的道路何其艰难！在一百多年的历史进程中，中国人曾经面临着如何走向现代化的痛苦选择：要么照搬英美模式，走西方现代化道路；要么照搬"苏联模式"，走高度集权的东方现代化道路；要么与资本主义世界完全对立，走封闭式的现代化道路。如此种种探索、试验, 最终无不归于失败, 唯有中国共产党带领全国各族人民, 在改革开放实践中探索了一条"中国式的现代化"道路。这条道路所以能走向成功, 根本奥秘在于, 既坚持中国共产党领导、坚持社会主义基本制度不动摇, 牢牢把握现代化的正确方向, 又坚定不移地发展现代市场经济和现代民主政治, 不断拓展走向经济现代化和政治现代化的路径; 既坚持以经济建设为中心不动摇, 不断解放和发展社会生产力, 着力解决人民日益增长的物质文化需求和落后的社会生产之间的矛盾这一社会主要矛盾, 又坚定不移贯彻以人为本, 促进经济建设、政治建设、文化建设、社会建设以及生态环境建设全面进步, 实现经济社会全面协调可持续发展; 既坚持社会主义基本的生产关系和上层建筑不动摇, 坚持四项基本原则, 又坚定不移地坚持改革开放, 在不断深化改革和扩大开放中实现社会主义制度自我完善和发展; 既坚持独立自主、自力更生不动摇, 依靠全国各族人民的力量实现现代化, 又坚定不移紧跟时代潮流, 引进来、走出去, 积极参与全球化的竞争与合作, 包括与西方世界的沟通与合作, 在全方位对外开放中提升现代化水平; 既坚持共产主义远大理想和社会主义核心价值不动摇, 又坚定不移与时俱进, 积极吸纳、借鉴世界各国先进文化和价值理念提升人的现代化素质, 建构社会主义先进文化; 等等。正是这些成功的做法、经验及其成就, 诠释着中国道路的主题, 丰富着中国道路的内涵, 张扬着中国道路的价值。

第四, 中国道路的价值和意义: 赋予马克思主义中国化以强盛活力。

马克思主义是科学的世界观和方法论, 是对社会发展规律的精辟揭示和科学运用, 是无产阶级和劳动人民实现自身利益、寻求自我解放的理论指南和思想武器。马克思主义是中国共产党的根本指导思想，是凝聚全国各族人民的根本精神纽带。如何将马克思主义普遍真理运用于中国的实际，实现中国人民的解放，在更大范围和更高层次上造福于中国人民，这是中国共产党自成立以来孜孜以求的一个根本问题。对这一根本问题的不懈探索与回答，集中体现在两次"历史性飞跃"和两条"中国道路"的选择上。在民主革命时期，以毛泽东为代表的中国共产党人，将马克思主义普遍真理运用于中国革命的实际，创造性地回答和解决了在半殖民半封建的中国"进行什么样的革命、怎样进行革命"这一根本问题，开辟了中国特色无产阶级革命道路，实现了马克思主义中国化的第一次历史性飞跃。这条道路和这次飞跃，极大地丰富和发展了马克思主义的阶级斗争学说和无产阶级革命原理，成为马克思主义理论宝库的重要组成部分。在社会主义建设新的历史条件下，以邓小平为代表的中国共产党人，将马克思主义普遍真理运用于中国改革与建设的实际，创造性地回答和解决了在社会主义初级阶段的中国"建设什么样的社会主义、怎样建设社会主义"这一根本问题，开辟了中国特色社会主义道路，实现了马克思主义中国化的第二次历史性飞跃。这条道路和这次飞跃，创造性地坚持和发展了马克思主义，关于社会主义改革与建设的基本原理，成为当代中国马克思主义的集中体现。结合时代的新变化和实践的新发展，以江泽民、胡锦涛为代表的中国共产党人继承邓小平遗志，进一步开拓中国特色社会主义道路，进一步推进马克思主义中国化的第二次飞跃，形成了中国特色社会主义理论体系这一马克思主义中国化的最新理论成果。两条"中国道路"，两次历史性飞跃，一脉相承，继往开来，集中体现了中国共产党人实事求是的思想路线，集中展示了马克思主义与时俱进的理论品格。历史雄辩地说明，在整个社会主义初级阶段，以至在社会主义发展的很长历史时期，只要我们坚持中国特色社会主义道路不动摇，就一定能使马克思主义中国化活力充沛、价值长存。在当代中国，坚持中国特色社会主义道路，就是真正坚持社会主义，就是真正坚持马克思主义。

三、中国特色社会主义社会形态：马克思主义中国化的制度成就

在如何认识中国特色社会主义的问题上，与"中国模式论"相对应，还有一种倾向性观点需要澄清，这就是"非独立形态论"。一些人认为中国特色社会主义不过是我国在探索社会主义过程中的一种过渡形式，不能认为它是一种独立的社会形态；或者认为中国特色社会主义"是欧洲民主社会主义的翻版"，甚至是"挂着社会主义旗号的中国特色资本主义"。如此种种认识，与"中国模式论"殊途同归，都是对中国特色社会主义肤浅的、表象化的认识，都严重悖离以至扭曲了中国特色社会主义的本质，因此必须加以澄清。以科学的态度认识中国特色社会主义，把中国特色社会主义放到人类社会发展规律和大趋势中、放到当今世界全球化大背景中、放到社会主义历史进程中加以正确认识和科学定位，是深入揭示中国特色社会主义本质、不断推进中国特色社会主义事业的重要前提。

——把中国特色社会主义放到人类社会发展规律和大趋势中加以正确认识和科学定位：中国特色社会主义是符合人类发展规律和文明发展趋势的独立的社会形态。

在人类现代文明大舞台上，社会主义文明无疑扮演着举足轻重和影响全局的角色，但又出现了东欧剧变、苏联解体这样的严重挫折，如何解释这种复杂现象？这是在推进马克思主义中国化进程中无法回避的一个重大问题。回答这一问题，需要我们坚持马克思主义中国化的基本立场和基本观点。东欧剧变、苏联解体，有着复杂的、综合性的原因，其中带有根本性的原因，是对社会主义教条化的理解和曲解而形成的长期僵化的理念与模式，将社会主义与发展变化着的世界隔绝开来以至对立起来，由此导致现实社会主义生命力的萎缩乃至消亡。第一，以静止的观点对待马克思主义经典作家关于社会主义的理论原则，用某些抽象的原则和结论来规定和剪裁具体的现实，从而使现实社会主义陷入教条化、模式化的泥淖。第二，脱离时代的变化和本国的国情，把社会主义当成一种短暂的过渡过程，从而导致急于求成的路线、政策，使现实社会主义失去了社会力量的理解和支持。第三，把许多对社会主义的错误理解强加到社会主义名下，实际上搞了许多违背社会主义基本原则的东西，这些错误的理论及其后果，反过来又极其严重地导致了人们对社会主义的错误理解，从而使现实社会主义偏离了正确方向。第四，更为严重的是，在执政的共产党内滋长了官僚主义作风和以权谋私等腐败现象，事实上已经形成了严重脱离人民群众的既得利益集团，由此造成人们对社会主义的严重误解和疏离，使现实社会主义失去了坚实的社会根基。以上种种，严重削弱了社会主义的生命力和凝聚力，以至在日益开放的世界大舞台上，这种僵化的社会主义犹如长期处于隔离状态的病人，难经风雨考验甚至不堪一击。因此从根本意义上说，东欧剧变、苏联解体，不是科学社会主义学说和社会主义制度的终结，而是僵化的社会主义观念和制度的失败。

　　与苏东国家走过的道路形成鲜明反差，中国特色社会主义既坚持了马克思主义经典作家关于社会主义的基本原则，又密切适应时代的新变化和实践的新发展赋予其鲜明的中国特色。这样一种体现马克思主义中国化基本原则的新型社会形态，具有内在的生机和活力。第一，中国特色社会主义，坚持生产资料公有制为主体的基本经济制度，同时容纳一切有利于生产力发展的其他经济成分。这样一种经济制度，既能为生产力的解放和发展提供有利的制度条件，又可以从根本上消除资本主义制度下资本私人占有与生产社会化之间的矛盾，从本质上代表着先进生产力的发展要求，具有旺盛的生命力和广阔的发展空间。第二，中国特色社会主义，坚持人民当家做主的基本政治制度，坚持党的领导、人民当家做主、依法治国的有机统一，并以发展高度民主为目标积极推进政治体制改革。这样一种政治制度，可以从根本上调动人民群众的积极性，消除资本主义民主的阶级局限性和狭隘性，使社会机体充满生机和活力。第三，中国特色社会主义，坚持以人为本，坚持以社会公正和平等作为价值目标，解放生产力、发展生产力，最终是要消灭阶级，消除剥削，实现共同富裕，为社会成员自由全面的发展提供有力的制度保证。这样一种社会制度，可以消除资本主义制度下贫富不均和人的畸形发展现象，使社会全面发展建立在人的内在活力基础之上。第四，中国特色社会主义，坚持全面发展的特性和战略，在建设物质文明的同时，不断向政治文明、精神文明、社会和谐以及生态文明协调发展的目标迈进，由此，中国特色社会主义有能力消除一切旧制度下所特有的贪婪、腐败、堕落现象，使整个社会在文明健康的生产关系和社会关系中生机勃勃地向前发展。

总之，科学社会主义的基本规律，是不可抗拒的；由符合基本规律的社会主义改革与发展所释放的无限生命力，是不可遏制的。正是由于我们党坚定不移走马克思主义中国化之路，通过改革开放将科学社会主义基本原则同中国基本国情有机地融合起来，创造性地开辟了一条中国特色社会主义道路，才使科学社会主义学说在当代中国获得了成功的实践和科学的证明。

——把中国特色社会主义放到当今全球化大背景中加以正确认识和科学定位：中国特色社会主义是参与全球化竞争的一种独立的文明选择。

中国特色社会主义形成、发展的过程，正是当代世界进入全球化的过程。全球化所带来的深刻的社会变革和思想变革，其广度和深度都是前所未有的。作为一种科学的制度选择和独立的社会形态，中国特色社会主义自然同全球化发生着不可阻隔的内在联系。第一，正如马克思恩格斯指出："无产阶级只有在世界历史意义上才能存在，就像共产主义——它的事业——只有作为'世界历史性的'存在才有可能实现一样。而各个人的世界历史性的存在，也就是与世界历史直接相联系的各个人的存在。"[1]深入研究和把握当今世界全球化的实质和走向，是科学认识和深入推进中国特色社会主义题中应有之义。第二，全球化的社会变革既对科学社会主义学说提出了严峻挑战，也为科学地坚持和发展社会主义提供了历史性机遇和时代性参照。充分运用经济全球化所带来的发展机遇，自觉遵循全球化背景下文明竞争规律不断提升自己的文明素质，是中国特色社会主义历史性的重大

---

① 《马克思恩格斯文集》第 1 卷，人民出版社 2009 年版，第 539 页。

抉择。

当今世界的全球化，正是这样产生着多样性文明相互竞争共同发展的巨大政治和社会效应。全球化大潮推动着不同社会制度中的人们努力寻求更多的符合人性和人类共同需要的共同价值。全球化趋势也大大拓展了人们的世界视野，使不同社会文明在相互沟通和深入比较中更多地发现相互之间的共同、共通之处。这样一种发展趋势，无疑对科学社会主义的生命力产生极其深刻的影响，社会主义必须密切关注全球化时代的社会变革与发展规律，更宽广地拓展自己的世界视野，更科学地回答社会主义社会文明的历史合理性，更深入地推进社会主义社会文明进程。对于已经融入全球化大趋势的中国特色社会主义，这自然是一个不容忽视的重大历史任务。

多样文明相互竞争共同发展的当代全球化，为中国特色社会主义发展提供了更加广阔的舞台和更为有利的环境。首先，全球化的制度竞争实质和综合文明素质比较，促使我们对社会主义理论和实践进行更加符合发展规律和时代要求的反思，彻底摒弃脱离实际的关于社会主义的理念和模式，在改革和发展中寻求社会主义生命力的源泉。其次，全球化的市场竞争和资金、技术的全球流动，可以使我国更加赢得后发的机遇和优势，更充分地吸纳全球资金、技术和管理经验来提高自己、发展自己。最后，全球化的多方位竞争以及由此带来的文化多元化沟通，有利于我们党和人民以更加宽广的眼光观察世界，更加自觉地融入世界文明大潮。当然，全球化竞争也不可避免地给我国的经济运行、政治发展、意识形态和国家安全带来相当程度的挑战，只要我们正视挑战，积极寻求应对挑战的措施，就可以更加深刻地提升经济社会的文明素质和在全球化中的竞争力。从这个意义上说，当代全球化不啻是中国特色社会主义大步走向世界的重要机遇和强大动力。

遵循全球化条件下文明竞争的总规律和大趋势，在社会主义理论与实践中，必须处理好特殊与普遍、个别与一般的关系，既要注重社会主义质的规定性，坚持社会主义基本制度和基本方向不动摇，又要积极吸纳世界各国的文明成果，包括资本主义文明成果，以不断提升社会主义文明素质；既要注重从本国实际出发，走出一条具有本国特色的社会主义文明建设道路，又要遵循社会发展的一般规律，在符合现代文明大趋势中加快社会主义文明进程。这样一种战略选择，可以说是中国特色社会主义的新的生长点。我国改革开放和全面建设小康社会的伟大实践，正是在这一"生长点"上赋予中国特色社会主义以强大生命力。改革开放以来我国社会生产力所以能够持续增长，社会所以能够持续进步，人民生活水平所以能够持续提升，根本原因就在于我们所坚持的中国特色社会主义将全球化文明竞争的普遍规律同中国文明发展的特殊规律有机地结合起来，自觉地融入世界文明大潮。在当代全球化条件下进一步认识和推进中国特色社会主义，必须高度重视和自觉遵循这样一种战略选择。假如不是这样，对全球化做片面化和狭隘性的理解，把社会主义与全球化对立起来，故步自封，孤芳自赏，拒绝全球化文明大潮带来的历史性机遇和有利因素，那么就有可能与现代文明大趋势失之交臂，甚至有可能在全球化大潮中窒息社会主义的生命。

——把中国特色社会主义放到社会主义历史进程中加以正确认识和科学定位：中国特色社会主义是一个需要在不断改革中逐步走向完善的独立的社会进程。

　　在马克思恩格斯的思想理论中，是把社会主义社会作为共产主义社会的第一阶段，是与共产主义社会同一性质的社会形态，是一个不太长的发展过程。至于社会主义社会究竟需要多长的发展过程？马克思恩格斯没有也不可能作出明确的描述。列宁继承并发展了马克思恩格斯关于共产主义社会分阶段发展的观点，并把这一思想运用于俄国具体实际，着力探索在一个经济文化落后的国家建设社会主义所需要经过的发展阶段和主要途径，提出了"初级形式的社会主义"、"不完全的社会主义"等概念。至于社会主义社会究竟需要经历哪几个发展阶段才能到达共产主义社会，由于历史条件的局限，列宁没有作出明确的论述。斯大林根据苏联社会主义建设的实践，把基本实现工业化、农业集体化和剥削阶级被消灭作为社会主义制度基本确立的标志，从而划清了从资本主义到社会主义的过渡时期和社会主义制度确立时期的界限，这在社会主义社会发展阶段问题的认识上具有突破性，但是斯大林的理论中又包含着严重缺陷，这就是把社会主义制度的确立和社会主义的建成混为一谈，人为地降低了社会主义标准，造成了社会主义社会是一个短暂发展阶段的认识，从而形成了超阶段大过渡的"斯大林模式"，对社会主义运动产生了严重影响。

　　毛泽东对社会主义发展阶段的探索，经历了曲折的过程，更具有典型意义。20 世纪 50 年代，毛泽东把生产资料私有制社会主义改造的基本完成看做是社会主义制度确立的基本标志，同时明确指出，我国的社会主义制度还刚刚建立，还没有完全建成，还不完全巩固，还需要一个完善和巩固的过程。只有经过一段时间建立起现代化工农业的基础，生产力获得比较充分的发展，社会主义才算基本上建成。可惜毛泽东没有把这一正确思想坚持下去，不久即发动了"跑步进入共产主义"的大跃进运动，盲目追求所有制的"一大二公"，企图超阶段地建成社会主义。"大跃进"所带来的严重困难，曾一度使毛泽东对社会主义社会发展阶段问题进行了思考。他在领导纠正"大跃进"和人民公社化运动中的"左"的错误时，提出了不能剥夺农民、反对平均主义、发展商品经济、遵循价值规律等正确观点，但是由于"左"的思想理论没有根除，终而导致"文化大革命"，严重影响了我国社会主义历史进程。

综上所述，在马克思主义进程中，关于社会主义的社会定性和发展阶段问题，是一个长期没有搞清楚的重大理论和实际问题。正是在这样一个重大问题上，中国特色社会主义展示出独特的创新意义和巨大的时代价值。

中国特色社会主义，形成了一个具有特定本质和丰富内涵并具有长期稳定性的社会形态。改革开放30多年来，中国共产党几届中央领导集体带领人民在实践中不断总结和探索，先后提出了建设中国特色社会主义的基本路线、基本纲领和基本经验，逐步形成了关于中国特色社会主义社会形态的认识。中国特色社会主义社会形态，包括中国特色社会主义经济、政治、文化、社会等方面的特定本质和基本特征。中国特色社会主义经济，就是在坚持社会主义条件下发展市场经济，不断解放和发展生产力；这一经济形态的科学内涵和基本特征是，坚持公有制为主体，多种所有制经济共同发展。中国特色社会主义政治，就是在坚持中国共产党领导下更好地保障和发展人民民主权利；这一政治形态的科学内涵和基本特征是，坚持共产党领导、人民当家做主、依法治国的有机统一。中国特色社会主义文化，就是在坚持马克思主义指导的前提下发展社会主义先进文化；这一文化形态的科学内涵和基本特征是，发展面向现代化、面向世界、面向未来，民族的科学的大众的文化。中国特色社会主义社会，就是在坚持以人为本这一本质和核心的基础上实现社会和谐发展；这一社会形态的科学内涵和基本特征是，坚持民主法治、公平正义、诚信友爱、充满活力、安定有序、人与自然和谐相处。中国特色社会主义经济、政治、文化和社会等方面的建设相互协调、整体推进，共同促进中国特色社会主义社会形态不断走向完善。

同时我们又必须十分清醒地认识到，我国仍然处在社会主义的初级阶段，在各方面都还不够定型和成熟，更没有形成所谓的"中国模式"。当前我国已进入全面建设小康社会的关键阶段，在经济、政治、文化、社会发展的各个方面都呈现出一系列新的阶段性特征。我们只有时刻把握社会主义初级阶段的基本国情，把社会主义初级阶段及其发展过程中的阶段性特征作为推进改革、谋划发展的根本依据，才能清醒认识和不断推进中国特色社会主义伟大事业，通过中国特色社会主义顺利实现中华民族伟大复兴。

（作者系中国科学社会主义学会副会长、济南大学

政治与公共管理学院院长）

马克思主义中国化的发展轨迹

高建生

——马克思主义中国化内在统一关系的契合性要求

马克思主义中国化的命题，依"马克思主义基本原理同中国具体实际相结合"的基本含义而言，其内在的关系应当是"中国的马克思主义化"与"马克思主义的中国化"二者的统一，而这样一种统一的关系在实践中的体现，要求对马克思主义中国化内在关系统一的契合点有科学地认识与把握，并在马克思主义中国化的实践中体现达到这种契合的要求，由此推进马克思主义中国化的不断深化。

一、马克思主义中国化的发展历史，是马克思主义中国化内在关系相互统一的历史

从分析认识问题的逻辑起点上说，马克思主义中国化的实现前提，首先是马克思主义进入中国，并为最大多数人所接受，即把马克思主义基本原理与中国具体实际相结合。这里，首先应当明确知晓马克思主义的基本原理之所在，并自觉地皈依于此。只有这样，依据马克思主义基本原理指导中国社会主义实践发展的命题才是可以成立

的。在这样的前提下，马克思主义一旦进入中国社会，落脚于现实的中国实际，成为一个民族的指导思想和行动纲领，其基本原理的实际运用，"随时随地都要以当时的历史条件为转移"① 才能成为可能。具备了这样的前提和可能，接下来的要求就是马克思主义必须与中国的实际相结合，回答和解决中国的实际问题，并在这种结合的过程中，用新的实践、新的内容、新的语言来丰富和发展马克思主义。由此而言，把马克思主义中国化解读为"马克思主义基本原理同中国具体实际相结合"，在释义上，就包含了"中国的马克思主义化"与"马克思主义的中国化"两方面相互统一的关系。

事实上，马克思主义中国化的内在统一关系，从马克思主义传入中国，到在当代中国改革发展中的实现，是始终如一和一以贯之地体现于这一发展的过程当中的。1899 年 2 月，上海出版的《万国公报》上第一次出现了马克思的名字，这算做马克思主义在中国的最早传播。从那个时候起，马克思主义在中国社会发展中的命运，就体现为中国社会实践中不断升华着的"马克思主义化"和马克思主义与中国实际结合过程中不断实现着的"中国化"及其二者间的密切契合。凭借这样的契合，马克思主义在中国逐步获得传播、扩展，并由"一个幽灵"而成为由国家宪法、执政党党章确定的社会指导思想，成为执政党赖以生存、发展的世界观、方法论，"中国的马克思主义化"显然是不争的事实；同时，在"中国的马克思主义化"愈益扩展和深入的过程中，其与中国的基本国情、民族特点及革命、建设和改革的实际也愈益具有更大程度的融合性，民族化、具体化、实践化了的马克思主义，使"马克思主义的中国

---

① 《马克思恩格斯选集》第 1 卷，人民出版社 1995 年版，第 248 页。

化"的特点也越来越突出。从这样的意义上说，中国共产党是在马克思主义传播的过程中，在马克思主义指导下成立的，中国革命、建设、改革也是在马克思主义不断传播的过程中、在马克思主义指导下取得成就的，这是"中国的马克思主义化"最好的体现；同样，马克思主义只有与中国实际相结合，只有把马克思主义的基本原理和中国革命与建设的实际情况相结合，才能找到适合中国国情的社会主义革命和建设道路，并产生马克思主义与中国具体实际结合的理论与实践成果。这正如1945年我们党在《关于若干历史问题的决议》中即认识到的：中国共产党自1921年产生以来，就以马克思列宁主义的普遍真理和中国革命的具体实践相结合为自己一切工作的指针。这表明，中国的马克思主义化和马克思主义中国化的实践从党成立时就开始了，即中国共产党接受了马克思主义，并将其确立为自己的指导思想；中国共产党立足于中国的实际，坚持运用马克思主义分析、解决中国革命、建设和改革的实际问题，并在这样的过程中推进马克思主义的新发展。

不仅如此，只要稍加分析即可发现，马克思主义与中国实际相结合的发展历程呈现出三种发展的轨迹：第一条轨迹，是在马克思主义宣传、传播和推进"中国的马克思主义化"的过程中，出现过并在一些时期特别严重并造成重大后果的、忽视甚至否认民族的特点和中国实际的情形，即把"中国的马克思主义化"与中国具体实际区别开来分析、解决问题，以教条主义的态度对待马克思主义，只强调它们的具体结论，不注重引出结论的历史背景和具体条件，甚至以人为附加于马克思主义身上的东西剪裁不断发展变化的实际，使"中国的马克思主义化"成为生搬硬套化的过程，结果只能因"水土不服"，给革命和建设带来严重的损失。第二条轨迹，是在分析、解决具体问题的过程中实用主义的倾向。这种倾向否认科学理论、科学方法对实践发展的指导作用，或者把这样的作用仅仅当做某种摆设、门面，不清楚马克思主义重大理论、实践界限上应有的区分，不注重马克思主义立场观点方法和基本原则在实践中的作用，甚至借口发展的特殊、形势的变化，把一些与马克思主义风马牛不相干的东西牵强附会于马克思主义身上，结果只能在离开马克思主义的路上渐行渐远。与这两者完全不同的第三条轨迹，是坚持马克思主义中国化内在统一关系的实践发展，即用马克思主义之"矢"，射中国社会主义实践之"的"，既坚持马克思主义的根本原则，又注重在中国国情和民族环境中来实现这些原则，用中国化了的马克思主义指导中国的实践，又在实践中丰富发展马克思主义。坚持马克思主义中国化内在统一关系的发展轨迹，最终产生了毛泽东思想和包括邓小平理论、"三个代表"重要思想和科学发展观在内的中国特色社会主义理论体系两大理论成果，推动了中国社会主义革命、建设和改革的历史性变革。比较、分析马克思主义与中国实际相结合的发展轨迹，从中可以得出的一个清晰结论就是：对马克思主义中国化内在统一关系的任何偏离，都会对马克思主义中国化的实践产生极大的危害，而马克思主义中国化的发展历史，就是马克思主义中国化内在关系相互统一的历史，坚持这一统一关系，对推进马克思主义中国化的发展具有重要的意义。

二、马克思主义中国化内在关系统一的契合性，在于回答和解决影响中国社会主义实践发展的根本性问题

深入认识马克思主义与中国实际相结合的发展过程，可能引发的一个深层次问题，是怎么样实现马克思主义中国化内在关系的相互统一。

从认识上和实践中坚持马克思主义与中国实际的结合，主观愿望上并非难事，但在很多情况下，发生于马克思主义中国化内在关系互不统一方面的问题，恰恰在于良好的愿望与实际效果的大相径庭。比如，1981年党的十一届六中全会在关于毛泽东晚年错误的分析中提到，"他在犯严重错误的时候，还多次要求全党认真学习马克思、恩格斯、列宁的著作，还始终认为自己的理论和实践是马克思主义的，是为巩固无产阶级专政所必需的，这是他的悲剧所在"①。怎么样避免这样的悲剧出现，在具体的实践中实现马克思主义中国化内在关系的相互统一，根本的问题就在于从思想上厘清这种统一关系的衡量尺度，实践中把握实现这种统一的有效契合点。同样的道理，对马克思主义与中国实际相结合发展轨迹的探索可以发现，实践中或者背离马克思主义，或者把马克思主义教条化，难于推进马克思主义发展创新这类问题出现的根本原因，恰恰在于找不到马克思主义中国化内在关系完整统一的契合点。

按照这样的思路，我们对马克思主义中国化发展进程可以作进一步的分析，即对实现马克思主义中国化内在关系统一的成功典范加以分析，并从中寻求其成功之道抑或确定其之所以成功的依据。

如前所述，在马克思主义中国化发展的历史进程中，实现马克思主义与中国实际相结合的成功典范，是毛泽东思想和包括邓小平理

---

① 《十一届三中全会以来党的历次全国代表大会中央全会重要文件选编》（上），中央文献出版社1997年版，第184页。

论、"三个代表"重要思想和科学发展观在内的中国特色社会主义理论体系两大理论成果及其实践成就。确定这两大理论成果作为实现马克思主义与中国实际相结合成功典范地位的依据，可以从许多方面来判断，但最根本的是他们分别回答和解决了中国社会主义实践在不同时期所面临和需要回答的一系列重大问题：

——在社会主义革命和建设时期，影响中国社会主义实践发展的重大问题，是中国怎么样走上社会主义道路和怎样巩固、建设社会主义。事实上，历史并没有把解答这一重大问题的优先权给予毛泽东为代表的中国共产党第一代领导集体，包括在中共成立后相当一段时间内党的领导人走马灯式更替，也反映了对上述重大问题解答的不同。只是由于以毛泽东为代表的中国共产党第一代领导集体始终坚持把马克思主义基本原理与中国革命、建设的具体实际相结合，围绕经济文化落后的东方大国怎样进行新民主主义革命、向社会主义过渡和建立社会主义制度的问题，创造性地运用和发展了马克思主义，才走出了一条具有中国特色的社会主义革命道路，实现了马克思主义与中国实际相结合的第一次历史性飞跃，创立了毛泽东思想这一马克思主义中国化的重大理论成果。

——在社会主义建设与改革时期，中国特色社会主义理论体系围绕在中国这样一个经济文化落后国家怎么样建设、改革和发展社会主义的重大问题，把马列主义、毛泽东思想与当代中国社会发展的实际相结合，走出了一条具有中国特色的社会主义发展道路。在社会主义建设、改革和发展实践中，邓小平理论、"三个代表"重要思想和科学发展观，深刻分析当代中国社会改革发展的新情况、新任务，清醒地认识和回答了事关中国特色社会主义事业发展的三大基本问题，这就是：什么是社会主义、怎样建设社会主义，建设什么样的党，怎样建设党，实现什么样的发展、怎样发展，开拓了马克思主义中国化的新境界，形成了马克思主义与中国实际相结合的第二次历史性飞跃的理论成果。而对这样一系列问题的回答，正是长期以来包括中国社会主义实践在内的国际社会主义发展苦苦思索却难于获得正确认识的问题，马克思主义在当时长期难于实现根本性发展的原因，其实也在于未能得到这种认识。

——面对马克思主义与中国实际相结合的新形势、新要求，中国特色社会主义理论体系还会在新的实践、新的发展中不断深化关于上述三大基本问题的认识与回答。中国特色社会主义理论体系是不断发展的开放的理论体系。这种开放性，就在于它要在不断发展变化的形势、任务面前，不断研究新情况，回答新问题。中国特色社会主义作为一项全新的事业，在前进过程中必然会遇到许多新情况、新问题、新矛盾，必须在科学认识的前提下勇于创新，不断有所发现、有所创新、有所前进。这就是说，中国特色社会主义理论体系不仅对中国社会主义实践的现实社会问题予以科学回答，而且把这种回答作为一个过程，不断分析、回答实践发展提出的新问题，这也是实现自身不断丰富、发展的根本性要求。因此，中国特色社会主义理论体系还应着眼于对影响中国社会主义发展问题的持续性分析与回答。

对马克思主义中国化发展轨迹的上述分析，如果就马克思主义与中国具体实际相结合的成功方面也是最基本的方面看，似乎有这样几点值得我们思考。

第一，实现马克思主义与中国实际相结合的成功典范，都强烈地意识和呼应了历史发展、时代发展和实践发展对中国社会主义发展问题加以思考、研究和探索的要求。影响中国社会主义发展的问题，在不同的发展时期与阶段，为当时不同时代条件和发展要求所决定，马克思主义与中国实际相结合的过程中所面对的实践课题的困难是不同的，但顺应时代发展要求，敏锐地意识并把握实践提出的现实课题，却是所有能够实现马克思主义与中国实际成功结合的基础性要件。毛泽东思想是在把马克思主义运用于对中国实际问题的思考中，并清醒认识中国革命独特性的过程中形成和发展起来的；中国特色社会主义理论体系对中国社会主义建设道路的思考，这样思考集中表现在对国际共产主义运动和我国社会主义长期发展付出的高昂代价两个方面，之所以付出如此高昂的代价，原因正在于脱离了实际，脱离了实践中提出现实问题。毛泽东思想与中国特色社会主义理论体系都是把马克思主义的学术同中国社会历史发展、时代发展和实践发展的要求有机结合的理论结晶。

第二，实现马克思主义与中国实际相结合的成功典范，都科学地回答和解决了影响中国社会主义实践发展的根本性问题。毛泽东思想能够在"农民意识"、"山沟沟里出不来马列主义"的责难中最终为全党所接受，包括邓小平理论、"三个代表"重要思想和科学发展观在内的中国特色社会主义理论体系能够在"是不是理论"、"是不是偏离了马克思主义"、"有没有特色"的怀疑中为全党所认可，其根本点就在于它们以农村包围城市、"一个中心、两个基本点"、坚持"三个代表"和推进科学发展的科学结论，把握并回答了中国社会主义革命的道路、中国社会主义制度的建立，中国社会主义建设、改革与发展的途径这样一系列中国社会主义实践发展最紧迫和最需要回答的问题，解决了马克思主义在现实中国社会运用与发展最直接和最根本的问题。

第三，实现马克思主义与中国实际相结合的成功典范，都为进一步科学回答并解决影响中国社会主义实践发展问题奠定了科学的基础并打开了广阔的思路。毛泽东思想和中国特色社会主义理论体系在回答影响中国社会主义实践发展的根本性问题的过程中，不仅对时代变化和实践发展提出的问题予以科学回答，而且都坚持把这样的回答视为关于中国社会主义发展规律的探索。并把这样的探索看做是长期的、需要几代人甚至十几代、几十代人艰苦努力才能完成的使命，这就使马克思主义与中国实际的结合，进入了对中国社会主义发展问题的不断思考、不断探索、不断解决的进程当中，马克思主义中国化内在关系的相互统一成为持续性的要求。

以上几方面，其实已经清晰地揭示了实现马克思主义中国化内在关系完整统一的契合点，这就是"中国的马克思主义化"与"马克思主义的中国化"，从本质上统一于分析、研究影响中国社会主义实践发展的根本性问题之中，坚持这种统一，并在分析、研究影响中国社会主义实践发展的根本性问题之中得出正确的结论，推进中国社会主义事业的发展，就实现了马克思主义中国化内在关系的统一，这是马克思主义中国化内在关系统一的衡量尺度。

三、把握马克思主义中国化内在统一关系契合点的要求

马克思主义中国化内在关系的统一性，对把握好这种统一关系的契合点，提出了现实的要求。

把握马克思主义中国化内在关系统一的契合点，前提是必须学习、宣传、传播马克思主义，特别是马克思主义中国化最新理论成

果，坚定对马克思主义的信仰，把握其精神实质。马克思主义中国化，要从"中国的马克思主义化"与"马克思主义的中国化"二者的统一关系上来理解，没有前者，就谈不上后者，这样的道理本来是不言而喻的。而现实的问题是，我们在习惯问题的分析与认识上，没有或没有深刻地意识到这样一个深层次的问题，"中国的马克思主义化"和对马克思主义的宣传、教育、传播等任务，没有因为其已经作为中国共产党指导思想的地位而自然而然地不再需要作进一步的宣传、教育和传播，只是这一任务在不同的时空条件下有着不同的实践重点。比较马克思主义在中国最初传入、传播时期而言，时至今日，信仰马克思主义，学习、宣传、传播马克思主义和把握其精神实质，依然是"中国的马克思主义化"面对的课题，相应作一般性的论证、解读、说明和要求固然还是重要的任务。但从实践看，解答这样的课题，可能主要应着眼于三方面的分析：一是如何把关于马克思主义的信仰、宣传教育和把握精神实质从社会的宏观层面要求体现为微观层面意识；二是如何把关于马克思主义的信仰、宣传教育和把握精神实质从整体性组织要求体现为个体性自觉行为；三是如何把关于马克思主义的信仰、宣传教育和把握精神实质从普及性的政治、理论判断体现为普遍性的道德意愿和价值选择。在当代中国社会实践中，解答好这样一些问题，马克思主义学习、宣传、传播和信仰就能够收获更为明显的成效，马克思主义中国化也就具有了更为深入发展的思想条件。从这样的意义上说，党的十七大关于"推动当代中国马克思主义大众化"、党的十七届四中全会关于"推进马克思主义中国化、时代化、大众化"的任务，客观上反映也包含了解答好这些问题的要求。因此，忽略马克思主义中国化发展中"中国的马克思主义化"的当代意义与价值，是不恰当的。

把握马克思主义中国化内在关系统一的契合点，其根本是要回答和解决好当代中国社会切实推进科学发展的重大战略问题。时代在发展，实践要深入，中国社会主义实践发展面临的问题也会层出不穷，而对马克思主义中国化内在关系统一的契合点的分析表明，"中国的马克思主义化"与"马克思主义中国化"的关系，统一于分析和解决当代中国社会主义实践发展中亟须解决的突出问题之中，就是对这种统一关系的最好把握。从社会发展实际看，经历30多年改革发展后，在当代中国，坚持发展是硬道理的本质要求，就是坚持科学发展，更加注重以人为本，更加注重全面协调可持续发展，更加注重统筹兼顾，更加注重保障和改善民生，促进社会公平正义。怎么样推进科学发展，怎么样保证科学发展观的要求体现和落实到改革发展的实践中，是改革开放和现代化建设逐步深入后提出的实践要求，也是马克思主义中国化在实践中面临的最现实课题。回答和解决好这一课题，"中国的马克思主义化"与"马克思主义中国化"的内在统一关系就会得到根本性体现，中国特色社会主义事业就会获得重大发展，马克思主义中国化也会在理论形态和实践形态上产生重大成果，否则，就谈不上什么马克思主义中国化。正因为如此，我们才能够看到，学习贯彻科学发展观，不断推进科学发展在实践中取得成就，本身既表现为马克思主义在当代中国社会实践中的要求，同时也是马克思主义在当代中国社会主义实践中宣传、传播的体现。在当代中国，马克思主义中国化内在关系统一的契合点，就体现于学习、贯彻科学发展观的实践中，这是防止把马克思主义中国化抽象化、空洞化的最好检验尺度。

　　把握马克思主义中国化内在关系统一的契合点，关键是着眼于马克思主义在当代中国社会主义实践中的应用，推进马克思主义的丰富与发展。"如何使马克思列宁主义与各个时期的具体情况相结合，这是一个需要不断解决的问题"①，也是把握马克思主义中国化内在关系统一必须解决的问题。一方面，马克思主义的价值在于应用，马克思主义中国化的应用，就是要适应时代发展变化对中国社会主义实践提出的理论和现实要求，运用马克思主义的立场、观点与方法，分析解决新的实践与新的发展中出现的新矛盾与新问题，彰显马克思主义的时代价值；另一方面，马克思主义的生命力在于发展力，马克思主义中国化的应用，又要在顺应时代发展要求、把握时代进步脉搏、解决时代发展课题和推进新的时代条件下中国社会主义事业发展的过程中，总结马克思主义与中国具体实际相结合的新经验，概括马克思主义在当代中国实践中得出的新结论，丰富马克思主义指导现实中国社会主义实践形成的新认识，从时代发展中吸收新元素、从实践深入中补充新养分，为马克思主义注入新的时代内容。可以说，党的十一届三中全会以来，党中央领导集体体察时代特点、总结实践经验，在推进中国特色社会主义事业发展中形成和不断发展的中国特色社会主义理论体系，反映的就是科学地把握马克思主义中国化内在关系统一的契合点，在中国改革开放实践中具体应用马克思主义，并推进马克思主义丰富发展的成功探索。

（作者系山西省委党校副校长、教授）

---

① 《邓小平文选》第一卷，人民出版社 1994 年版，第 258 页。

马克思主义中国化的研究进展与学术进路

贾建芳

从思想史、实践史看，马克思主义中国化经历了从自发到自觉、经受挫折再到新发展的过程。从学术史看，马克思主义中国化研究经历了由浅入深、从零星到形成效应的过程。20 世纪 90 年代以来，学界掀起了马克思主义中国化研究热潮，而且呈现愈来愈热之势，研究成果突飞猛进。截止到 2011 年 10 月，篇名含"中国化"的文章共 7700 多篇，图书 489 种；篇名含"马克思主义中国化"的文章共 4630 多篇，图书 195 种；篇名含有"中国化马克思主义"的文章共有 330 多篇，图书有 41 本；篇名含"马克思主义与中国实际相结合"的文章 49 篇、含"马克思主义与中国实际相结合"的文章 9 篇、含"马克思主义与中国国情相结合"的文章 3 篇；篇名含"中国特色社会主义"的文章 22800 多篇，图书 1250 本；篇名含"中国特色社会主义理论体系"的文章 1157 篇，图书 158 种。[①] 研究综述或者述评每年

---

① 文章篇数，据中国知网人文与社科学术文献总库显示。

也有不少篇，可谓硕果累累。只要我们耐心些、执著些、细致些，就能从海量的研究成果中淘得金子，理出马克思主义中国化和马克思主义中国化研究的大致脉络。从这些研究成果看，一些基本问题尽管有分歧，但更有共识，应当确定下来，作为进一步研究的立足点和出发点。同时，还要走进马克思主义中国化研究学术史的隧道，清点学术研究的得与失，分析、反思其原因，为进一步研究找到生长点和着力点。这正是本篇的意图。

一、关于马克思主义中国化的基本问题

学界关于马克思主义中国化的起点、必然性和必要性、内涵、实质、历史进程、基本经验、基本规律等基本问题的著述很多，可以达成基本的共识，也应当了结意义不大的纷争，而不应当再在这些基本问题上花时费力，扰乱视听。这样才能继往开来，把马克思主义中国化的研究引向深入。

（一）关于马克思主义中国化的起点

学界对这个问题的认识有点混乱，主要是把马克思主义传入中国的始点、马克思主义中国化历程的起点、"马克思主义中国化"命题的最早提出三者混淆了，而且确定起点的标准不统一。实际上，这是三个相关联但有区别的问题。

关于马克思主义在中国被选择的始点。学界关于马克思主义传入中国的渠道已有共识，但对最早的传播者和时间的认识不统一。解决这个问题的思路是，首先分辨自发传入与自觉选择两种情况。自发传入的始点是不容易确定的，只能确定自觉选择的起点。这个起点应

当根据时间、空间、条件来确定。比较起来，应当把 1919 年五四运动作为先进中国人接受马克思主义的标志。先进中国人从 1917 年十月革命的曙光中真切地感受到了马克思列宁主义的威力，才能有意识地自觉地把马克思主义作为解决中国问题的思想武器。正如有论者所说：五四运动在理论和实践两个方面开启了马克思主义中国化的历程。①

关于马克思主义中国化历程的起点，也是众说纷纭。有论者概括为"传入之日说"、"成立之日说"、"李大钊说"、"中共二大说"、"中共八七会议说"、"《反对本本主义》说"②，还有"井冈山道路开创说"、"十月革命说"、"遵义会议说"等。说法多，主要是因为把文本上的概念提出、思想的起点、实践进程的起点三者混淆了，而且划分标准和角度也不统一。解决这个问题的思路是，先要确定马克思主义中国化的内涵和实质，再从自发与自觉、蒙胧与清醒、量变与质变、个体与群体等方面综合起来看，这样，马克思主义中国化历程的起点就应确定在中国共产党成立之时。事实上，学界也是普遍把中国共产党的成立作为马克思主义中国化思想进程与实践进程的起点。③ 如此看来，马克思主义中国化的实践史、思想史历经 90 年。

关于"马克思主义中国化"的最早提出者，大体上有"毛泽东说"、

---

① 王先俊：《五四运动与马克思主义中国化》，《理论界》2009 年第 9 期。

② 李安增主编：《马克思主义中国化研究》，中央编译出版社 2009 年版，第 57—62 页。

③ 《艾思奇文集》第 1 卷，人民出版社 1981 年版，第 552 页；杨奎松：《马克思主义中国化的历史进程》，《近代史研究》1991 年第 4 期；余品华：《略论"马克思主义中国化"提出的历史原因和契机》，《江西社会科学》2010 年第 6 期。

"瞿秋白说"、"张闻天说"、"李大钊说"①，还有"艾思奇说"②，等等。这些分歧主要缘于角度不同。"马克思主义中国化"命题的提出与概念的出现应当有所区别。从文本考察概念的"最早提出"，需要穷尽所有文本资料才有说服力。更何况，这不是个普通的概念，而是个重大命题、重大任务。作为一个命题，"马克思主义中国化"应当是在自觉、清醒认识的基础上提出的。因此，论者普遍认为，首次提出应当是毛泽东1938年10月在中共六届六中全会上的表述。

（二）关于马克思主义中国化的历史进程与基本经验、基本规律

学界关于这几个问题的著述颇多，认识大同小异。现在需要做的首先是整合，把众多复杂的表述整合为简洁而清晰的思路、思想；还要弥补不足，深入研究马克思主义中国化过程中的挫折和失败及其教训；同时，要分辨马克思主义中国化的基本经验、基本规律和必然性等问题的异同。

关于马克思主义中国化的历史进程，学界在大的历史阶段划分上分歧不大，一般把马克思主义中国化历程分为1949年以前、1949—1978年、1978年至今三个阶段。分歧之一是对马克思主义中国化历程的起点认识不同，故第一阶段的长短不同。分歧之二是部分论者在三个阶段上分别划分出一些小阶段，如以1927年或1935年或1938年为界把第一阶段分成不同的小阶段；以1952年或1956年或1957年或1966年为界把第二阶段分成不同的小阶段；根据中央领导集体

---

① 李安增主编：《马克思主义中国化研究》，中央编译出版社2009年版，第16—18页。

② 郭建宁：《马克思主义中国化研究的历史、现状与方法论》，《毛泽东邓小平理论研究》2005年第5期。

的任期和阶段性成果把 1978 年至今的历程划分为三个阶段。整合大多数论者的看法，可以把 1921 年以来马克思主义中国化历程确定为这样三个阶段：1921—1949 年，是形成马克思主义中国化思想原则、实现马克思主义中国化第一次飞跃的阶段；1949—1978 年，基本上不提"马克思主义中国化"，尽管始终奉行"结合"的基本原则，但是失误和教训比较多；1978 年至今，实现了马克思主义中国化的第二次飞跃，先后形成了三个阶段性成果，并且整合为中国特色社会主义理论体系。简而言之，正如有论者所说：三段历史，两次飞跃，两大成果①。有些论者主张用新民主主义论和中国特色社会主义论概括为两大成果②，认为这是从理论内容着眼，包容性很大③。

关于马克思主义中国化的基本经验，学界的认识基本上是解放思想、实事求是与科学对待马克思主义、正确认识中国国情或中国实际或中国实践、批判地继承中国传统文化、政治人物的创新、群众路线或以人为本等要素的排列组合或者整合，组合成四个方面④或五个方

---

① 《马克思主义中国化和当代化问题——访龚育之》，《人民日报·海外版》2005 年 4 月 4 日；石仲泉：《马克思主义中国化的历史发展》，《中共党史研究》2006 年第 4 期。

② 龚育之：《党史札记二集》，浙江人民出版社 2004 年版，第 179 页。

③ 沈宝祥：《谈马克思主义中国化的几个问题》，《北京日报》2007 年 2 月 26 日。

④ 王伟光：《总结马克思主义中国化的历史经验、推进马克思主义中国化的不断创新》，《理论视野》2009 年第 12 期；韩振峰：《马克思主义中国化的思想历程研究》，河北大学出版社 2007 年版，第 584—590 页；何继龄：《马克思中国化问题研究》，中国社会科学出版社 2006 年版，第 15—23 页。

面①或六个方面②等，大同小异。有的表述略有不同③。对这个问题认识上大体到位，但是尚需整合，否则，看上去太热闹，往往让人不得要领。整合的思路可以是，以"中国问题"为切入点，审视不同时期对问题的把握是否准确，对指导思想的认识是否科学，解决问题的方式方法是否合适，等等。

关于马克思主义中国化的基本规律，学界概括普遍类似于马克思主义中国化基本经验。④许多论者认为应当从"结合"上把握马克思主义中国化的规律。⑤有的把学界关于基本规律的认识概括为"七律"，即结合律、斗争律、与时俱进律、实践律、创新律、时代律、民族律。⑥这些看法难以令人信服。可以考虑这样解决问题：先厘清规律

---

① 石仲泉：《略论马克思主义中国化的基本经验》，《中国特色社会主义研究》2007年第4期；汪信砚：《新世纪马克思主义中国化研究述评》，《马克思主义研究》2008年第3期；柳国庆：《马克思主义中国化历史经验研究》，浙江大学出版社2006年版，第244—257页；李楠：《中国共产党推进马克思主义中国化的基本经验》，《江汉论坛》2008年第7期。

② 张静：《马克思主义中国化基本问题》，南开大学出版社2010年版，第215—230页。

③ 包心鉴：《新中国60年马克思主义中国化的基本经验》，《理论视野》2009年第11期；石云霞、陈曙光：《新中国60年来马克思主义的历史经验》，《理论视野》2010年第1期。

④ 莫岳云、蔡蓉：《近十年来马克思主义中国化规律性研究述评》，中国论文联盟http://www.LWLM.com2009.6.4；梅荣政：《马克思主义中国化的三个基本问题》，《毛泽东邓小平理论研究》2008年第5期。

⑤ 梁柱：《中国共产党90年的根本性经验》，《毛泽东邓小平理论研究》2011年第2期。

⑥ 高建中、孙嵩：《论近年来马克思主义中国化基本规律》，《运城学院学报》2008年第3期。

与经验的关系，规律可以理解为具有普适性的经验；再思考马克思主义中国化进程中哪些历史经验具有普适性。可以考虑把"实事求是"作为马克思主义中国化的根本经验①。把其中的"实"作动词解②。通俗地说，就是要搞清楚中国不同时期要做的事，运用马克思主义立场、观点和方法研究这些事，做好这些事。

（三）关于马克思主义中国化的内涵和实质

关于马克思主义中国化的内涵和实质，学界的表述主要有两类：一类是用诸多的"化"排列组合。如具体化、民族化、时代化、大众化等③；具体化、民族化、现代化、实践化④；特色化、具体化、民族化、当代化、大众化⑤；具体化、民族化和本土化⑥；时代化、本土化与中国化⑦；具体化、民族化、新鲜化⑧；本土化与时代化⑨；具体化、民族化⑩；

---

① 贾建芳：《新中国 60 年来马克思主义中国化的根本经验》，《理论视野》2010 年第 2 期。

② 周为民：《"实事求是"的"实"是动词》，《学习时报》2005 年 1 月 10 日。

③ 张国宏：《马克思主义中国十论》，浙江大学出版社 2010 年版，第 15—25 页。

④ 宋士昌：《马克思主义中国化通论》，山东人民出版社 2010 年版，第 2—3 页。

⑤ 邓剑秋：《马克思主义中国化思想》，人民出版社 2009 年版，第 10—11 页。

⑥ 汪青松：《马克思主义中国化与中国化的马克思主义》，中国社会科学出版社 2004 年版，第 2、4 页。

⑦ 林建华：《马克思主义的时代化、本土化与中国化》，《中共天津市委党校学报》2008 年第 4 期。

⑧ 中共中央文献研究室毛泽东研究组：《"毛泽东邓小平与马克思主义中国化"理论研讨会纪要》，《毛泽东邓小平理论研究》1999 年第 1 期。

⑨ 窦凌、郭磊：《本土化与时代化：推进马克思主义的双轮》，《学术论坛》2010 年第 9 期。

⑩ 刘昀献：《推进马克思主义中国化、时代化、大众化》，中广网 2009 年 11 月 18 日。

民族化、文化化①；民族化、大众化、实践化、经验化、理论化②；具体化、民族化、通俗化③；等等。2009 年党十七届四中全会《决定》首次提出了"马克思主义中国化、时代化、大众化"，学界的相关研究开始集中到这"三化"上，出现了大批著述，主要论述"三化"提出的必要性、内涵、三者关系（多认为是"一主两辅"，各有侧重④）。另一类是用"结合论"来表述的，有"一层涵义说"、"二层涵义说"、"三层涵义说"、"四层涵义说"、"多层涵义说"等⑤。"二层涵义说"，即既坚持和运用马克思主义解决中国问题又形成中国化马克思主义⑥，比较普遍。关于马克思主义中国化的实质，只有少数论者论及，主要有"适合"论、"结合"论、"过程"论、"多含义"论、"使马克思主义在中国具体化"⑦。实际上，多是"内涵"与"本质"不分。

　　马克思主义中国化的内涵和实质是个基础性问题，应当形成共识。其实，在最初提出来时是很清楚的。经过长期以来的阐释、解读，反而被稀释、虚化、淡化了。因此，需要通过清理以返本开新。

---

① 李海荣：《从文化认同到实践契合：马克思主义中国化的现实过程》，《学术论坛》2002 年第 3 期。

② 梅荣政：《马克思主义中国化的三个基本问题》，《毛泽东邓小平理论研究》2008 年第 5 期。

③ 倪德刚：《马克思主义中国化研究》，中央文献出版社 2009 年版，第 59—62 页。

④ 张静：《马克思主义中国化基本问题》，南开大学出版社 2010 年版，第 215—230 页。

⑤ 参见李安增主编：《马克思主义中国化研究》，中央编译出版社 2009 年版，第 19—25 页。

⑥ 顾海良：《马克思主义中国化史论要》，《马克思主义研究》2009 年第 11 期。

⑦ 袁辉初：《论马克思主义中国化的实质》，《马克思主义研究》2006 年第 2 期；陈占安：《"马克思主义中国化"的科学内涵》，《思想理论教育导刊》2007 年第 1 期；陆昱：《"马克思主义中国化何以可能"的何以可能》，《学术论坛》2009 年第 1 期。

清理的思路是：回到毛泽东最初提出命题的历史环境中，深刻领会其内涵和本真精神。

毛泽东1938年在党的六届六中全会上的那个经典表述①，揭示了马克思主义中国化的内涵。这个表述显然很婉转，放在当时的历史背景下我们就能感受到毛泽东所承受的压力和压不住的精神，它分明表达了毛泽东为代表的中国共产党人"去苏联化"的决心和独立自主的精神、反对教条主义（一些论者研究了党内反对教条主义的意义②）的勇气和开拓创新的精神。1942年，毛泽东在《反对党八股》中讲："'化者'，彻头彻尾彻里彻外之谓也；有些人则连'少许'还没有实行，却在那里提倡'化'呢！所以我劝这些同志先办'少许'，再去办'化'，不然，仍旧脱离不了教条主义和党八股，这叫做眼高手低，志大才疏，没有结果的。"③ 这就进一步阐明了马克思主义中国化中"化"的含义，即创新。从当时毛泽东的思想看，独立自主、开拓创新，就是马克思主义中国化的实质。新民主主义论，就是马克思主义中国化的光辉典范。懂得新民主主义论，就能理解什么是马克思主义中国化的内涵和实质。

当时对阐发和宣传马克思主义中国化作出了杰出贡献的理论家艾思奇对此进行了很好的解读。他强调运用马克思主义立场、观点、方法研究和解决中国问题，"而不是在于从名词上来争执什么才叫做

---

① 《中共中央文件选集》第 11 册，中共中央党校出版社 1991 年版，第 658—659 页。

② 《马克思主义中国化和当代化问题——访龚育之》，《人民日报·海外版》2005 年 4 月 4 日；邱守娟：《马克思主义中国化的历史经验》，《毛泽东邓小平理论研究》2005 年第 10 期；陈荣明、李俊奎：《马克思主义中国化与中国化的马克思主义》，《沈阳师范大学学报》（社会科学版）2009 年第 3 期。

③ 《毛泽东选集》第三卷，人民出版社 1991 年版，第 841 页。

'化'，什么不是'化'的问题"①。强调"这里就一定有'化'的意思，也就有'创造'的意思"②。

二、关于 20 世纪 20—40 年代的马克思主义中国化

20 世纪 20—40 年代的马克思主义中国化是开创性的卓有成就的，在整个马克思主义中国化历程中具有极其重要的地位和影响。正是在这一时期，马克思主义中国化逐步成为全党的共识和自觉行动。学界的研究成果很多，基本上反映了那 20 多年马克思主义中国化的全貌，对我们今天推进马克思主义中国化进程、深化马克思主义中国化研究具有多方面的启示。

（一）关于中国共产党领导人的马克思主义中国化思想

中国共产党早期领导人一开始就不是从纯粹学术意义上接受马克思列宁主义的，而是把马克思列宁主义作为解决中国大问题的思想武器。因此，一开始就有一些人或多或少地注意到把马克思主义与中国的实际情况结合起来的必要性了，李大钊、张太雷、恽代英、瞿秋白、毛泽东等人在马克思主义理论与中国实际、共产国际的纲领与各国特点间的关系问题上，提出过比较清醒的看法。1935 年以后，中共领导层的改变、第一次远离共产国际的指导、共产国际指导方针的调整等，为中国共产党人大胆的独立的探索创造了条件，马克思主义

---

① 《艾思奇全书》第 2 卷，人民出版社 2006 年版，第 774 页。
② 《艾思奇文集》第 1 卷，人民出版社 1981 年版，第 481 页；《艾思奇全书》第 2 卷，人民出版社 2006 年版，第 774—775 页。

中国化的问题就提上议事日程。在当时的氛围下，就连王明也说将马列主义具体应用于中国是完全对的。正是在这样的背景下，1938 年 10 月党的六届六中全会上，毛泽东正式提出了"马克思主义中国化"的概念，并得到其他领导人的赞同。①

研究成果表明，马克思主义中国化命题的提出、思想的形成和实践的推进等，经过了一个逐步成熟、明朗的过程，是中国共产党的集体创造，是全党的共识。当然，在这个过程中，毛泽东从各个方面作出了杰出的贡献。在此不赘述。

（二）关于社会思潮和理论论争对马克思主义中国化的推动

许多知识分子以救亡图存为己任，在最初介绍、分析、评论马克思主义时，普遍着眼于解决中国问题。正如有论者所说："要把马克思主义与中国实际结合起来的想法，早在中国先进知识分子接受马克思主义之初就已经提出来了。""社会思潮中出现的问题，提出了马克思主义中国化的问题域，中国的马克思主义者在应对和解答这些问题中开拓了马克思主义中国化的领域"②。

从五四运动前后开始，中国社会政治思想处于异常激烈的变异、动荡、融合与分化之中，出现了西方文化与民族传统文化的关系"体"与"用"之争、1919 年问题与主义之争、20 世纪 20—30 年代中国

---

① 杨奎松：《马克思主义中国化的曲折进程》，腾讯网 2010 年 7 月 29 日；鲁振祥：《"马克思主义中国化"解读史中若干问题考察》，《中国特色社会主义研究》2006 年第 1 期；张静如：《关于"中国化"》，《党史研究与教学》2006 年第 5 期；张静如：《马克思主义中国化与毛泽东思想》，《新视野》2003 年第 6 期。

② 黄志高：《三民主义论战与马克思主义中国化》，北京师范大学出版集团、安徽大学出版社 2010 年版，第 3—4 页。

基本国情之争、20 世纪 30—40 年代"三民主义"之争、马克思主义中国化之争，等等。有些论者阐明了那时马克思主义中国化在理论层面与政治层面的互动关系①。就像有学者说的那样，当时整个知识界都弥漫着一种浓厚的"民族化"、"中国化"、"现实化"的氛围。这里不再有五四时期"世界化"的旗号，不再有担心"中国人要从'世界人'中挤出去"的忧惧，不再有"同浴于世界文明之流"的歌唱。有的是"中国化"、"中国魂"、"中国味"、"中国精神"、"中国风格"、"中国气派"。②"马克思主义中国化"就是在这种背景和氛围下开展起来的。

　　研究成果表明，当时那些相当有学术价值的论争是马克思主义中国化过程中的重大事件，为领袖人物提出马克思主义中国化的命题和思想作了理论准备。

（三）关于联共（布）和共产国际与马克思主义中国化

　　有论者从中共与苏联、共产国际的错综复杂关系中考察马克思主义中国化，不仅指出了苏共和共产国际对中国革命的消极影响，也肯定了列宁领导的共产国际对于马克思主义中国化的推动作用。③有论者认为，提出马克思主义中国化首先是针对马克思主义"俄国化"而言的。④ 外国学者施拉姆认为，毛泽东提出马克思主义中国

---

① 李方祥：《二十世纪三四十年代"学术中国化"与"马克思主义中国化"的思潮互动》，《中共党史研究》2008 年第 2 期。

② 冯崇义：《中国抗日战争时期的中国化思潮》，《开放时代》1998 年第 2 期，转引自陈亚杰：《当代中国意识形态的起源》，新星出版社 2009 年版，第 218 页。

③ 杨奎松：《共产国际与中国共产党真实关系》，《北京日报》2011 年 5 月 16 日；杨奎松：《马克思主义中国化的历史进程》，河南人民出版社 1994 年版，第 364—410 页。

④ 李秀亚：《"马克思主义中国化"命题的历史发展轨迹》，《湘潭师范学院学报》（社会科学版）2004 年第 2 期。

化表达了一种民族尊严和民族精神。他说："中国化的概念是一种象征，面对共产国际那种盛气凌人的态度，它伸张了中国的民族尊严；……"①"毛泽东在 20 世纪 30 年代末提出的种种概念中，最直率、最大胆地体现了他关于中国革命的独特性以及中国人需要以他们自己的方式解决他们自己问题的信念的，莫过于'马克思主义的中国化'了。"②"毛泽东的目标是，中国的共产主义运动要达到完全独立，并具有自己的特别适合中国情况的思想体系。"③有些论者认为共产国际的解散有利于实现马克思主义中国化。④还有一些研究成果⑤提供了马克思主义中国化的国际背景。

毛泽东曾说："第三国际前后两段还好，中间有一大段不好：列宁在世的时候好，后来季米特洛夫负责的时候也较好。"⑥无论从正面看还是从负面看，共产国际对马克思主义中国化的提出都具有直接关系。需要大力推进这方面的研究。

---

① ［美］斯图尔特·R.施拉姆：《毛泽东的思想》，田松年、杨德译，中国人民大学出版社 2005 年版，第 64—65 页。

② ［美］斯图尔特·R.施拉姆：《毛泽东的思想》，田松年、杨德译，中国人民大学出版社 2005 年版，第 71 页。

③ ［美］斯图尔特·R.施拉姆：《毛泽东》，红旗出版社 1987 年版，第 190 页。

④ 鲁振祥：《"马克思主义中国化"解读史中若干问题考察》，《中国特色社会主义研究》2006 年第 1 期。

⑤ 李卫红、徐元宫：《共产国际为什么支持毛泽东为中共领袖》，《学习时报》2011 年 1 月 12 日；曹木清：《共产国际对中国大革命的功过是非》，《湘潭大学学报》(哲学社会科学版) 2009 年第 6 期；徐玉凤：《共产国际与抗日战争全面爆发前后中共建国目标的调整 (1935—1938)》，《东岳论丛》2009 年第 12 期；苏杭：《中共处理与共产国际关系的经验教训及影响》，《中共党史研究》2004 年第 6 期。

⑥ 《毛泽东文集》第 7 卷，人民出版社 1999 年版，第 120 页。

（四）关于马克思主义中国化的历史局限

20 世纪 20—40 年代马克思主义中国化和马克思主义中国化研究都积累了丰富的经验，同时也不可避免地带有那个时代和环境的历史局限性。

有论者指出：20 世纪 30—40 年代的"学术中国化"运动由于时代条件的局限，在运用马克思主义的立场、观点和方法等方面，由于受到联共（布）及共产国际的某些不良影响，过分强调学术的意识形态化，从而导致 20 世纪 40 年代"学术中国化"也存在着明显的学理缺陷。[1] 有的认为，斯大林主持编写的《联共（布）党史简明教程》对中共干部的影响是相当大而深远的，迫切需要正本清源。[2] 有的指出：1919 年以后，马克思主义作为一种革命的理论形态，首先是以强调暴力革命与无产阶级专政为主要特色的列宁主义的形式传入到中国来的，中国共产党人头脑中的马克思主义理论和观念被俄国化了。这种情况严重地影响马克思主义中国化的进程。[3] 有的指出，中国共产党人首先接受的是历史唯物主义中关于暴力革命、阶级斗争的理论，导致把阶级斗争理论看成是马克思主义理论的核心和全部，对阶级斗争扩大化有直接影响。[4]

---

[1]　李方祥：《二十世纪三四十年代"学术中国化"与"马克思主义中国化"的思潮互动》，《中共党史研究》2008 年第 2 期。

[2]　侯且岸：《马克思主义中国化与马克思主义的内在联系》，《学习时报》2007 年 1 月 1 日。

[3]　杨奎松：《马克思主义中国化的曲折进程》，腾讯网 2010 年 7 月 29 日。

[4]　张琳：《马克思主义中国化研究的现状分析与思考》，《中共济南市委党校学报》2001 年第 3 期。

综上所述，20 世纪 20—40 年代马克思主义中国化问题从提出到在全党形成共识，是中国共产党历经磨难后的一种自觉创造。知识界、理论界在救亡图存的民族大义面前积极参与这一创造过程，对于马克思主义中国化命题的提出和理论的形成发挥了极大的作用。当然，在那严酷的抗战形势下，因主客观诸多因素的局限，那时在推进马克思主义中国化方面也存在着明显的缺陷，并且延伸到后来。

三、关于新中国前 30 年的马克思主义中国化

新中国成立后，毛泽东仍想把马克思列宁主义的普遍真理和中国革命的具体实践相结合，探索社会主义革命和建设道路，但是没有成功，留下了深刻的历史教训。这一时期的马克思主义中国化研究，主要集中在对毛泽东思想基本内容的大规模宣传阐释及通俗解说上，实际上中断了。目前，学界对这一时期马克思主义中国化的研究仍然薄弱。但是，中共党史和中国历史学界已有一些分量较重的研究成果，可以整合起来梳理。

（一）关于"马克思主义中国化"提法的改变及其原因

毛泽东在党的六届六中全会提出"马克思主义的中国化"前后一段时间，中共中央高层领导人和党的理论工作者不断使用"马克思主义中国化"、"中国化的马列主义"等提法。到 1945 年党的七大时，"马克思主义中国化"成为全党的共识。可是，在 1952 年《毛泽东选集》第二卷出版前，毛泽东把这个提法亲笔改为"使马克思主义在中国具体化"。此后，所有著作、文件、报刊文章等几乎不再出现"马克思主义中国化"，而是用"相结合"。个别人认为不提"马克思主义中国

化"是因为"提法不够科学、准确",已被批驳。肯定"马克思主义中国化"提法的论者也有些分歧。

关于不提"马克思主义中国化"的原因,学界的主流观点是:不提是因为外部压力。改变提法是策略,主要是着眼于中苏关系,避免被误解为民族主义倾向。不提并不等于放弃马克思主义中国化原则。① 另一种观点是:毛泽东很少提"马克思主义中国化",没有确凿证据证明是因为外部压力,而是因为"中国化"不同于"相结合"。

关于"相结合"与"中国化"两种提法,绝大多数论者认为,两种表述的含义是完全一致的②。另一种观点是:毛泽东在 1951 年后提及"马克思主义中国化"三四次,应当少用或不用③。另有论者分析:"相结合"是从思想路线的高度提的,包含了"中国化"的要求。两个提法不是相提并论的,提"中国化"不能取代"相结合"④。

---

① 李君如:《马克思主义中国化的几个问题》,《中共中央党校学报》2008 年第 1 期;鲁振祥:《"马克思主义中国化"解读史中若干问题考察》,《中国特色社会主义研究》2006 年第 1 期;冯蕙:《六届六中全会与马克思主义中国化》,《毛泽东邓小平理论研究》1999 年第 2 期;赵明义:《"马克思主义中国化"与"使马克思主义在中国具体化"辨析》,《当代世界社会主义问题》2003 年第 2 期;郭建宁:《马克思主义:在实践中铸就中国气派》,《中国教育报》2007 年 9 月 9 日;李建勇:《也谈毛泽东为什么改变"马克思主义中国化"的提法》,《党史研究与教学》2008 年第 3 期。

② 《马克思主义中国化和当代化问题——访龚育之》,《人民日报·海外版》2005 年 4 月 4 日。

③ 胡为雄:《毛泽东修改马克思主义"中国化"提法的文本分析》,《理论视野》2007 年第 11 期。

④ 沈宝祥:《再谈"相结合"与"中国化"》,《学习时报》2010 年 6 月 7 日;沈宝祥:《谈马克思主义中国化的几个问题》,《北京日报》2007 年 2 月 26 日。

　　学界在这个问题上的分歧，主要是文本上的。如果把"中国化"、"相结合"两种提法放在当时的历史环境中，就不难看出"外部压力"说是成立的，两种提法实质上是一致的。"马克思主义中国化"的提法的确简明而有思想理论张力，必然被广泛使用。

（二）关于"文化大革命"时期马克思主义中国化的经验教训

　　新中国成立之后的前30年马克思主义中国化经历了曲折和挫折。有论者认为这是两次飞跃之间的阶段，是"第一次飞跃的延伸和第二次飞跃的准备（或酝酿）"[①]。对于这个时期前20年，学界的研究成果很多，基本上有共识。但是，尚需用本学科的视角重新研究、总结。关于"文化大革命"十年，有论者认为是马克思主义中国化的"中断"[②]，有的则认为，用"挫折"来表述更为妥切。[③] 其实，"中断"还是"挫折"，只是文字上的差别。"文化大革命"十年中，尽管也强调"结合"，但是，马克思主义中国化没有进展，而且很混乱，留下了严重的后遗症，已有很多著述总结和反思了其原因。

　　"文化大革命"是在捍卫马克思主义纯洁性的初衷下发动的，然而"明显地脱离了作为马克思列宁主义普遍原理和中国革命具体实践相结合的毛泽东思想的轨道"[④]。有论者指出：毛泽东发动"文化大革

---

① 见北京市邓小平理论和"三个代表"重要思想研究中心编：《马克思主义中国化研究文集》，红旗出版社2006年版，第5页；郑谦：《延伸与准备：1949年至1978年马克思主义中国化的曲折进程与原因》，《中共党史研究》2007年第4期。

② 杨奎松：《马克思主义中国化的曲折与前瞻》，《中共党史研究》1993年第1期；张静如：《关于马克思主义中国化问题的几点想法》，《党史研究与教学》2008年第3期。

③ 龚育之：《马克思主义中国化与"异端"问题》，《北京日报》2006年6月6日。

④ 《三中全会以来重要文献选编》（下册），人民出版社1982年版，第809页。

命"的理论，既违背了马克思主义的基本原理，又严重脱离了中国的国情和世界形势的发展特点，实际上是对马克思主义的教条主义理解和具有经验主义特征的空想社会主义相结合的产物。① 绝大多数论者基本上是围绕是否正确地对待马克思主义、中国国情和社会发展阶段、时代特征和世界发展趋势等方面总结教训的。② 也有论者从不同的角度进行了总结，认为新中国成立后29年未实现第二次飞跃的众多原因中，有两条原因似应引起特别注意，这就是社会主义模式现代化的延误和马克思主义当代化的滞后。③ 还有论者比较全面、深入地分析了"文化大革命"中马克思主义中国化进程中断的主客观原因，认为"马克思主义中国化对于中国共产党人来说是一个极为复杂和困难的历史性课题。它不能不经历种种艰难曲折，并仍将可能经历新的艰难曲折。"④

学界关于新中国成立之后的前30年马克思主义中国化的研究成果虽不多，但是，有些认识是相当有见地的，为进一步研究这个时期的经验教训开拓了思路。加强对这一时期马克思主义中国化的研究，是深刻总结历史经验教训的需要，也是马克思主义中国化连贯性、完整性研究的需要。

---

① 沈传宝：《马克思主义中国化在"文化大革命"中的曲折命运和经验教训》，《中共党史研究》2008年第2期。

② 郭德宏：《近十年马克思主义中国化与中国化的马克思主义研究述评》，《党史研究与教学》2004年第4期。

③ 郑谦：《延伸与准备：1949年至1978年马克思主义中国化的曲折进程与原因》，《中共党史研究》2007年第4期。

④ 杨奎松：《马克思主义中国化的曲折进程》，腾讯网2010年7月29日。

四、关于新时期的马克思主义中国化

论者普遍认为"马克思主义中国化"概念是在邓小平"建设有中国特色的社会主义"命题启示下被重新使用。新时期马克思主义中国化研究取得了丰硕成果。但是，无论是马克思主义中国化的理论与实践，还是马克思主义中国化研究，都还存在着一些问题，需要进一步研究解决。

（一）关于马克思主义中国化的理论成果

学界对新时期马克思主义中国化理论成果的研究，主要集中于对邓小平、江泽民、胡锦涛或者邓小平理论、"三个代表"重要思想、科学发展观等重大战略思想与马克思主义中国化的一般性政治宣传上。其中心思想主要是：这些领导人或他们领导下形成的阶段性成果，对马克思主义中国化都作出了重要贡献，如邓小平开辟了马克思主义中国化的新境界，江泽民将马克思主义中国化全面推向新阶段，胡锦涛继续丰富和深化并且首次提出了"马克思主义中国化、时代化、大众化"，他们都把马克思主义中国化和中国化马克思主义推进到了新阶段。其论证方式，基本上是罗列不同阶段上领导人的创新思想，少有较深层次的理论分析。

关于"中国特色社会主义"的界定，少见，有论者认为"中国特色社会主义是关于中国现代化目标与条件的科学理论"[①]。关于中国特色社会主义理论体系的界定，胡锦涛在 2011 年"七一"讲话中指出：

---

① 周为民：《论中国特色社会主义的性质》，《马克思主义与现实》2010 年第 5 期。

它"是指导党和人民沿着中国特色社会主义道路实现中华民族伟大复兴的正确理论"。尚未见到与此不同的观点。关于中国特色社会主义理论体系，许多论者探讨了其"逻辑结构"，大致有"层次结构说"（三层次说、四层次说、五层次说等）、"板块结构说"（三块、五块、九块、十块、十一块、十二块、十四块等），实际上是把中国特色社会主义理论体系中的若干"条条"装成几个"框框"即"层次结构说"，或者直接码"条条"即"板块结构说"。也有些论者用"论"来建构，如十二论①、十论②；有的认为，理论框架是由理论精髓、理论主题、理论核心、立论基础和基本原理五部分组成③；有认为其内容结构是围绕三个基本问题建构起来的④；也有论者提出以"社会主义现代化"为核心推导出中国特色社会主义理论体系的全部内容⑤。关于中国特色社会主义理论体系与毛泽东思想之间的关系，主流观点持"非包含"说⑥，

---

① 张静如、李向勇：《马克思主义中国化历史进程中的两大理论体系》，《中国特色社会主义研究》2008年第2期。

② 倪德刚：《马克思主义中国化研究》，中央文献出版社2009年版，第336—339页。

③ 秦刚：《中国特色社会主义的理论体系》，《科学社会主义》2007年第5期。

④ 荣开明：《中国特色社会主义理论体系内容结构解读》，《学习月刊》2007年第12期。

⑤ 荣长海：《关于中国特色社会主义理论体系的构建问题》，《理论学刊》2010年第12期。

⑥ 李君如：《马克思主义中国化若干问题研究》，《中共中央党校学报》2008年第2期；徐崇温：《关于中国特色社会主义理论体系的起点》，《中国特色社会主义研究》2008年第2期；张静如、李向勇：《马克思主义中国化历史进程中的两大理论体系》，《中国特色社会主义研究》2008年第2期。

还有"包含"说①、"继承发展"②、"多重关系"说③。关于中国特色社会主义理论体系的三个阶段性成果之间的关系，普遍认为既一脉相承又与时俱进。④也有论者强调，邓小平理论与"三个代表"重要思想和科学发展观等重大战略思想之间是原创和再创的关系。⑤

学界关于新时期中国特色社会主义理论体系的研究成果颇多，但缺乏学理性，没有形成共识，实际上并没有解决中国特色社会主义理论体系的一些基本问题，更不要说前沿问题了。

（二）关于马克思主义中国化与中国传统文化的关系

学界一些论者论述了马克思主义与中国传统文化的关系，多引用张岱年的话⑥。总体上看，论者主要是从马克思主义的文化特质、马克思主义与中国传统文化的共性、20世纪初中国特殊的文化背景、中国共产党的文化自觉、传统文化的现代转换、增强中华民族的文化认同、正视传统文化的落后性和消极影响等方面来论述马克思主义中

---

① 樊宝娥：《毛泽东思想与中国特色社会主义理论体系的关系研究综述》，《厦门特区党校学报》2009年第2期。

② 蒋国海：《中国特色社会主义理论体系与毛泽东思想的内在联系》，《当代世界与社会主义》2008年第3期。

③ 吴怀友等：《毛泽东思想与中国特色社会主义理论体系关系研究述评》，《教学与研究》2009年第9期。

④ 秦刚：《中国特色社会主义理论体系研究》，中共中央党校出版社2008年版，第8页。

⑤ 田克勤：《深入研究中国特色社会主义理论体系的几点思考》，《马克思主义研究》2008年第6期。

⑥ 转引自张允熠：《融会中西马，创造新文化——张岱年晚年文化哲学思想拾贝》，《学术界》2009年第6期。

国化与文化之间的关系。① 有论者把学界关于马克思主义与中国传统文化的关系概括为"相斥"说（因阶级性、党性、时代性、地域性、民族性、功能性等方面的差异）、"相容互补"说、"多元并存"说、"相同相和"说、"取代"说（新儒家）、"西体中用"说、"会通超越"说、"综合创造"说。②

关于马克思主义与中国传统文化的契合性，学界广泛引用的观点是："中国人接受马克思主义，与中国传统文化有密切关系。中国文化中本有悠久的唯物论、无神论、辩证法的传统，有民主主义、人道主义思想的传统，有许多历史唯物主义的思想因素，有大同的社会理想，如此等，因而马克思主义很容易在中国的土壤里生根。"③ 还有一些表述，如现实主义的精神、对群众地位的态度、辩证的思维方式以及理想社会的构想等④；辩证法的思维方式、实用理性的至思路线(实事求是)、以群体为本位的价值取向、"治国平天下"的忧患意识、追求平等与大同社会理想等⑤；实践理性、社会理想、人文关怀⑥ 或者说

① 陈方刘：《论马克思主义中国化的文化根源》，《天府新论》2008 年第 2 期；余品华：《略论"马克思主义中国化"提出的历史原因和契机》，《江西社会科学》2010 年第 6 期；王将：《马克思主义中国化的文化成因》，《西安政治学院学报》2009 年第 4 期；李白鹤：《文化认同与马克思主义中国化》，《江汉论坛》2008 年第 11 期；吴珏：《马克思主义中国化与中国传统文化转型》，《江西社会科学》2007年第5期。
② 李安增主编：《马克思主义中国化研究》，中央编译出版社 2009 年版，第 167—187 页。
③ 张岱年、程宜山：《中国文化与文化论争》，中国人民大学出版社 1990 年版，第 190 页。
④ 张静：《马克思主义中国化基本问题》，南开大学出版社 2010 年版，第 59 页。
⑤ 汪澍白：《二十世纪中国文化史论》，中国青年出版社 1999 年版，第 212—213 页。
⑥ 张国宏：《马克思主义中国十论》，浙江大学出版社 2010 年版，第 49—54 页。

实践理性、社会理想、价值目标①；大同思想、崇实思想、民本思想、大公无私思想、重德思想等儒、墨思想的精华②；非宗教思想、自强不息和经世致用的现世主义精神、大同社会理想③；大同思想、重民思想、维护天下百姓利益的思想④。有的论者强调要十分警惕中国传统文化消极因素渗入马克思主义中国化过程⑤。有的提出既反对文化虚无主义，也要防止文化复古主义⑥。有的认为马克思主义与中国传统文化相融合是变化发展。⑦

　　研究成果表明，马克思主义中国化，无论是从历史进程看还是从理论形态看，都应当实现马克思主义与中国文化的结合、融合、整合，使中国化马克思主义真正成为一种深植于中华民族心理的文化。这个过程需要正确的思路和方法。李锐曾说："不仅是用中国文字翻译马克思的著作，而且用中国文化'翻译'马克思的思想，使中国人特别是知识分子乐于接受马克思主义。"如用"实事求是"这个中国传统文化的表达方式来阐述马克思主义的精髓。⑧这样看来，这个问

---

① 罗本琦等：《马克思主义中国化机制论》，中国社会科学出版社 2007 年版，第 91—155 页。

② 管仕富：《儒、墨思想精华与马克思主义中国化》，《求索》2002 年第 4 期。

③ 周云杰：《从中国传统文化看当代马克思主义中国化的发展路向》，《长春理工大学学报》（社会科学版）2009 年第 5 期。

④ 李鹏、陈立立：《关于传统文化与马克思主义传播的几点思考》，《江西社会科学》2001 年第 7 期。

⑤ 许全兴：《一定要汲取传统文化的精华》，《北京日报》2010 年 9 月 20 日。

⑥ 陈先达：《既要反对文化虚无，也要防止文化复古》，《北京日报》2010 年 9 月 20 日。

⑦ 郑林华：《马克思主义与中国传统文化相融合新论》，《党的文献》2010 年第 2 期。

⑧ 张素华等编：《说不尽的毛泽东（上）》，人民出版社 1993 年版，第 77 页。

题的研究任重道远。

（三）关于马克思主义中国化研究中的问题

　　学界研究马克思主义中国化的历程显示：对第一阶段的研究不足主要是分散，多着力于人物或事件的点，多是史学角度，而思想逻辑线索没有理清楚，对规律性和历史经验的启示挖掘不够，对历史背景的研究和关注不够。对第二阶段的研究一直是薄弱环节。对第三阶段的研究成果极多，但学术研究极其不够。总体上看，缺乏全景式的整体性研究，不同历史阶段的比较研究不力，逻辑贯穿不够。从目前马克思主义中国化研究的现状看，"作为学术的'马克思主义中国化研究'有待深入，而作为学科的'马克思主义中国化研究'亟待规范"。[①]

　　学科建设问题。2005 年"马克思主义中国化研究"成为马克思主义理论学科的二级学科至今，学科体系建设进展不大，尚未成型。学界关于本学科建设的探讨见仁见智[②]，仍不明确、统一，缺乏规范性，亟须探讨、交流，形成共识。这门学科无疑是综合性的，具有特

---

① 侯且岸：《马克思主义中国化研究的方法论思考系列谈（结束语）》，《学习时报》2009 年 1 月 31 日。

② 秦宣：《从整体上推进马克思主义研究和学科建设》，《理论视野》2010 年第 3 期；梅荣政：《着力建设好"马克思主义中国化"这一学科》，《高校理论战线》2006 年第 6 期；孙堂厚等：《马克思主义中国化研究学科建设的相关问题》，《思想理论教育》2008 年第 17 期；陈占安：《"马克思主义中国化研究"的学科定位及研究领域》，《东北师范大学学报》2006 年第 6 期；顾钰民：《"马克思主义中国化研究"学科建设研究述要》，《思想理论教育导刊》2009 年第 11 期；王静如：《关于马克思主义中国化研究学科建设的一点想法》，《党史研究与教学》2009 年第 3 期；杨凤城：《马克思主义中国化研究的学科内涵及其建设》，《思想理论教育导刊》2007 年第 3 期；赵付科：《"马克思主义中国化研究"学科建设研究综述》，《当代世界与社会主义》2010 年第 2 期。

色的视角、研究方法以及对象、范畴、基本原理、理论体系等。

学风问题。一是空泛之风，就是大量著述多是对领导人言论、党的文献的转述，多是粗浅的宣传，而且大同小异，低水平重复。多年前，就有论者警示"别让空谈迷乱了马克思主义中国化"①，"政治层面的中国化已取得重大历史性成果，学术层面的中国化明显滞后，亟待加强"②。二是不正之风，就是在"马克思主义中国化"旗号下"研究"马克思主义某方面理论的中国化，随意性很大，实际上是解构马克思主义，或者是移植某些马克思主义词句，"化"出一些似是而非的东西，甚至是"非马"。这种"研究"歪曲了马克思主义和马克思主义中国化。从事马克思主义中国化研究，首先要"正心"、"诚意"，端正学术品格，其次要搞清楚马克思主义的实质、本真精神，针对"中国问题""化"那个"魂"，这是创造性的工作。

方法问题。目前的研究方法多是"文献资料编纂"法，也有不少是历史、党史的研究方法。总体上看，尚未形成本学科的研究方法。马克思主义中国化研究方法，可以根据列宁的方法形成共识。列宁指出："马克思主义的全部精神，它的整个体系，要求人们对每一个原理只是（α）历史地，（β）只是同其他原理联系起来，（γ）只是同具体的历史经验联系起来加以考察。"③显然，列宁强调历史视野、理论联系和历史经验及其相互联系。这些正是研究马克思主义中国化的历程和基本理论应当确立的方法。只用"问题意识"推动，这个研究

---

① 包心鉴：《别让空谈迷乱了马克思主义中国化》，《求是》2003 年第 24 期。

② 许全兴：《马克思主义中国化的政治层面和学术层面区分》，《理论前沿》2003 年第 18 期。

③ 《列宁全集》第 47 卷，人民出版社 1990 年版，第 464 页。

方法才能灵动起来。

重点难点问题。主要是这样几类：一是历史研究，建立起马克思主义发展史、马克思主义中国化的实践史和思想史、马克思主义中国化研究的学术史。二是"源"与"流"关系研究，阐明马克思主义与中国化马克思主义（或马克思主义与新民主主义论、马克思主义与中国特色社会主义论）的关系、毛泽东思想与中国特色社会主义理论体系的关系，等等。三是整体性、系统性研究，构建中国特色社会主义理论体系和中国化马克思主义的逻辑结构，阐明中国特色社会主义旗帜、道路、制度、理论体系的关系。四是专题深化研究，如马克思主义中国化的创新；政治领袖、知识精英与马克思主义中国化、马克思主义中国化的经验教训，等等。五是开拓性研究，如新时期的社会思潮与马克思主义中国化、新时期马克思主义中国化过程中理论层面与政治层面之间的互动关系，等等。六是生长点和不竭源泉，这就是对中国重大现实问题的关注和研究。这种研究应当体现本学科的特点。

（作者系中共中央党校马克思主义理论教研部教授）

试论中国化进程中马克思主义与中国具体实际结合点的历史演进 | 李海青

"理论在一个国家实现的程度，总是取决于理论满足这个国家的需要的程度"。[①] 源自西方的马克思主义之所以能够在中国近现代的西学东渐中成为显学并最终定于一尊，之所以能够在中国大地扎根、开花、结果，其自身的革命性、科学性固然重要，但更为重要的是因为其契合了近现代中国历史的迫切需要。近现代中国的迫切需要是什么呢？就是实现民族独立与国家解放，建立现代化的民族国家，并在此基础上推进经济的现代化，继而在经济发展的基础上实现人民权益、推进人的发展与幸福。这实际上是一个国家现代化的三步：建立现代民族国家，实现经济现代化，实现人的权利、发展与幸福。所以，马克思主义中国化的逻辑实际上就是中国现代化的逻辑，它服从中国现代化进程的需要。从中国现代化的角度看更容易理解马克思主义中国化在中国近代以来的历史进程中到底要解决什么问题，发挥了何种作用。

---

① 《马克思恩格斯文集》第 1 卷，人民出版社 2009 年版，第 12 页。

现代化的这三步当然不可能同步实现，而是需要在不同历史阶段分别完成的任务。所以，在中国化的过程中，在不同的阶段，针对不同的历史问题与中心任务，马克思主义与中国具体实际的结合就不能不是一个长期的螺旋式上升的过程，就必然会形成不同的主要结合点。在这一过程中，"马克思主义这一活的学说的各个不同方面也就不能不分别提到首要地位"，[①] 并形成既一脉相承又与时俱进的系列阶段性创新成果。

自中国化进程开启以来，在革命、建设与改革的不同时期，阶级斗争、纯粹公有制与计划经济的制度结构、生产力的解放与发展，先后成为马克思主义与中国具体实际的主要结合点。党的十六大以来，更关注于人本身的科学发展开始成为马克思主义与中国具体实际新的主要结合点。纵观整个马克思主义中国化进程，主要结合点的选取既有成功，也有失误。成功与失误并存的渐次结合过程启示我们，要切实推进马克思主义的中国化，就必须解放思想、实事求是，尊重人民意愿，彻底抛弃教条主义的错误倾向而把握马克思主义的理论精髓与精神实质。这种结合的进程同时表明，马克思主义绝不仅仅是一种批判性与革命性的学说，其不仅能够指导人们摧毁一个旧世界，更是一种建设性与发展性的学说，能够指导人们建立一个美好幸福的新社会。

一、新民主主义革命时期的"结合点"：阶级斗争

鸦片战争后，中国沦为了半殖民地半封建国家。为摆脱这种任人

---

① 《列宁全集》第20卷，人民出版社1989年版，第185页。

宰割的状态，国内的各种政治势力，从清政府的洋务派、维新派到民族资产阶级的革命党人都先后做了种种努力，发起了各种运动，力图从器物与制度等层面寻求救亡之道，但无一成功。事实证明，如果不首先在政治上实现变革，有效整合国内各种力量，唤起广大民众建立一个现代意义上的集中统一的独立民族国家，任何其他方面的努力都是缺乏根基的。帝国主义列强对近代中国的战争，实际上并不是现代民族国家之间的对等战争，而是以商品经济为基础、具有现代意义上的政治架构、民众具有现代国民意识、能够集中调配大量资源的现代民族国家与以传统经济为基础、国内各种力量四分五裂、政府缺乏有效整合能力、民众缺乏现代国民意识的传统意义上的国家之间的对决。半殖民地半封建的中国没有维护公民权利、确认公民主体地位、限制国家权力的现代宪法与法律。民众没有政治权利，只是政治的客体而不是主体，形成不了作为主体的所谓现代国民意识，而只能形成浓厚的家族意识，对国家的认同意识非常弱。

这种不同时代、不同性质、不同国民国家间的对决，其结果是不言而喻的。就此而言，建立现代意义上的民族国家，求得民族独立，是当时中华民族所面临的最为迫切的历史任务。通过辛亥革命建立的中华民国，也不是这样一个真正意义上的集中统一的现代民族国家，它对内并没有真正解决军阀割据的问题，对外仍然不得不受制于外国列强。而辛亥革命之所以失败，是因为它依然将民众排除在积极的政治行动之外，没有充分唤起广大民众共同奋斗，而只是依靠少数革命党人的单打独斗。而如果广大民众不被充分唤起，国内的各种力量得不到有效整合，革命就不会成功，一个现代化的中国就不会建成。

而要唤起广大民众尤其是占人口绝大多数的农民来共同奋斗，必须有两个前提条件：一是要有唤起者，二是要有唤起的先进理念。在落后的中国，除了新产生的工人稍微集中一些外，农民是非常分散的，如果没有集中、统一而有力的唤起者、组织者、宣传者，要想把农民充分调动起来并不容易。这就要求首先建立现代政党。另外，中国民众的小农意识根深蒂固，要想建立现代意义上的民族国家，必须对广大民众用先进理念进行宣传教育，这种先进理念只能来自西方，绝不可能产自本土。而在近现代涌入中国的各种西方思潮中，马克思主义对历史规律与人民主体地位的揭示、对落后国家的真挚关切、对建党必要性的强调、对工农联盟及统一战线的重视、对未来社会主义美好图景的描绘，恰恰契合了近现代中国民族独立与人民解放的需要。

中国共产党的成立使得马克思主义中国化具有了理论运用和实践探索的领导力量。1938 年，毛泽东针对党将马克思主义同中国实际相结合还不够自觉的状况，在党的六届六中全会上最先明确提出"马克思主义中国化"的命题。当然，马克思主义作为一个完整而又复杂的理论体系，其各个要素不可能齐头并进地同时移入中国，中国社会自身的实践需要决定了这一理论体系的哪一部分将会首先被关注、聚焦并为我们党所熟悉和掌握。在新民主主义革命时期，马克思主义理论体系的哪一部分对于中国革命发挥了决定性的指导作用，最为成功地实现了中国化呢？革命的形势与任务凸显了马克思主义的阶级观点与阶级分析方法。阶级斗争成为了这一时期马克思主义与中国具体实际的自觉结合点。

实际上，党对阶级观点与阶级分析方法的熟练运用，正是新民主主义革命阶段马克思主义中国化能够取得成功的关键与奥秘所在。毛泽东在《关于农村调查》中谈到自己接受马克思主义的经过时曾说："记得我在一九二〇年，第一次看了考茨基著的《阶级斗争》，陈望道翻译的《共产党宣言》，和一个英国人作的《社会主义史》，我才知道人类自有史以来就有阶级斗争，阶级斗争是社会发展的原动力，初步地得到认识问题的方法论。可是这些书上，并没有中国的湖南、湖北，也没有中国的蒋介石和陈独秀。我只取了它四个字：'阶级斗争'，老老实实地来开始研究实际的阶级斗争。"① 现在看来，这个认识有些简单化。将《共产党宣言》等的内容仅仅归结为"阶级斗争"，认为阶级斗争是社会发展的原动力，这些说法都不够准确。但他在当时中国的语境下将马克思主义主要归结为阶级斗争，的确抓住了革命战争年代中国社会问题的根本与症结所在，即残酷的阶级压迫与激烈的阶级矛盾。仔细阅读毛泽东的著作，这种思维方式与分析方法贯穿于这一时期其整个的思想理论之中。比如，《毛泽东选集》第一卷的开篇即《中国社会各阶级的分析》。其中毛泽东运用阶级分析方法，将区分敌友视为革命的首要问题，并就革命的领导力量、革命的敌人与朋友作了精彩的阐述。

只有以阶级理论和阶级分析方法为钥匙，才能更好地理解新民主主义革命为什么会采取在农村进行土地革命，以农村包围城市，武装夺取政权的道路。之所以要采取这样一条革命道路，一方面是因为革命的必要性。中国工人阶级力量相对弱小，而农民占据人口的大多数，只有真正依靠农民，发动广大农民为革命主力军，中国革命才有胜利的希望。另一方面，农村包围城市的革命道路，不仅具有必要

---

① 《毛泽东农村调查文集》，人民出版社 1982 年版，第 21—22 页。

性，也具有可能性。一种可能因素是军阀的分裂与内战。在《井冈山的斗争》中，毛泽东指出工农武装割据能够存在的一个重要原因是"在于中国有买办豪绅阶级间的不断的分裂和战争。只要买办豪绅阶级间的分裂和战争是继续的，则工农武装割据的存在和发展也将是能够继续的。"①另一种可能因素是通过土地革命就有可能唤起广大农民参加革命。广大农民的坚决拥护与支持就使得建立农村革命根据地，实行农村包围城市具有了最大的可能基础。

正是在马克思主义阶级理论与阶级分析方法的指导下，并依据社会基本矛盾等唯物史观的其他原理，在深入研究中国国情、中国革命的特点与规律的基础上，以毛泽东为代表的中国共产党人才系统阐述了新民主主义革命的总路线、基本纲领和基本经验，精辟论证了党在这一时期的政策和策略，指引中国革命走向胜利。

这样，在新民主主义革命时期，以逐渐成熟的中国共产党为领导核心，以阶级斗争为主要结合点，马克思主义中国化实现了第一次历史性飞跃。在反抗外来侵略尤其是抗日战争中，在反对国民党大地主大资产阶级的斗争中，广大民众的爱国热情与反帝反封建意识被充分唤起、现代民族国家观念逐步确立，备受欺凌、一盘散沙的旧中国终于被有效整合成为集中统一的人民当家做主的社会主义新中国——一个现代意义上的民族国家。"新中国"之所以"新"，就在于其已经是一个现代意义上的集中统一的民族国家。如果不建成这样一个集中、独立、统一的现代民族国家，中国进一步的发展就根本谈不上。

①　《毛泽东选集》第一卷，人民出版社1991年版，第57页。

二、从新中国成立到党的十一届三中全会的"结合点"：纯粹公有制与计划经济的制度结构

新中国建立后，国家完成了对农业、手工业和资本主义工商业的社会主义改造，建立了社会主义制度。按照现代化的逻辑，在现代民族国家建立后，发展生产力、推进经济的现代化就成为根本的任务。中国社会的发展要求马克思主义与中国具体实际必须实现结合点的转移，寻求新的结合点。应该看到，这一时期，党对这一新的结合的任务并不是没有自觉。在社会主义制度确立不久，毛泽东就明确提出要实现马克思主义同我国具体实际的第二次结合，并强调要在结合上下工夫。这一时期，党领导全国人民对社会主义建设道路进行了艰辛的探索，但在结合点的选取上，在发展生产力的方式上存在严重失误。正如邓小平指出的，毛泽东"有一个重大的缺点，就是忽视发展社会生产力。不是说他不想发展生产力，但方法不都是对头的"[①]。纯粹公有制与计划经济的制度结构被视为了马克思主义与中国具体实际的应然结合点。

这一时期，为什么纯粹公有制与计划经济的制度结构被视为马克思主义与中国具体实际的应然结合点？为什么马克思主义与中国实际的第二次结合会遭到重大的挫折与出现严重失误？原因当然是多方面的，但以下几方面的因素不可忽视。

其一，马克思主义创始人本人观点的不当影响。

---

① 《邓小平文选》第三卷，人民出版社 1993 年版，第 116 页。

在马克思主义的经典著作《共产党宣言》中，马克思恩格斯对剥夺私有制、实现公有制的进程作出了过于乐观的估计，认为当时资产阶级和无产阶级的斗争已接近决战时期，资本主义的灭亡和共产主义的胜利已经是有待实现的近景。他们多次强调："资产阶级再不能做社会的统治阶级了"，"资产阶级不能统治下去了"，"社会再不能在它统治下生存下去了。"① 由于《共产党宣言》的标志性地位，它极大地影响了人们对于共产主义的认识。直到 1884 年的《家庭、私有制与国家的起源》中，恩格斯还认为，要实现生产品完全由生产者支配，就必须"以今日人类所获得的对自然的有力支配以及今日已有可能的自由联合为基础，这将是下几代人的任务"② 。由此可见，马克思和恩格斯在较长一段时期内对于共产主义实现的认识都较为理想化，带有较为浓厚的脱离实际的激进色彩。

马克思和恩格斯通过建立公有制急于向共产主义过渡的观点和情绪不能不影响到后来的社会主义国家的建设与发展。不论是苏联还是中国，在社会主义国家建立以后，都在比较短的时间内建立了相当纯粹的公有制与高度集中的计划经济体制，想尽快向共产主义过渡。结果适得其反，欲速则不达。

其二，对马克思主义生产力与生产关系原理还不能做到完全准确理解与灵活运用。

按照唯物史观的基本原理尤其是生产力决定论，在一定生产力基础上，只能建立与之相应的生产关系，而只有生产力发展到相当高

---

① 《马克思恩格斯文集》第 2 卷，人民出版社 2009 年版，第 43 页。
② 《马克思恩格斯文集》第 4 卷，人民出版社 2009 年版，第 129 页。

度才能建立共产主义的生产关系。但是，在马克思主义传入中国以后，在中国革命与建设一段很长的历史时期之内，一种有影响的认识是即使我们经济落后，只要我们通过无产阶级政权的力量建立了公有制，实行计划体制，生产力自然就可以获得迅速持久的解放与发展。换言之，将生产力的长期持续发展视为公有制与计划经济自然而然的结果。马克思恩格斯所说的本来是一种未来的理想的生产关系，我们却把它看成是现在就能用的，这样一种生产关系本来应该是现实生产力发展的结果，我们却把它看做是现实生产力发展的前提。这样，按照这种认识，马克思恩格斯所论述的建立在生产力发达基础上的公有制与计划经济就被当成了现实社会主义的本质特征。这样一种未经反思的认识实际上并不符合马克思主义的生产力决定论。

在建党以前，在马克思主义与其他思潮的论战中，对于社会主义生产关系的这种理解就已普遍存在。比如针对当时张东荪提出的，"救中国只有一条路，一言以蔽之，就是增加富力。而增加富力就是开发实业"①的观点，李大钊指出："中国经济之厄运已至，实业确有振兴之必要。但谓振兴实业而必适用资本主义，其谬已极。""中国不欲振兴实业则已，如欲振兴实业，非先实行社会主义不可"。②陈独秀也认为，由于资本主义生产方式存在自身无法克服的矛盾，所以，当时中国"只有采用社会主义的生产方法，资本归公，人人都有

---

① 张东荪：《由内地旅行而得之一教训》，《时事新报》1920年11月6日。转引自左玉河：《张东荪传》，山东人民出版社1998年版，第129—130页。

② 李大钊：《社会主义下之实业》，《李大钊文集》第4卷，人民出版社1999年版，第80页。

工作生产底机会，社会上一切生产工具——土地、矿山、机器、房屋等——谁也不能据为己有，谁也不能租给他人收取利益……一切生产品底产额及交换都由公的机关统计调节或直接经营，务使供求相应，不许私人投机营业"，①只有这样才能避免资本主义生产方式的弊端。

　　当然，按照新民主主义革命理论，在当时想完全消灭资产阶级与资本主义，完全建立社会主义的生产方式，没有考虑到新民主主义革命的性质，没有考虑到必须联合资产阶级推翻封建势力与列强势力，所以并不妥当。但是，这种对公有制必然推动生产力发展的认识却是一直到后来很长时间党内绝大多数人都有的一个共识。即使毛泽东的新民主主义论实际上也秉持这种观点。比如，毛泽东在《论联合政府》中虽然提到："有些人怀疑中国共产党人不赞成发展个性，不赞成发展私人资本主义，不赞成保持私有财产，其实是不对的。"②"有些人不了解共产党人为什么不但不怕资本主义，反而在一定的条件下提倡它的发展。我们的回答是这样简单：拿资本主义的某种发展去代替外国帝国主义和本国封建主义的压迫，不但是一个进步，而且是一个不可避免的过程。"③但实际上，毛泽东并没有否定社会主义生产关系对于当时中国社会生产力发展的巨大作用。他在此说得很清楚，提倡发展资本主义是因为资本主义相对于外国帝国主义和本国封建主义的压迫是一个巨大的进步，暗含的意思是这种进步性并非是相对于社会主

---

① 陈独秀：《社会主义批评》，《陈独秀文章选编》中册，三联书店1984年版，第86页。
② 《毛泽东选集》第三卷，人民出版社1991年版，第1058页。
③ 《毛泽东选集》第三卷，人民出版社1991年版，第1060页。

义公有制而言。同时，毛泽东这样讲还有战略的考虑，即在当时的情况下还不可能实现共产党一党执政，而是要和力量更为强大的国民党组成联合政府，尤其还要表明对实行资本主义的美国的态度以争取其支持。换言之，在当时允许资本主义发展，有些"退而求其次"的意思。即使在这种情况下，毛泽东依旧强调，资本主义的发展要受到限制，即不能操纵国计民生，而经济的领导力量是具有社会主义性质的国营经济和合作社经济。这说明，即使在新民主主义论中，毛泽东也是把社会主义的经济形式看成是占主导的，是在国计民生方面比资本主义私有制更有利于生产力发展的。懂得这一点，我们就会明白，为什么新中国成立以后，经过三年经济恢复期，我国很快就实行了社会主义三大改造。实际上，这是符合毛泽东认识的一贯逻辑的。就此而言，在新民主主义论和社会主义改造理论之间没有什么难以理解的不可跨越的鸿沟。两者的一个共同基调就是认为马克思所论述的经济模式本身就会推动生产力发展，除非条件不允许，否则就要尽快实行。

现在看来，这样一种认识的形成一方面和理解本身需要一个过程有关，另一个方面也是由当时中国社会落后的生产力水平所决定的。近现代中国长期缺乏新质的生产力，现代生产力的发展仍处于最初的起步阶段。在这种情况下，新兴经济力量不强，它的决定作用尚无法充分体现，其尚无法展现为生产关系选择的强制力量。既然如此，社会主体自然也就无法直接观察与切实体验这种决定性与强制性。而如果新的生产力越发达，新兴经济力量越强，新生产力所占比重越大、作用越明显，人们想按照自己主观意志改变生产关系就越难，新生产力对生产关系选择的强制作用就表现得越明显。所以，在对生产力的强制作用没有深刻体会的情况下，"一方面，当人们破坏旧世界的时候，已经能够根据马克思主义的基本理论，提出破坏不适应生产力发展需要的生产关系和上层建筑的正确的革命要求，从而使当时的中国革命理论具备了马克思主义理论的性质；另一方面，当人们面对建立新社会的问题时，却又很难基于他们尚未真切理解的马克思主义的生产力决定论，而仍然是普遍地自觉不自觉地基于某种或明或暗的非生产力决定论的传统观念。"① 就此而言，马克思主义在中国的传播与运用过程，并不是一个简单的字面上的学习与理解过程，一个从意识到意识、从观念到观念的过程，而仍然是一个社会存在决定社会意识的过程。马克思主义作为现代工业文明时代的社会意识，一个国家现代工业文明的发展程度往往决定与制约着人们对其的真实理解程度。在这种情况下，由于对生产力决定论尚未形成合理透彻的理解，人们往往不能根据现实实践的发展要求在生产关系方面作出符合国情的自主选择，而更可能陷入教条主义。

其三，苏联公有制与计划经济强大的示范效应。纯粹的公有制与计划经济使得苏联能够集全国之力发展重工业，迅速成为工业强国，并在世界反法西斯战争中作出了重大贡献。尽管其弊端在当时已有所暴露，这种发展模式对于工业经济相当落后的新中国来说仍是极具吸引力的。

其四，在革命胜利、社会主义改造顺利完成与经济发展取得一定成就的基础上，社会主义建设急于求成，犯了急躁冒进的错误。

---

① 王占阳：《新民主主义与新社会主义》，中国社会科学出版社 2006 年版，第 169 页。

三、从党的十一届三中全会到党的十六大的"结合点"：生产力的解放与发展

既然纯粹公有制与计划经济的制度结构在现实中并没有带来生产力的迅速发展而是适得其反，那么，它还是现实社会主义的本质特征吗？我们的这种传统认识是否符合真正的马克思主义呢？在总结历史经验教训的基础上，邓小平深刻地提出了对社会主义以及马克思主义再认识的问题。"什么叫社会主义，什么叫马克思主义？我们过去对这个问题的认识不是完全清醒的。马克思主义最注重发展生产力。……社会主义的优越性归根到底要体现在它的生产力比资本主义发展得更快一些、更高一些，并且在发展生产力的基础上不断改善人民的物质文化生活。如果说我们建国以后有缺点，那就是对发展生产力有某种忽略。社会主义要消灭贫穷。贫穷不是社会主义，更不是共产主义。"[①]正是基于这种认识，邓小平认为，不应再将纯粹公有制与计划经济的传统经济结构视为社会主义的本质性规定，现实社会主义的本质并不是这种经济的结构模式，而是"解放生产力，发展生产力，消灭剥削，消除两极分化，最终达到共同富裕"[②]。换言之，社会主义的本质并非体现在固化的经济结构方面，而是体现在其功能方面。"社会主义的实质和核心，无疑是在它的功能论的方面，而不是在它的结构论的方面。……邓小平的社会主义理论，实质上是功能主义的社会

---

① 《邓小平文选》第三卷，人民出版社1993年版，第63—64页。
② 《邓小平文选》第三卷，人民出版社1993年版，第373页。

主义。……功能主义的社会主义的兴起，实际是 20 世纪世界社会主义理论发展史上的最大革命。"①从功能而非主要从结构的角度来看待社会主义的本质奠定了中国特色社会主义的根本思维逻辑，对中国特色社会主义的进一步发展产生了决定性的影响。可以看到，无论是"三个代表"重要思想，还是以人为本的科学发展观等重大战略思想，实际上所遵循与延续的正是这种功能主义的思维逻辑。这表明马克思主义中国化进程中我们更注意把握马克思主义的精神实质了。

按照这种功能主义的本质观，生产力落后的我们自然处于社会主义初级阶段。基于初级阶段的基本国情，经过持续的探索，邓小平提出了改革开放的基本国策，作出了"社会主义也可以搞市场经济"的重要论断，描绘了小康社会的发展蓝图。既然我们处在社会主义初级阶段，就必须大力解放与发展生产力，在这一时期，生产力的解放与发展构成了马克思主义与中国具体实际的主要结合点，也正是把生产力的解放与发展作为结合点，邓小平才提出要以经济建设为中心，各项工作都要围绕经济建设来进行。比如邓小平当时主要强调围绕经济体制改革来推进政治体制改革，强调的民主主要还是经济民主。1986年 9 月至 11 月的关于政治体制改革的几次谈话，集中体现了邓小平当时的想法："我们政治体制改革总的目标是三条：第一，巩固社会主义制度；第二，发展社会主义社会的生产力；第三，发扬社会主义民主，调动广大人民的积极性。而调动人民积极性的最中心的环节，还是发展生产力，提高人民的生活水平。""我们越来越感到进行政治体制改革的必要性和紧迫性，但现在还没有完全理出头绪。最近我在设

---

① 王占阳：《新民主主义与新社会主义》，中国社会科学出版社 2006 年版，第 16—17 页。

想，要向着三个目标进行。第一个目标是始终保持党和国家的活力。这里说的活力，主要是指领导层干部的年轻化。……第二个目标是克服官僚主义，提高工作效率。……第三个目标是调动基层和工人、农民、知识分子的积极性。"① 由上可知，以经济建设为中心的政治体制改革思路，是邓小平理论的一个重要特征。确实，当时改革的任务就在于确立经济民主，赋予地方与社会以活力。只有社会经济发展了，利益逐渐分化，利益矛盾逐渐显现，社会成员的自主权利意识不断增强，政治民主本身的问题才会被提上日程。

邓小平以经济建设为中心实现了结合点的转移，而以江泽民为主要代表的党的第三代领导集体则进一步突出了以经济建设为中心、加快发展的思想，继续坚持把解放与发展生产力作为马克思主义与中国具体实际的结合点，并结合不断发展的现实创立了"三个代表"重要思想，明确了党在新世纪的任务定位问题，进一步推进了马克思主义的中国化。这一时期，正是由于继续坚持把解放与发展生产力作为结合点，我们党在理论上提出"中国共产党必须始终代表中国先进生产力的发展要求"，在现实中把建立社会主义市场经济体制正式确立为我国经济体制改革的目标。审视这一时期党的理论创新与实践发展，其在整个马克思主义中国化历史进程中的一项极为重要的贡献就是推动马克思主义中国化进入了更为明确、自觉、系统的制度化建构时代。社会主义公有制为主体、多种所有制经济共同发展的基本经济制度的建立，按劳分配为主体、多种分配方式并存的分配制度的确立，尤其是依法治国基本方略的提出等，都是这种马克思主义中国化探索

---

① 《邓小平文选》第三卷，人民出版社 1993 年版，第 178—180 页。

成果制度化的具体表现。而这些制度化成果的取得都与把生产力的解放与发展作为结合点有关系，正是生产力的不断发展与经济体制改革的不断深入，我们才最终确立了基本经济制度和合理的分配制度，而依法治国在很大程度上也是适应市场经济的法治性而提出的。

正是由于坚持以经济建设为中心，把发展视为党执政兴国的第一要务，这一时期中国经济迅速发展，综合国力进一步增强，人民生活水平进一步提高。然而，问题总是与发展相同步。市场经济的建立，从政府到民间都普遍陷入到对财富的渴求之中，不论是政府还是全民，最大限度地追求物质财富似乎成了共同的目标。过度的经济狂热，在实践中实际上形成了一种 GDP 至上的发展模式。以经济建设为中心似乎变成了以经济建设为全部。而这种单纯注重经济增长、单纯注重物质财富的发展方式引发了大量的问题。

一方面，发展的巨大张力日益显现。市场经济体制确立后，由于各个领域发展的不协调、市场经济本身的"马太效应"、权力对于市场的渗透，社会建设滞后等因素影响，这一时期，经济与社会之间、城乡之间、区域之间的发展张力愈益明显，社会成员之间的收入差距不断拉大。尤其是20世纪90年代中期以后，以上诸种趋势更为明显。而这种发展的张力在改革开放之初并没有被我们充分自觉地意识到。比如，邓小平在20世纪80年代中期的谈话中，多次强调现行的发展方式决不会导致两极分化。"坚持社会主义，实行按劳分配的原则，就不会产生贫富过大的差距。再过二十年、三十年，我国生产力发展起来了，也不会两极分化。"[①]"我们现在讲的对内搞活经济、对外开放

---

① 《邓小平文选》第三卷，人民出版社 1993 年版，第 64 页。

是在坚持社会主义原则下开展的。……至于不搞两极分化，我们在制定和执行政策时注意到了这一点。"①"我们的政策是不使社会导致两极分化，就是说，不会导致富的越富，贫的越贫。"② 在邓小平当时的意识中，生产的发展与共同富裕是自然相关的。生产发展了，经济进步了，先富的人和地区带动后富的人和地区实现共同富裕，实现起来应该是没有问题的，最起码难度不大。这时，他还尚未认识到市场经济的启动在现实中国的条件下会导致贫富差距如此迅速地拉大，整个中国社会如此快地表现出两极分化的趋势，他对此尚没有明确的意识。

然而，随着经济商品化、市场化的不断推进，加上其他各种不规范因素尤其是权力因素的影响，贫富差距问题还是逐渐显现。在这种情况下，20 世纪 80 年代末 90 年代初，邓小平开始明确意识到生产发展与共同富裕并不是直接相关的。所以他后来讲，看来发展起来以后的问题不比不发展时少。1993 年 9 月 16 日邓小平在与其弟邓垦的一段谈话中指出："十二亿人口怎样实现富裕，富裕起来以后财富怎样分配，这都是大问题。题目已经出来了，解决这个问题比解决发展起来的问题还困难。分配的问题大得很。我们讲要防止两极分化，实际上两极分化自然出现。要利用各种手段、各种方法、各种方案来解决这些问题。"③ 其实，在这个时期，我们党和国家的政策也注意到了收入分配的调节问题，比如我们党从 1993 年十四届三中全会正式明确起，到 1997 年十五大，到 2002 年的十六大，再到十六届三中全

---

① 《邓小平文选》第三卷，人民出版社 1993 年版，第 138—139 页。

② 《邓小平文选》第三卷，人民出版社 1993 年版，第 172 页。

③ 《邓小平年谱（一九七五——一九九七）》下，中央文献出版社 2004 年版，第 1364 页。

会，就一直强调分配领域效率优先、兼顾公平。当然，我们现在可以批评说应该更注重公平，但实际上相比于 20 世纪 80 年代初中期只注重让一部分人先富起来，提出兼顾公平就表明中央已经认识到这是个问题，这已经是个认识上的进步，只是由于当时将更多精力放在经济发展方面，虽然注意到了问题、也提出了解决理念，但实际工作没有跟上。

另一方面，这一时期，随着市场经济的建立与发展，社会利益关系不断分化、各种利益矛盾日益显性化。这表明，建立健全以公民参与为基础的利益协调机制、诉求表达机制、矛盾调处机制与权益保障机制以整合社会利益矛盾已成为改革与发展的一项重要任务。换言之，与改革开放之初邓小平侧重强调经济民主不同，在这一时期，利益矛盾的整合、政治民主自身的加强实际上已经逐渐成为有待解决的问题。

综合以上分析，在党的十四大到十六大这段时间，发展成就巨大，但各种问题也逐渐显现，并制约着中国进一步的改革发展。

四、从党的十六大至今的"结合点"：关注于人本身的科学发展

针对以往发展导致的各种问题，针对围绕改革的种种争论，以胡锦涛为总书记的党中央紧密结合新世纪新阶段我国改革发展的形势与任务，提出了树立和落实以人为本的科学发展观，构建社会主义和谐社会等重大战略思想和战略任务，将马克思主义中国化进程推进到一个更高的阶段。以人为本与和谐社会理念的提出，是基于对以往发展

方式的反思。经过改革开放 30 多年的经济建设，为什么好不容易经济发展了，社会的矛盾与冲突却日益频繁？为什么 GDP 总量上去了，社会民生的问题却凸显出来？为什么物质财富增多了，社会的道德却日益沦丧？面对现实的问题，经过反思，我们终于认识到，生产力的发展、经济关系的调整、上层建筑的变革虽然都与人的发展有关，但它们都不是目的本身，人本身才是我们发展的最终目的。社会主义建设的真正的目的是广大社会成员的权利、发展与幸福。正是在这种认识基础上，基于改革的内在要求，更关注于人本身的科学发展开始成为马克思主义与当代中国具体实际的新的结合点。这一结合点的转换表明现在中国的改革已经进入了调整、深化的新阶段，必须要确立新的改革思路与观念。当然，这一新的结合并非是对生产力发展的否定，相反其会通过提高社会成员的素质与能力更为有效地推进生产进步，是以人的发展统领经济社会发展，使发展的结果与发展的目标相统一。

这一新的结合点的形成表明在邓小平理论的基础上功能主义的社会主义又获得了新的发展，因而具有极为重要的价值定向意义，同时也是社会主义意识形态的伟大创新。改革开放以前，我们的意识形态直接目标是实现共产主义，带有对马克思主义生搬硬套的色彩，并没有结合中国实际。后来邓小平提出要发展经济，建设小康社会，这当然是马克思主义中国化的一大成果，但小康社会的提法毕竟还是侧重经济方面，还是适应以生产力的解放与发展为结合点这种认识与定位的，作为一个完整的发展蓝图还不是十分恰当。而现在我们党提出要以人为本、建设和谐社会，和谐社会的特征是民主法治、公平正义、诚信友爱、充满活力、安定有序、人与自然和谐相处，其内容不仅全面，且更结合当代中国实际。可以说，在当代中国的语境下，以人为本与和谐社会理念描绘了一幅以社会大众现实生活世界为基础，注重公民权益、推进改革成果共享，具有凝聚力与感召力的社会目标图景。其既体现了马克思主义的价值理念，又与中国具体实际内在结合，可以作为市场经济阶段中国社会主义的发展蓝图。

那么，怎样在改革中切实推进科学发展，实现以人为本呢？党的十七大提出，必须按照中国特色社会主义事业总体布局，全面推进经济建设、政治建设、文化建设与社会建设，促进现代化建设各个环节、各个方面相协调。这种领域的协调推进所体现的正是人的权利的整体性，人的发展的全面性。换言之，以人为本对人的权利与发展的关注不应仅仅体现在生产力的解放、发展与物质财富的积累方面，同样应体现在民主政治建设方面、社会建设与文化建设方面。尤其现在政治体制改革的相对滞后已经在某种程度上制约着改革的总体进程，需要大力推进。政治建设与经济建设、社会建设内在相关。现阶段，寻租腐败的治理、公平市场环境的塑造、利益关系的整合、收入分配的协调、国有企业的改革、社会建设的深入等，都离不开政治体制改革的积极稳妥推进。比如就利益关系的整合而言，现在要整合利益关系就需要各方面的公民参与，表达利益诉求，进行利益博弈，维护自身利益。这就对政治体制提出了进一步改革的要求。相比于社会主义市场经济的确立阶段，新世纪新阶段，政治民主建立健全的要求无疑更为迫切。再比如就收入分配的协调而言，如果民众没有充分的政治权利，就很难对精英阶层尤其是政治精英形成民主的压力，在这种情况下，其本身的社会权利也难以得到更进一步切实有效的保障，收入分配的相对公平化调节也难以实现。在此意义上，民主制度的健全就是库兹涅茨收入曲线出现拐点的政治前提。再比如就国有企业的改革而言，要解决国有企业的垄断问题，就必须加大对国企的监管水平与反垄断力度。而无论哪一种监管形式、哪一项反垄断措施，要真正发挥效力都必须以政治民主的切实推进与政治体制的进一步改革为前提。国企的国有性质，决定了其很难以政企分开的形式完全划清与公共权力的关系——马克思的政治经济学昭示的正是这个道理。既然完全的政企分开不可能，国企带有一定程度的公共权力色彩，那么，对其的监管与制约也必然在很大程度上涵括了对公共权力的监督与制约，因而也就必然属于政治体制改革的内容。我国对国有企业现有的各种监管措施之所以难以取得很大效果，对国有企业反垄断的举措之所以难以落到实处，原因就在于对国有企业的监管与制约不仅仅是一个经济的问题，更深层的是一个政治体制改革与民主体制建立的问题。

五、结　语

综上所述，审视新中国成立以来尤其是改革开放以来的中国化历程，马克思主义与中国具体实际的结合取向是从关注结构转向关注功能，从依据教条转向立足现实，从浅于表面转向把握本质，从关注物到关注人，结合愈益深入、愈益富有成效。当然，要进一步推进马克思主义的中国化，我们还面临着巨大的困难与挑战，还有很长的路要走。而要有效克服这些困难，应对这些挑战，中国化进程中马克思主义与中国具体实际结合点艰辛的历史演进给予我们两点最深刻的经验启示：一是通过社会民主与党内民主的健全完善推进思想解放、切实做到实事求是。"民主是解放思想的重要条件"①，同时也是实事求是的重要保障。民主是避免马克思主义中国化出现重大失误的制度保障。我们以前结合点的选择失误及所遭受的重大挫折，与民主的不健全不完善有极大关系。二是在把握民意的基础上，政治高层必须有极大勇气与决心来积极推进改革，除旧布新。在谋求发展的过程中，每一次结合点的转换实际上都意味着一种整体利益格局的调整，尤其在经济市场化的条件下就更是如此。这种重大利益问题的解决不仅需要高超的政治智慧，同时也需要为亿万人谋利益的勇气与胆识。如其不然，结合点的合理转换就可能迟迟难以实现或正常推进。

时代的发展在未来的历史进程中会推动马克思主义与中国具体实际新的结合，生成新的结合点。每当实现一次结合点的合理转换，中国社会就会向更高的文明程度迈进一步。随着全球化的不断深入，随着中国社会主义市场经济的不断发展与现代化的持续推进，随着中国社会逐步由落后走向先进从而与马克思主义的实践基础逐步接近，随着人们对资本的历史功能与局限性形成越来越清楚的认识，随着人们对马克思主义的社会主义学说理解的逐步深入，作为人类文明的伟大成果并揭示了人类社会发展规律的马克思主义对于中国特色社会主义必将发挥更大的指导作用，马克思主义中国化的前景必将更为光明。

（作者系中共中央党校马克思主义理论教研部副教授）

---

① 《邓小平文选》第二卷，人民出版社 1994 年版，第 144 页。

马克思主义哲学中国化的重要生长点   贺　来
——直面与反思社会生活中的抽象力量

马克思主义哲学区别于传统哲学之处，在于它扬弃了对抽象的形而上学的思辨世界的迷恋，回到了"现实生活世界"，这一点经过众多学者的阐发，已成为耳熟能详的"常识"。作为中国人，需要进一步思考的更为重要的问题是：马克思主义哲学究竟如何才能贴近当代中国人的现实生活世界？它如何成为当代中国人生活的内在需要并推动其实现幸福生活的梦想的思想力量？我们认为，回答这一问题，是今天我们讨论"马克思哲学主义中国化"要面对的重大课题。

贴近中国人的现实世界，最为关键的是贴近中国人的心灵即真正回应中国人的真实渴求和希冀，克服制约中国人进一步发展的现实障碍。马克思曾言："理论只要说服人 [ad hominem]，就能掌握群众；而理论只要彻底，就能说服人 [ad hominem]。所谓彻底，就是抓住事物的根本。但是，人的根本就是人本身"①，而要抓住中国人的

---

① 《马克思恩格斯选集》第 1 卷，人民出版社 1995 年版，第 9 页。

根本，至关重要的是贴近人们的现实关切。只有这样，马克思主义哲学的中国化才能获得其真实的内容与主题，并真正成为内在于中国人的现实生活并推动其跃迁的思想力量。

要做到这一点，一个不可回避的前提性问题就是直面并反思：在现实中支配着中国人生活、使之陷入抽象化的抽象力量是什么？或者说，在中国人追求幸福而有尊严生活的路途中，存在着什么本质性的"神圣"或"非神圣"形象的"自我异化"力量？只有在对这一重大问题的有力回应中，马克思主义哲学才有可能真正切中中国社会现实本身，才能"掌握群众"并"说服人"。

直面统治人的抽象力量，对之进行深入的反省与解蔽，这是马克思主义哲学最富思想穿透力与理论征服性之处。众所周知，马克思是作为现代社会最为杰出的"病理学家"而获得其不朽的思想地位的。作为现代社会最为深刻和最有力的批判者和解剖者，马克思最为重大的贡献就在于揭示了"抽象对人的统治"是时代所面临的最为严峻的挑战，并对这种"抽象统治"的性质、内涵和实质进行了深刻的阐述。在其著作中，他多次明确把"抽象统治人"视为现代社会的根本特征。例如在《德意志意识形态》中马克思说道："在现代，物的关系对个人的统治、偶然性对个性的压抑，已具有最尖锐最普遍的形式"[1]；在《共产党宣言》中，马克思再次表达同样的思想：在资产阶级社会里，资本具有独立性和个性，而活动着的个人却没有独立性和个性。[2] 在《1857—1858年经济学手稿》中，马克思概括道："个人现在受**抽象**统

---

[1]　《马克思恩格斯全集》第3卷，人民出版社1985年版，第515页。

[2]　参见《马克思恩格斯选集》第1卷，人民出版社1995年版，第287页。

治，而他们以前是互相依赖的。但是，抽象或观念，无非是那些统治个人的物质关系的理论表现。"①马克思关于现代社会的这一诊断，对于我们把握现代社会人们的生存状况，尤其对于发挥马克思主义哲学在当代中国的批判反思力量，具有十分重大的意义。

我们认为，马克思对现代社会的这种诊断方式为我们理解和把握包括中国人在内的现代人生存状态提供了思想方法上的指引。在我们看来，当马克思认为"抽象对人的统治"是现代社会人们生存状态的实质时，这并非指出了一个单纯的事实，而是提出了一种理解现代社会生活和人的生存状态的"哲学诠释学"或解释原则，这一点使得它超出了具体历史条件的限制而获得了普遍性的意义。毫无疑问，马克思主要针对的是当时资本主义社会人的生存状况，批判的主要是在资本逻辑统治下人为物役、死劳动对活劳动的统治所导致人的物化与奴役，所揭示的是在此状态下人与自然、人与人、人与自身关系的扭曲和异化。因此，对于马克思所处的历史时代而言，"抽象对人的统治"有其具体的历史内涵和指向性。但在马克思对现代社会人的生存状态的这种诊断中，实质上蕴涵着分析和理解人的生存病症的"诊断方法"和"解剖策略"，这一点超出了具体的历史语境而获得了一般性的指导意义。

在马克思这种对人的生存状态进行诊断的"诠释学"中，包含着对于人的理想生命存在方式的自觉。"抽象"总是对"具体"的抽象，也即对本来是"具体"的存在进行过滤、筛选、蒸馏和化约而导致的扭曲、病态和片面的生存状态。因此，与"抽象对人的统治"相对而

---

① 《马克思恩格斯全集》第46卷上册，人民出版社1979年版，第111页。

言的"具体"的存在方式即人所应追求和创造的理想生存方式。在马克思看来，所谓人的生命的"具体性"，包含如下三个层次的基本含义：首先，它意味着人的生命存在与社会生活内涵的异质性、多重性和全面性，用马克思的话说，就是"已经生成的社会，创造着具有人的本质的这种全部丰富性的人，具有丰富的、全面而深刻的感觉的人"①，就是"**富有**的人和富有的**人**的需要"，而所谓"富有的人"，就是"**需要**有总体的人的生命表现的人"②，这种异质性、多样性和全面性不能还原为和归结为单一的、绝对的抽象原则。其次，它意味着人的生命存在与社会生活的历史性和自我超越性，历史性和自我超越性所表明的是人的"自由性"，表明人不是一个"现成的"存在者，而是一种禀赋生存本性的面向未来的可能性，因此，人的生命存在不能还原和归结为先验的形而上学本质。最后，它意味着人的生命存在总是存在于与"他者"的动态的生存性关系之中，这既体现在与自然也体现在与他人的关系之中，因此，人的生命存在不能被还原和归结为脱离与"他者"关系的、以一驭万的超绝实体。在马克思看来，只有具有上述特性时，才可以说它是"具体"的而非"抽象"的人的生存方式。

同时，它揭示了具体的生命存在何以陷入抽象化的根源。如前所述，人的生命的具体性意味着人的生命的"丰富性"、"超越性"与"开放性"。但如果现实生活中某种绝对的观念和物质力量成为支配着人的全部生活的终极存在，那么，人的生命的丰富性、超越性和开放

---

① 马克思：《1844年经济学哲学手稿》，人民出版社2000年版，第88页。
② 马克思：《1844年经济学哲学手稿》，人民出版社2000年版，第90页。

性就会蜕变成单一性、孤立性、僵化性并因此沦为动物般的存在。这种绝对存在在资本主义社会里主要体现为"资本的逻辑"以及由其支配的抽象观念，但这不意味着它是唯一的表现形态。在不同的历史语境中，它有着不同的表现形态，它或者表现为"资本"，或者表现为"支配一切的行政权力"，或者表现为"资本"与"权力"的内在结合，或者表现为海德格尔所说的"技术形而上学"，或者表现为消费社会弥漫于整个人的生活的"消费符号"……虽然具体表现各不相同，但它们分享着共同的"家族相似"特征。第一，它是社会生活统治人们全部生活的绝对的"终极存在"，是现实生活中最高的、唯一的万能力量，掌控着人的命运、决定着社会生活的基本面貌，主导着人与世界、人与人以及人与自身的关系，构成了一个社会历史阶段的轴心原则。第二，它是吞噬一切、同化一切的同一性和总体化力量，把人的生命中一切丰富的因素、社会生活中的一切内容，都还原和蒸馏为这种绝对和终极的存在。第三，它是一种试图永远维护其统治地位、使现存状态永恒化的"非历史性"的保守力量。由于它把自身当终极的存在，因此，它必然也把自身当成永恒常在的、不可超越的绝对权威，把自己对人的生命的全面统治当做不容改变的"自然权力"，以此为前提，任何试图突破其统治秩序的因素都必须予以同化和压制。

在上述逻辑与原则的支配下，人的生命必然陷入僵化、封闭和单一并因此而成为扭曲、病态和僵化的存在。由于其终极性与绝对性，人成为了一种失去了自由、创造本性的消极被动的"现成存在物"，成为了无力支配自己命运的物化存在。由于其同一性和总体性，人成为了一种完全失去了生命丰富性和全面性的片面而贫乏的抽象存在，它如同吞噬一切的黑洞，把人自由自觉的活动化约和同一化为单一的、片面的机能，这种机能脱离人的其他活动领域并成为人最后和唯一的终极目的，人的机能于是退化为动物的机能。由于其"非历史性"，人自我超越和自我否定能力将遭到完全压抑，人丧失了自我创造和自我超越的欲望和能力而沦为单向度的存在。很显然，这种"人的形象"必然是"抽象化"的、干瘪的幽灵般的存在。

马克思的上述思想对我们具有重大的启示意义。它启示我们：贴近中国人的现实生活，一个重大任务就是批判性地反省我们生活中现实的和潜在的具有上述特性的抽象化力量，并探求超越这种抽象化力量的支配和控制，并在此过程中，努力追求我们的理想生活，这是马克思主义哲学中国化的重要途径。

反思中国社会生活中支配着人们生存状态的抽象力量，可以发现其表现形式呈现出与其他社会具有重大差别的特点。如果说在西方社会，人的生存状态经历了从人的依赖关系到以物的依赖性为前提的个人独立性，到争取"自由个性"等历史阶段，在不同的社会发展遵循着其特有的"轴心原理"，但中国社会生活的进程并不按照这一自然过程展开，而是呈现出一幅由多种原则交叉作用的复杂局面。"人的依赖关系"与"以物的依赖性为前提的个人独立性"，这两种本来有着根本差别的生存特性在中国人的生存状态中内在地纠缠在一起，构成当代中国人生存状态的基本面貌。

人的依赖关系意味着个人独立人格的匮乏，意味着个人从属于在它之上的更大的抽象共同体的支配，甚至他们的人的性质也不为他们的个人所有，而是从依附的群体中获得的。用马克思的话来说，这时的个人只不过是"一定的狭隘人群的附属物"而已。在中国漫长的历史发展中，人被定格于种种宗法等级网络之中，这种个人屈从于共同体的"人的形象"同样表现得十分鲜明。在几千年的中国封建社会，"溥天之下，莫非王土，率土之滨，莫非王臣"，整个社会处处渗透着宗法制度的统治，整个国家就是一个扩大了的家族世系。一个人来到世上，他的身份是前定的，他的性质是他定的，人的阶层等级属性规定着人的生活方式、礼仪习惯、道德规范，个体只能从其所属的等级群体中获得其资格和权力。宗法的人身依附关系使得个人只能以群体的意志为意志，面对神圣的共同体，个人的独立自我是无意义的。"对于皇帝，一切人都是'奴才'（臣）；对于丈夫，妻子也自称奴家（妾）；对于父亲，男子们便自称是'不孝儿'，敢于对天下称'我'的皇帝也不过是天之'子'。"[1] 中国现代哲学家梁漱溟先生说，中国文化最大的特点之一就是个人之不受重视，神圣的事物总是作为大写的、先验性的存在，成为每个中国人顶礼膜拜的对象，个人如同一个祭品，只能奉献于高居其上、巍巍高哉的神圣的祭坛之前。对于今日中国人来说，上述"生存状态"并非"过去时"，而仍然是当今中国人生活的一个重大现实。个人私人生活得不到应有的尊重、公共生活中缺乏对法制的敬畏和尊重、个体的权利与尊严还没有得到充分的伸张与承认、人身依附依然是许多人在社会生活中获得资源和身份的主要手段、"官本位"仍然是我们社会中广遭诟病的现象……所有这些，都从不同角度显现出"人的依赖关系"的生存实情。

人的依赖关系的这种生存状态最为集中地体现于"社会"与"国

---

① 高瑞泉：《人格论》，上海人民出版社1989年版，第182页。

家"没有充分分化，"社会国家化"的倾向仍然有着相当大的影响力。所谓"社会国家化"，指国家凌驾于社会之上，成为支配、主导和干预社会生活的基本力量。马克思曾指出："正是由于特殊利益和共同利益之间的这种矛盾，共同利益才采取国家形式，同时采取虚幻的共同体的形式"①，这即说，"社会国家化"，实际上是以共同体的方式来调节和克服个人的私人利益之间的冲突，在此状况下，"每个私人领域都具有政治性质，或者都是政治领域；换句话说，政治也是私人领域的性质"②，这就意味着，它把本应由自由个人形成的社会等同于国家这一"集群"，而生命个体则被当成从属于这一集群的工具，它强调，国家作为"集群"是独立性的实体，而个人则没有独立性和实体性，它完全依附于集群，是一个"偶性"存在，因此，在价值等级和价值次序上，前者具有绝对的优先性。

很显然，"社会的国家化"实际上正是马克思所说的"行政权力支配一切"，政治关系取代了由具有独立人格的个人组成的社会关系，成为包括人们私人生活和公共社会生活的主宰。直面统治中国人生活的抽象力量，这是不可忽视的重要方面。

但是，在当代中国人的现实生活中，除了上述抽象力量的作用之外，还存着另一种抽象力量，那就是"资本的逻辑"对中国人的私人生活、公共生活以及精神生活所具有的全面的渗透力与支配力。这使得"以物的依赖性为前提的人的独立性"成为主宰我们生存状态的又一面相。

---

① 《马克思恩格斯文集》第 1 卷，人民出版社 2009 年版，第 536 页。
② 《马克思恩格斯全集》第 3 卷，人民出版社 2002 年版，第 42 页。

相对于前述的人的依赖状态以及把全部社会关系归结为政治关系，"资本逻辑"的出场具有解除共同体对个人的束缚，使个人在更为广泛的社会空间里更加充分地发挥自己的主体性和能动性，实现自身价值的解放作用。它使个人能够在更加宽广的社会联系中运用社会总体的实践能力，把一切他人包括前人创造的社会共同财富变成自己可以享用的财富，并以此巨大地推动了个体人格的独立。而且，它打破了人与人之间先天强制性的人格从属的等级关系，不再依靠抽象的共同体来调节私人利益之间的冲突，而是通过市场经济的调节机制来自主调节人们的利益关系，从而使人与人之间在人格、权利等方面有了更多的平等。应承认，对于中国人的生命存在和中国社会来说，这是一次巨大的历史进步。但是，不容忽视的是，在今天中国人的现实生活中，"资本的逻辑"在很多领域和方面已经成为一种霸权性的、绝对的控制力量，由于这种霸权性与绝对性，它导致了人的生命存在和人与人关系的片面化与抽象化，并因此而成为统治和支配着中国人生存状态的抽象力量。

"资本逻辑"对中国人生活所具有的这种作用，我们只要认真观察就不难感受到。在今天中国社会生活的很多方面，一切"价值"都还原和等同于市场"价格"，人的生命的丰富的因素，社会生活中的复杂内容，衡量其存在价值的唯一标准就是"交换价值"。在此条件下，在许多人那里，真、善、美、艺术、尊严、人格等，如果不能被换算为市场价值，就等于失去了存在的意义。马克思的描述在不少中国人的思想和生活中成为了现实："谁能买到勇气，谁就是勇敢的，即使他是胆小鬼……从货币持有者的观点看来，货币能把任何特性和任何对象同其他任何即使与它相矛盾的特性或对象相交换，货币能使冰炭化为胶漆，能迫使仇敌互相亲吻"①。它的基本逻辑是：只要是可以"买来"的，就是有"价值"的，只要支付货币，一切便都是可能的。对此，我们只要稍加关注，就能在中国社会生活中找到无数的事例。而且，在当今许多中国人的生活中，"资本逻辑"以及由此所导致的对金钱和物的崇拜使得人们对许多事物的评价和判断产生了根本性的颠倒与错乱，"把坚贞变成背叛，把爱变成恨，把德行变成恶行，把恶行变成德行，把奴隶变成主人，把主人变成奴隶，把愚蠢变成明智，把明智变成愚蠢"，这一切，如同传说中的巫师，把"一切人的和自然的特性变成了它们的对立物"，真正的价值在此变成了非价值，而非价值的东西在此反而以价值之物的面目出现，黑的变成白的，丑的变成美的，卑贱变成尊贵，懦夫变成勇士，而在这一切背后呼风唤雨的就是"资本逻辑"。"资本逻辑"在中国人生活中所扮演的这种角色，表明它已成为一种不可忽视的抽象力量，使许多人在"物化"的泥淖中难以自拔。

以上我们分别指出了支配一切的"行政权力"与"资本逻辑"作为抽象化的力量对中国人生活所具有的重大塑造作用。事实上，正如前面已经指出的，这两种抽象力量在中国社会生活中是内在纠缠在一起的。"权力"与"资本"相互利用和相互转化，一方面，"资本"利用"权力"使自身获得远远超越单纯的市场竞争所获得的利益；另一方面，"权力"则通过与"资本"的交易来使自身获得额外的回报。这种相互利用和转化，从社会学的意义上，是社会生活中种种"权钱交易"的腐败行为的根本原因；在政治学的意义上，是"权力精英"

---

① 《马克思恩格斯全集》第42卷，人民出版社1979年版，第155页。

与"经济精英"的结盟，生成社会的"权贵特权阶层"并因此导致社会的种种"不公正"现象；在哲学的意义上，是经济权力与政治权力这两种社会生活中最为重要的"操舵媒介"对"生活世界"的殖民化。

以"行政权力支配一切"为核心的人的依赖关系状态，以"资本逻辑"为核心的以物的依赖性为前提的人的独立状态以及二者的相互结合所形成的支配力量，构成影响着我们生活的既相对独立又密切相关的因素。发挥马克思主义哲学直面统治人的抽象力量的反省批判精神，清醒地对之进行深入分析和解剖，并以此推动我们对自身生存状态的自我理解和自我认识，马克思主义哲学中国化将因此获得真实的动力。

首先，通过对此课题的深入反思，马克思主义哲学在中国将获得鲜活的、贴近人们心灵的问题意识，并确立与中国社会生活最为真切和深入的结合点。马克思主义哲学的中国化要成为可能并不断深化，一个重大前提是寻求和获得与中国社会生活的结合点。回顾历史，毛泽东思想之所以能成为马克思主义哲学中国化的重大成果，一个关键点即在于它把马克思主义的基本原则和思想方法与中国的革命实践统一起来，确立了革命年代马克思主义哲学与中国实际的内在契合点。在今天，我们要继续推进马克思主义哲学中国化的进程，就必须在新的历史条件下和新的语境中寻求这种新的契合点。在我们看来，要获得这种契合点，必须回到中国人的生存状态和现实生活世界，诚实地追问我们的问题与希望。而反省和追问影响和支配着中国人生活的抽象力量，正是达成这一点十分重要的途径。通过这种反省和追问，一方面我们能充分发挥马克思主义哲学直面统治人的抽象力量的批判精神；另一方面又能把这种批判精神运用和体现到中国社会生活的现实中，从而既保持和发挥马克思主义哲学的思想特质，又使这种思想特质在中国现实中获得了充实的内容与主题。马克思主义哲学由此真正实现了与中国社会生活的"接轨"，从此出发，马克思主义哲学真正进入到了中国人生活最为深刻的层面，触及了中国社会最牵动人心的生活实情，回应了中国生活面向未来所迫切需要面对与解决的重大课题，从而为马克思主义哲学的中国化提供可靠而坚实的途径与渠道。

通过对此课题的深入研究，马克思主义哲学将成为在中国特殊语境中寻求其现代性建构的特殊道路的重大思想支持。正如笔者在其他文章中讨论过的，现代性的反省是马克思主义哲学纵深推进的生长点①。这一点具体落实到中国语境中，实际上就是要回答：中国现代性所面临的特殊课题究竟是什么？中国现代性建构的核心理念和发展方向究竟是什么？如果能对这些问题作出有力的回答，马克思主义哲学就能真正成为推动中国特色的社会主义探索的思想武器并因此获得创造性的发展，马克思主义哲学的中国化也将因此水到渠成地结出丰硕的果实。而要回答这些问题，很显然，就必须对以上影响和支配着中国人生存状态的抽象力量进行批判性的反省。从以上分析我们实际上可以看出，人的依赖关系和以物的依赖为前提人的独立性两种抽象力量以及二者的相互纠缠，所体现的其实正是中国区别于西方现代性的特殊性，表明的是中国现代性在历史语境、现实内涵、根本矛盾等方面所具有的特殊性，对之进行批判性反省，实质就是对中国现代性进行深度解读和探索。而这种解读和探索，是寻求我们克服和超越中国

---

① 参见贺来：《现代性的反省与马克思哲学纵深推进的生长点》，《求是学刊》2005年第3期。

现代性的特殊矛盾，在一个新的基础上探索不同于西方的中国现代性特殊道路的基本前提。今天，我们所提出的全面、协调和可持续发展为核心内容的"科学发展观"，在实质上正是针对中国现代性的特殊矛盾对中国现代性特殊道路所作出的正面回应。也正因为此，我们才把"科学发展观"称为马克思主义哲学中国化的重大成果。

通过此课题的研究，马克思主义哲学将成为推动中国人追求有尊严的幸福生活的强有力的思想力量。马克思主义哲学中国化的最终目的和最高价值理想不是别的，而是推动中国人走向有尊严的幸福生活。马克思主义哲学是以人的解放为根本旨趣的哲学，通过对人的生存状态的批判性反省，促进人的自我理解的深化，并以此推动人们不断地改变现存世界，去创造更为美好的新生活，这是马克思主义哲学的重大使命。在马克思主义哲学中国化的过程中，它也理所当然应该体现和落实这一精神追求，这集中地体现在它应该为中国人活得更有尊严、更加幸福创造和贡献思想力量。有尊严的幸福生活，意味着每一个人成为内在的目的，意味着个人自由与社会正义，意味着全面的、具体的、丰富的生存方式的生成①，而这一切，都必须以对现实生活中影响和支配人的抽象力量的自觉反省和批判为前提。无论是支配一切的"行政权力"，还是统治着人的"资本逻辑"，抑或二者的相互结合和纠缠，都是对人尊严和幸福的贬损和压抑，都是中国人通向有尊严的幸福生活的羁绊和障碍。因此，对之进行深入的分析和解剖，寻求克服与超越它的现实道路，既是一个重大的现实课题，也是一个必须解决的重大理论课题。马克思主义哲学只有正视这一课题，

---

① 参见贺来：《有尊严的幸福生活何以可能》，《哲学研究》2011 年第 7 期。

并为克服此问题创造出充分的、有说服力量的思想力量，才能真正掌握渴望有尊严的幸福生活的中国人民。马克思主义哲学的中国化于是在此过程中获得了鲜活的内容与力量，并因此而确证了自己在中国人生活和中国社会的存在意义和价值。

（作者系吉林大学哲学学院院长、教授）

关于中国特色社会主义理论的几个问题

周为民

　　改革开放以来创立并发展的中国特色社会主义理论，是马克思主义中国化的最新成果，是党的基本理论。为了深化对这一理论的研究，有很多重要问题需要我们进一步思考和回答。这里从几个方面提出一些问题和对这些问题的看法，以就教于方家。

一、关于什么是中国特色社会主义

　　什么是中国特色社会主义？现在有一些论断，都对，都从某些方面说明了中国特色社会主义的特质，但作为一个理论上的定义，似乎又都还不够完全或完善。我们考虑，是否可以这样来对中国特色社会主义提出一种具有定义性的概括，即中国特色社会主义是关于中国现代化目标与条件的科学理论。

　　我们感到，这样来看待中国特色社会主义理论，能够紧扣中国当代乃至近代以来的基本问题，既说明了中国特色社会主义的研究对象，又说明了这个理论的研究目的和任务，或者说它所达到的理论目的和所完成的理论任务，从而能够揭示中国特色社会主义理论最本质的规定和意义。

中国当代的基本问题是什么？是现代化问题，即实现中国社会的整体的现代化转型。这个问题包含相互联系的两个方面，一是实现什么样的现代化，一是怎样实现这种现代化。实际上，争取中国现代化的问题也是中国近代以来的基本问题。自 1840 年起，百数十年来，中国处在空前剧烈、深刻的历史大变局中。实现传统社会、传统国家向现代社会、现代国家的转变，构成这个大变局中的基本问题和历史趋势。面对这个基本问题，从清代自强运动开始，直到 20 世纪 70 年代末的改革开放前，一代又一代中国人提出过很多理论或理论观点，亦即这个问题的或全面或部分的解决方案，其中不少方案在不同程度上都具有历史合理性，而最卓越的两个解决方案是孙中山的"三民主义"和毛泽东的新民主主义。这两个方案的伟大历史意义主要体现在两次伟大革命即辛亥革命和新民主主义革命的胜利上。无疑，它们对于在当代中国解决现代化问题仍然具有重大的思想资源价值，但在不同的历史背景下，在国际国内全新的时代条件下解决中国现代化的问题，则需要找到一条新的道路，需要新的理论。这条道路就是中国特色社会主义道路，它的理论表现就是中国特色社会主义理论体系。这个理论体系在新的时代高度上继承并发扬了孙中山的三民主义和毛泽东的新民主主义的精义（这里的关系也是既一脉相承又与时俱进的关系），为近代以来中国的基本问题提供了一个最新最完全的解决方案。

以中国现代化问题为研究对象的中国特色社会主义，其研究目的和任务就是科学阐明中国现代化的目标与条件。

目标问题是实现什么样的现代化。在这个问题上，中国特色社会主义理论确立并科学阐明了中国现代化的目标体系（包括由在空间上并存的多方面目标、在时间上继起的多阶段目标形成的体系结构），极大地深化和丰富了我们对现代化目标的认识。按照这一理论，中国现代化的目标已不仅仅是过去所说的那"四化"（农业、工业、科学技术和国防的现代化），而是在以人为本理念的统领下，发展社会主义的市场经济、民主政治、先进文化、和谐社会，由建成小康社会、全面小康社会，直至建成富强民主文明和谐的社会主义现代化社会。

条件问题是怎样实现以此为目标的现代化。包括邓小平理论、"三个代表"重要思想、科学发展观在内的中国特色社会主义理论体系，从对基本国情的科学分析，到对发展的动力、战略、步骤、方式等的新认识，从社会主义初级阶段理论，到社会主义市场经济理论，再到社会主义和谐社会理论，等等，马克思主义中国化的这一系列最新成果，全面回答了中国现代化条件的问题，即怎样实现现代化的问题。

实际上，所谓道路问题就是目标与条件的问题，"道路"这个日常用语在这里是多少带有比喻性的一种说法，而它被赋予的实质含义就是"目标与条件"。我们说，中国特色社会主义理论指明了中国现代化的正确道路（即中国特色社会主义道路），是这条道路的理论表现，其实质就是说，这个理论科学地阐明了中国现代化的目标与条件。而这正是这个理论最根本的意义。

这样定义中国特色社会主义理论，可能要解答两个疑问。

一个可能的疑问是，中国特色社会主义理论不是对"三个基本问题"的回答吗？这"三个基本问题"不就是这个理论的研究对象吗？

回答这"三个基本问题"不就是它的研究目的和任务吗？的确，中国特色社会主义理论是回答这些问题的，即回答什么是社会主义、怎样建设社会主义，建设一个什么样的党、怎样建设党，实现什么样的发展、怎样发展的问题，这些问题也都是基本问题，但是，我们要进一步问，解决这些问题为的是什么？为的是中国现代化，是中华民族的伟大振兴，这是我们中国人百数十年来一切挣扎奋斗的根本目的之所在，我们之所以要马克思主义，要社会主义，要共产党的领导，要科学发展，都是为了这个根本的目的。因此，"三个基本问题"及对它们的回答，也构成中国特色社会主义理论的相应部分的研究对象和研究目的及任务，但就整个理论来说，最重要的目的是解决中国的现代化转型与发展的问题，这是中国的根本问题、中心问题、笼罩一切问题的最大问题，正可谓悠悠万事唯此为大。中国特色社会主义就是当代中国共产党人对这个问题的解决方案。坚持和发展马克思主义的中国化，破除苏联模式而赋予社会主义以中国特色，都是为解决这个问题服务的。离开这个问题而谈论的马克思主义、社会主义，都不是中国特色社会主义。

另一个可能的疑问是，这样来定义中国特色社会主义理论，是否窄化了它的意义？是否意味着在实现了现代化目标以后，这个理论就失去意义了？中国"后现代"社会的社会主义难道不还是中国特色社会主义吗？对这一类疑问，我们是这样看的，第一，哲学社会科学的任何一个大理论，其最大意义都在于回答它由以产生的那个时代的中心问题（基本问题，根本问题），现代化是当代中国的中心问题，着眼于此来理解中国特色社会主义理论的意义，才是彻底的（"所谓彻底，就是抓住事物的根本"）；第二，到本世纪中叶的现代化目标只是初步现代化的目标，因此，本世纪中叶并不意味着中国现代化进程的结束，相应地，社会主义初级阶段的基本路线，乃至中国特色社会主义理论要"坚持一百年不动摇"（虽然提出这一点已近二十年），为什么？着眼点仍在于中国的现代化；第三，作为关于中国现代化目标与条件的科学理论，中国特色社会主义的基本立场、观点和方法是长久适用的，而且它是开放的、不断发展的理论体系，它当然会继续适用于、发展于中国"后现代"社会，但尽管如此，它的首要的和根本的意义，也是我们最关心最需要的意义，仍在于它对中国现代化的意义。

这样来看，上述概括应是恰当的。提出这个问题有什么现实性和针对性呢？主要有三。其一，只有抓住这个根本问题和根本任务，我们才有可能以唯物主义历史观的科学精神来对待马克思主义、社会主义等问题，否则谈论这些问题就没有意义，就会从根本上脱离实际；其二，只有这样认识问题，我们才能以对我们民族命运的深切关怀，来确立对中国特色社会主义的信念，来理解并担当我们当代中国共产党人的历史责任、执政使命；其三，这样来说明中国特色社会主义理论的根本性质和意义，更有助于让这个理论在全民族、在所有中华儿女中获得最广泛的认同，最大化地增强它的号召力和凝聚力。

二、关于以人为本的认识

（一）以人为本是科学发展观的核心，同时也是中国特色社会主义的核心思想，与马克思主义、科学社会主义的核心思想一脉相承

马克思主义、科学社会主义的核心思想是什么？这个问题换一种

提法也可以这样问：关于阶级斗争、无产阶级革命的理论所追求的目标、理想是什么？认真回到马克思恩格斯本人的学说，我们可以清楚地看到，是人的解放、人的自由、人的全面发展。《共产党宣言》第二章的最后一段话，集中概括了这一核心思想——"代替那存在着阶级和阶级对立的资产阶级旧社会的，将是这样一个联合体，在那里，每个人的自由发展是一切人的自由发展的条件"。从恩格斯在去世前一年对这段话的一个说明（致朱·卡内帕）中，我们更可以清楚地看到，这段话正是马克思恩格斯对什么是社会主义这个基本问题的最为精辟的回答。

以人为本的思想、理念与之一脉相承，是以马克思主义、科学社会主义的这一核心思想为理论基础并彻底贯彻这一思想的。在这个意义上，我们认为，以人为本不仅是科学发展观的核心，而且也是中国特色社会主义理论体系的核心。用"以人为本"来概括这个理论体系的核心思想，就鲜明体现出它与马克思主义的根本一致性，进而深刻揭示出中国特色社会主义、中国现代化的根本价值——中国特色社会主义是以人为本的社会主义，以人为出发点、以人为中心、以人为最高目的而不是只以人为手段、为代价的现代化，才是我们所追求的现代化，也才是真正能够成功的现代化。这样来理解问题，就可以认识到，以人为本思想的提出，正是科学发展观对中国特色社会主义理论体系的最重要的贡献。

由此出发，我们应当更深入地思考以下问题。

（二）"以人为本"中的"人"是什么人

是人民，人民群众，最广大的人民群众，等等，这样说无疑都是正确的，但更进一步地理解以人为本思想对于执政的共产党人在中国建设社会主义现代文明所具有的重大理论意义和实践价值，更切实地把代表人民利益、一切为了人民等要求充分体现出来，首先需要更透彻地认识"人"。这里有三个要点。

第一，相对于过去片面强调国家的倾向，以人为本中的人应当是每一个公民。应当坚持以马克思主义的观点来把握国家与公民社会的关系。在这个基础上，我们需要了解，片面、绝对地强调国家至上的那种国家主义（而不是社会主义）倾向是不恰当的。针对这种倾向，以人为本强调的是国家以公民为本。所谓公民，是法的概念，亦即关于权利的概念，所以以公民为本即是以公民的权利为本。而在法的意义上，权利是有明确界定的具体的权利，是每一个具体的公民所拥有的具体的权利。因此，对以人为本中的人，要从每一个公民的意义上来理解。

第二，相对于过去片面强调阶级的倾向，以人为本中的人应当是每一个社会成员。党的性质在于党是"两个先锋队"（中国工人阶级的先锋队，中国人民和中华民族的先锋队）。深刻认识并充分体现这一性质，在党执政的条件下具有更为重要的意义。我们共产党作为执政党，不仅代表工人阶级的利益，而且代表全社会的利益，代表全体社会成员的共同利益，致力于全面实现、维护社会的团结与和谐。这才是正确的执政思维。据此，对每一个社会成员正当的利益（"利益"是经济的、政治的概念，如上所述，在法的意义上表现为权利）都不应忽视。

第三，相对于过去笼统、抽象地讲人民群众，以人为本中的人应当是每一个具体现实的人。离开一个个有冷暖痛痒、有悲欢离合、有生老病死的具体现实的男、女、老、幼而笼统抽象地讲人民群众，没有意义，往往使"人民"只成了一种名义、一个说辞，甚至在这个宏大的名义下对许多具体现实的人造成很多严重的伤害。以人为本理念当然坚持一切为了人民，但它强调的不是抽象的人民，不是以抽象的人民去排斥具体的个人；恰恰相反，是从认真对待每一个人的权利出发，来实现、维护作为个人之集合的人民的利益。

（三）以人为本中的"本"是什么本

这个"本"，不是资本的本，本钱的本，而是根本的本。这就是说，以人为本决不是把人只当做手段，而是把人作为根本的目的。传统社会的统治者也讲民本，所谓民为邦本，但那更多地是把民当做资本，当做手段，所以在与人民的关系上，其最高境界也很难超过"舟水理论"，载舟覆舟之说，主旨在于对水的利用、控制、驾驭、防范。这与以人为本这个现代政治文明的理念是有质的区别的。

（四）落实以人为本的一个重要方法和原则

与上述认识相联系，落实以人为本，一个关键问题是正确处理利益关系。在这个问题上，中央多次强调要着力解决好人民群众最关心最直接最现实的利益问题。这个思想非常重要，实际上是提出了处理利益关系的一个重要方法和原则，体现了一种新的执政思维，是以人为本的执政理念的具体化，具有很强的现实针对性。为什么这样说？这是因为，过去长时期中一直存在一个问题，即片面地、绝对地、过度地强调个别利益服从集体利益或国家利益，眼前利益服从长远利益或根本利益，局部利益服从整体利益或全局利益。诚然，这几个服从在很多时候、很多场合都是正确的和必需的，但把它绝对化则是不恰当的，更严重的教训在于，许多损害群众利益的行为往往都是借着国家利益、长远利益等名义而出现的。现在，中央一再强调着力解决好人民群众最关心最直接最现实的利益问题，其重要性就在于纠正这种倾向。什么是人民群众最关心最直接最现实的利益？很多情况下，这就是个别利益，这就是眼前利益，这就是局部利益。注重这样的利益问题，当然决不是说国家的长远的全局的利益不重要，而是说不能一味地漠视、损害群众的具体利益而侈谈别的什么宏大利益，要在着力解决人民群众最关心最直接最现实的利益问题的基础上，统筹兼顾地处理好诸种利益关系。而以人为本地解决好这些利益问题，当然也决不是说要一味迁就某些个人的不当的利益要求。如前所述，作为公民的任何个人，其正当利益在法的意义上是由确定的、具体的公民权利所表达的，因此区分任何个人的利益要求正当与否的标准不是别的，而是由宪法和法律所确立的公民权利。这就意味着解决好人民群众最关心最直接最现实的利益问题的实质，是认真对待权利、切实保护公民权利，是按这一标准在法治的轨道上处理人们的利益诉求和利益矛盾。这是正确贯彻以人为本思想的基本方式和途径，也只有这样，以人为本才可能得到落实。

三、关于社会主义市场经济的三个问题

社会主义市场经济理论是中国特色社会主义理论的最富特征的部分，也是其最重要的创新成果之一。深化社会主义市场经济理论的研究，涉及很多重大问题，这里谈三个具有基础性而又需要进一步思考的问题。

第一个问题，公有制与市场经济是相互矛盾的吗？

流行的观点认为是矛盾的，进而认为难题就在于如何克服这种矛

盾，使二者兼容起来。这个观点不符合马克思经济理论的逻辑，所提出的问题完全是一个假问题。

历史上，作为对自给自足的小生产的否定，经济的市场化与生产的社会化是同一件事情、同一个过程。市场经济越发展，表明生产的社会化越发展。而生产的社会化越发展，就越要求资本的社会化，财产的社会化，因而资产阶级的私有制，即以社会上绝大多数人没有财产为必要条件的极少数人的私有制，在这个历史趋势中就不可避免地要被扬弃、否定。马克思所说的"公共的、集体的所有制"的历史必然性就在这里。因此社会主义公有制是生产社会化发展的必然要求和结果。此其一。

其二，在马克思那里，生产社会化的发展最终将达到这样的程度，使社会能够简单地以劳动时间为唯一尺度，直接计算社会的总劳动及其在各种产品上的分配，从而任何个别劳动都直接表现为社会总劳动的一部分，这就意味着商品生产的基本矛盾即个别劳动与社会劳动的矛盾已不再存在，因此市场关系也就自然消亡了。反过来说，只要社会能直接计算总劳动及其分配这一条件、这一假定前提（我称之为"马克思条件"）不是或还没有成为现实的存在，市场经济就不会消亡，就仍是社会配置资源的基本方式，市场经济的充分发展就仍是生产社会化不断发展的表现形式、实现形式。

其三，在这种情况下，公共的集体的所有制作为对资产阶级私有制的否定，其实质在于恢复社会上绝大多数人的自主财产权，在自主财产权基础上实现自由的联合。任何时候，离开这个实质，所谓"公有制"就只能是一个空洞的抽象。而真实的公有制如果与"马克思条件"相联系，财产、财产权范畴就会与市场关系一起不再存在，公有制就表现为社会即联合起来的个人共同占有生产资料（而不是占有财产）；如果不具备"马克思条件"，市场经济就一定存在，财产、财产权也就一定存在，在这种情况下，按照马克思的理论逻辑，真实的公有制就一定并只能表现为劳动者、社会成员在自主财产权基础上的自由联合。

其四，只要市场经济仍是客观存在的经济组织方式，仍是生产社会化不断发展的实现形式，那么，市场经济的发展就不仅越来越要求与生产社会化相适应的资本社会化、财产社会化，即必然要求上述意义的公有制的生长发展，而且它也必然地、自行地不断创造出能够实现资本社会化、财产社会化的组织工具和组织技术，其中最具典型意义的就是股份公司及与之相配合的一系列制度，从而为"公共的、集体的所有制"提供有效率的实现形式。

其五，一旦实现了公有制的本质要求，即普遍确立了劳动者、社会成员的自主财产权，他们就会在经济效率目标的引导下，根据不同区域、不同行业生产社会化发展的不同程度，以与之相适应的财产组织方式、工具和技术，实现不同范围、不同规模的自由联合。这就是为什么会形成公有制多种实现形式的原因。这个趋势是由客观的经济必然性决定的。

从上述五点，可以得出结论：真实的社会主义公有制（及其多种实现形式）是市场经济充分发展的必然结果，而不是外在于市场经济，人为地强加于市场经济的东西。这里的真实关系不是公有制与市场经济之间的矛盾，而是市场经济越发展，公有制就越发展，社会主义就越发展。反过来说，离开市场经济的充分发展，就不能获得由市场创造的资本社会化的组织工具和技术，公有制就会因缺乏有效的实现形式而难以真正发展。

那么，什么样的所有制才是与市场经济相矛盾的呢？在生产社会化的条件下，有两种。一种是马克思所批判的"资产阶级的私有制"，因为它是以社会上十分之九的成员没有财产为前提的；一种是苏联模式以强制集中的方式建立起来的单一所有制，因为它也排斥了劳动者、社会成员自主的财产权。由此，这两种所有制都与市场经济的发展要求相矛盾，即与生产社会化、资本社会化的发展要求相矛盾，都将无可避免地被扬弃、否定。

而中国特色社会主义关于所有制改革的理论与实践，其基本精神、原则和方向恰恰是把自主获得并支配财产的权利、条件和机会向社会开放、向广大民众开放，是确立劳动者、社会成员的自主财产权。这是对苏联模式的所有制形式的否定，但决不是对马克思关于所有制的基本理论的否定；正相反，它是真正贯彻了马克思理论逻辑的切切实实的社会主义步骤，是按照公有制的实质为公有制的发展开辟道路的巨大的历史进步，也是中国经济空前发展的最深刻的原因之一，它在社会主义发展史上的伟大意义是毋庸置疑的。虽然在这个过程中还存在着不少问题和不足，但导致这些问题和不足的原因恰恰是上述所有制改革的基本精神和指向在一些领域、一些地方未能得到切实地贯彻，因此解决这些问题的正确途径是坚持推进改革，而不是在改革的半途上倒退。

第二个问题，国有企业的定位究竟是什么？

市场经济是民众的自主经济，因此在市场经济中，一般的市场主体是民众个人或个人之间的组织即民间企业，由此形成数量众多、地位平等的市场主体。足够的市场竞争，市场机制的有效性，都只有在这个基础上才能形成。所以，市场经济一定是以非国有经济为主体的。应当看到，这一点与社会主义市场经济以公有制为主体的特征并不矛盾，因为由上述分析可知，公有制不等于国有制，在非国有经济中存在并不断发展着多种形式的公有制经济。所以，良好的社会主义市场经济既是以公有制为主体的，又是以非国有制为主体的。这两个特征都具有客观的必然性。

但是，在任何国家的市场经济中，都会存在一定数量的国有企业，虽然有的多一些，有的少一些（由此也可以知道，如同计划经济不等于社会主义一样，国有企业、国有经济也不等于社会主义。实际上，恩格斯在《反杜林论》中早已指出过这一点）。那么，在市场经济中，为什么仍需要有一些国有企业呢？基本的原因是，某些"市场失灵"的状况需要通过恰当的方式来弥补，其中包括采用政府干预的方式，而建立国有企业则是政府的干预方式之一。

所谓"市场失灵"是市场经济中的某种特例，即一般规律的例外（把它泛化为一般规律是不正确的），指的是在特殊情况下，由于缺乏一些必要的条件，因而市场机制不能像通常那样有效率地配置资源。这类特殊情况包括自然垄断，一部分公共物品，某些有外部性的生产等。虽然对市场失灵的弥补并非只有以政府干预来代替市场机制一途，但政府干预是较为多见的一种方式；虽然即使是政府干预也并非只有以国有企业来代替一般的市场主体一途，但举办国有企业也是较为多见的一种方式。

除了这个基本原因以外，需要国有企业的另一个原因是，在有些情况下，如在特殊的发展阶段，民间经济力量还不足以实现某些产业的迅速发展，这时，通过举办国有企业来推动这些产业的发展也是可能的选择之一。在这种情况下，一般而言，到适当的时候，国有经济会主动退出，而将这些产业的发展交给成长起来的民间经济力量，这是一种好的选择。

因此，第一，在市场经济中，一定数量的国有企业有其存在的合理性；第二，最重要的是，国有企业不是以利润最大化为目标的一般的市场主体，它具有与此不同的特殊的功能定位。就弥补市场失灵来说，它或者是为了在某些场合保证经济效率，如在有自然垄断特点的产品上避免因竞争带来的资源浪费（应当看到，随着技术进步和经营方式等方面的创新，所谓不适于竞争的自然垄断部分是越来越少的），在有外部性特点的产品上避免因个别成本与社会成本的差异而造成的资源错配；或者是为了在某些场合保证社会公平和公正，如在一部分公共物品的供给上。就某些产业的发展来说，国有企业主要是在一定的阶段上，在技术、设备等生产方式和知识是确定的、已知的那些产业中，起培育产业发展的作用。

这就是国有企业在市场经济中的基本定位。坚持这一定位，无论对国有企业的健康发展，还是对市场经济的健康发展，都极为重要。脱离、背离这样的定位，国有企业的所谓发展，所谓保值增殖，所谓做大做强，所谓对国民经济的控制力，都会走向上述保证经济效率、维护社会公正、促进产业发展等目标的反面。而这一点，正是我们今天需要特别注意的。

也应当看到，在国有企业的地位和作用问题上，脱离、背离以上定位的许多流行观点，如认为必须由国有企业对"重要资源"、"重要行业"实行垄断控制的观点，认为大型特大型垄断国企是所谓"共和国长子"的观点，认为相对于非国有企业，国有企业才是执政基础，是宏观调控的基础，是国家"经济安全"的保障等观点，都是不正确的，有些更是颇为有害的。

第三个问题，为什么需要并能够进行宏观调控？

在宏观调控的问题上，迄今为止仍很流行的看法，一是把政府干预等同于宏观调控，二是以市场调节具有盲目性之类的缺陷来论证宏观调控的原因和必要性，把宏观调控视为对市场作用的限制，三是把政府集中权力及通过国企集中控制资源当成是保证宏观调控有效性的条件。这些认识也是不正确的和有害的。

宏观调控是一种政府干预，但并非任何政府干预都是宏观调控。凡针对单个产品、单个市场的政府干预都是微观干预而不是宏观调控。所谓宏观调控是对国民经济的总量如总供给、总需求、物价水平等进行的调节和管理，其基本的工具是财政政策和货币政策。政府的微观干预是对市场机制的限制或替代，宏观调控则不是，它是在市场充分作用的基础上进行的。这是重大的区别，不可混淆，例如不能在加强宏观调控的名义下过度扩大微观干预。

宏观调控是现代市场经济的概念和显著特征，计划经济是没有这个概念的，因为它对整个经济活动实行集中控制，没有什么宏观与微观之分。那么现代市场经济为什么会有宏观调控呢？原因不在于那些似是而非的"市场缺陷论"，以此来解释宏观调控的必要性，实际是沿袭了苏式政治经济学教科书对计划经济的论证。真实的原因在于，在现代市场经济中，社会要争取的目标是多重的，既要经济增长，又要充分就业，还要物价水平基本稳定，也要一定程度的收入均等化，等等，而这多重目标之间是存在矛盾的，协调实现这些相互冲突的目标，超出了市场的功能范围（市场主要是为经济效率目标服务的，它不能达成其功能范围之外的目标，这不是市场的缺陷），因此需要通过政府的宏观调控来实现多重目标的协调。

另一方面，更重要的问题是，政府为什么能够进行宏观调控？不是因为政府集中了权力、集中控制了资源就能实行有效的宏观调控，而是因为，市场经济的发展越充分，它所自行创造出来的组织工具和技术就越完备，从而使政府能够借助于这些组织工具和技术来方便、有效地进行宏观调控。例如，有了现代公司制度，有了日益发展的资产证券化、票据化，政府才得以充分掌握企业的收入、利润、资产价格，这才能够方便有效地对其征税；有了日益发达的金融机构和金融工具，政府的货币政策才有了良好的传导中介。所以，这里的逻辑是，市场经济越发展，就越会增强政府的调控能力。相反，市场经济越不发展，政府所能使用的调控工具就越简陋粗糙，其调控就越困难，而且越是大国，就越是如此。由此可见，那些一再呼吁加强宏观调控来限制市场作用的观点是多么不合逻辑的南辕北辙。市场经济的充分发展是宏观调控的基础。真主张加强宏观调控，就应当赞成深化市场化改革、促进市场经济的发展才对。同时，明确了上述问题以后，我们也可以看到，"在国家的宏观调控下发挥市场配置资源的基础性作用"，并不是一个十分科学的提法，更科学更准确的提法应当是，在市场配置资源的基础上进行宏观调控。

四、关于什么是和谐社会

提出建设和谐社会的思想，是党的哲学思维的一个跃升，更是党的执政思维的一个跃升。社会主义和谐社会理论，是中国特色社会主义理论的另一个重要的创新。关于和谐社会理论的研究，也已有不少成果。这里，着眼于现实中的一些突出矛盾，就法治与和谐社会的关系问题谈一点理论上的认识：法治即和谐，旨在强调法治对和谐社会建设的基础意义。

多样性、自主性基础上的统一性，叫做和谐。作为一种现代文明社会，和谐社会是在多元主体的自主发展中实现共同发展的社会。应当从这一点来把握和谐社会的质的规定。

由于这个性质，和谐社会一定是法治社会，因为法治是自由、民主的保证——是将自由和民主导向和谐，从而和谐地实现自由和民主的保证。作为自由、民主基础上的社会的统一性，法治即和谐。

在当代中国，经济的市场化与政治、社会的民主化，不断为人们的自主活动开辟更为广阔的空间。市场经济和民主政治乃至民主的社会生活具有共同的本质，即都是人们的自主活动。这就决定了这些不同活动的内在逻辑是完全一致的。自主性质意味着人们彼此承认对方与自己一样是独立的利益主体，从而使各自作为独立主体的这种地位平等、权利平等成为人们相互间的基本关系。由这种关系所决定，人们解决相互间利益矛盾和冲突的方式，不是诉诸强制、暴力，而是诉诸平等的契约，诉诸签订、执行契约的一致同意的规则和程序，即公正的规则和程序。人们的权利与责任由此确立，人们对于在自主参与的社会交往中如何受益、如何受损、受损后是否或如何得到补偿，便有了确定的预期。这样的契约、规则、程序构成多元、自主社会的理性与秩序，把必然存在的种种利益矛盾和冲突导向平等的交易、竞争、协商、合作，把人们对相同利益的争夺导向对共同利益的维护，即对实现各自利益所共同需要的外部条件的维护，从而使社会不仅不会因多元主体之自由个性的发挥而陷于混乱甚至崩溃，反而会因富有活力与创造力的自主活动的充分展开而不断实现整个社会的发展进步。这就是我们所追求的社会和谐。

可见，市场也好，民主也好，离开普遍的契约关系便不能良好地运转起来。所以，一个自主社会同时便是一个契约社会，因而必定是一个法治社会。法是什么？是社会契约，是从人们关于各种具体事务的契约中抽象出来的、一般化了的、普遍适用的契约。上述契约（规则、程序）的社会作用，在一般意义上，就是法治的作用。所以，法治即和谐。

如同我们强调和谐社会是关于现代文明的概念一样，我们也要强调法治是现代文明尤其是现代社会主义这种新型文明中的良法善治。与一切旧时代的法传统相区别，它不是制民的工具，而是民治的方式。人民以国家和法的形式来确立、保障自己的经济、政治、文化、社会等广泛领域的自由的权利，维护实现这些权利所共同需要的外部条件，这是现代社会主义法治的根本性质，当然也就是我们推进中国法治建设的根本方向，而党的领导、人民当家做主和依法治国亦统一于这个根本目的。

以此来衡量，改革开放以来中国的法治建设的确已取得了长足的进步，但当前社会转型时期的突出问题之一却仍在于法治不完善。这种不完善固然也存在于立法方面，如法律本身的不完备，一些陈旧、狭隘的观念对立法工作的影响等，但主要问题还不在这里，而在于法治精神还没有充分贯彻到一切社会事务中，严格依法办事还没有普遍确立为人们的一种生活方式、一种社会习惯。为什么是这样呢？因为人们对法治还缺乏足够的信任。为什么信任不足呢？因为法治的权威还不足，它保障民众权利的效力还不足。这集中表现为，一方面，权势凌驾于法律之上的现象仍然存在，往往任意侵犯民众的基本权利特别是财产权利；另一方面，能够伸张正义，纠正这种现象的，又往往不是司法的力量，而是"领导的重视"。据一项媒体调查，许多人，包括企业主、官员、知识分子等被称为"社会精英"的人们，都自认属"弱势群体"。这种普遍的弱势心态在很大程度上并非矫情，而是反映了一个深刻的社会问题。的确，如果缺乏足以有效保障每一个公民的基本权利（人身、自由、财产权利）的良好法治，任何人在更大的权势面前都是弱势的，都是没有安全感的。所以，推进法治建设，仍然任重道远。而离开完备的、良好的法治，无论是市场经济、民主政治，还是文化与社会建设，都将缺乏安全可靠的运行轨道。

（作者系中共中央党校马克思主义理论教研部主任、教授）

中国特色社会主义理论体系是
当代中国的马克思主义

秦　刚

中国特色社会主义理论体系，是中国共产党人运用马克思主义解答当代中国问题而形成的一套新的话语体系，也是关于中国道路的理论表达。解答当代中国问题，必然要涉及当今世界问题。因而，这套话语体系也包括对世界相关问题及合理走向的总体认识。我们把中国特色社会主义理论体系视为马克思主义中国化的最新成果，称为当代中国的马克思主义，这既表明这套话语体系是以马克思主义为思想根基和理论本源的，也表明这套话语体系在本质上体现了对马克思主义的坚持和发展。

一、马克思主义是在解答人类社会历史问题中形成和不断发展的科学理论

中国共产党人所讲的马克思主义，包含着列宁主义。它是由马克思恩格斯创立并经列宁丰富和发展了的一个完整的思想理论体系。列

宁主义体现了马克思主义在新的历史条件下的进一步发展，是马克思主义的重要内容。不讲列宁主义，不仅是割裂了马克思主义，也失去了我们在中国这样一个经济文化比较落后的国家进行社会主义革命和建设的重要理论依据。

马克思主义作为一种科学理论，它的产生，是顺应时代和历史发展的需要，为了探索解答人类社会进入资本主义时期以后所衍生的各种矛盾和问题。人类社会发展的过程，是一个不断提出问题和解答问题的过程。人类社会在通过资本主义方式由农业社会走向工业化社会过程中，相继产生了两个社会群体：一个是与社会化大生产相联系的少数群体，即"资本群体"；一个是与社会化大生产相联系的多数群体，即"劳动群体"。前一个群体被称为资本家阶级或资产阶级；后一个群体被称为无产阶级或工人阶级。资本主义制度的确立，使资本群体得到了解放，获得了充分的自由和发展的空间，而劳动群体不仅没有得到应有的发展权利和条件，反而受到了资本群体的剥削和压迫。资本对劳动的剥削，带来了严重的社会不公，导致了人与人之间、人与社会之间产生难以调和的对立。怎样才能使整个社会永远摆脱阶级剥削、阶级压迫和阶级对立，实现人与社会的彻底解放，使每一个人都能获得自由全面发展的条件，这便成为一个新的历史性的大课题。马克思主义的应运而生，正是为了回应历史发展提出的这一新课题。实现人与社会的解放，首先要使劳动群体获得解放，成为社会的主人。探索实现劳动群体的解放，最终实现人的自由而全面发展，也就成为马克思主义的出发点和落脚点。马克思主义的形成和发展，就是围绕解答这样一个历史大课题展开的。由此也可以认识到，马克思主义产生伊始，就具有鲜明的政治立场和明确的价值追求。这是我们理解马克思主义首先需要把握的两个本质特征。

在马克思主义产生以前,面对资本主义给人类社会带来的新矛盾、新问题,一些进步思想家曾提出过各种各样的解决思路或救世方案。但是,他们对资本主义制度的弊端,更多的是进行了道德谴责;对未来社会的走向,更多的是做了价值判断。这种道德谴责和价值判断,有助于促使劳动群体的觉醒,但无助于问题的解决。到了马克思恩格斯这里,他们继承前人又突破陈规,首先创立了分析和解答问题的科学世界观和方法论,即历史唯物主义和辩证唯物主义。这种"新唯物主义的立脚点则是人类社会或社会的人类"①。有了这样的历史唯物主义和辩证唯物主义,马克思恩格斯分析和解答人类社会的问题就有了超越前人的基础和条件。他们运用新的世界观和方法论,科学地论证了生产力的发展是推动社会历史发展的最终动力,揭示了生产力是生产方式和交换方式转化的基本条件,而一定时代的生产方式和交换方式是造成阶级存在和阶级对立的根本原因。马克思把这样的世界观和方法论直接运用于对资本主义社会的研究,又创立了剩余价值学说,从而"彻底弄清了资本和劳动的关系"②。这样,马克思不仅"发现了人类历史的发展规律",也进一步"发现了现代资本主义生产方式和它所产生的资产阶级社会的特殊的运动规律"③。他指出:"问题本身并不在于资本主义生产的自然规律所引起的社会对抗的发展程度的高低。问题在于这些规律本身,在于这些以铁的必然性发生作用并

①《马克思恩格斯文集》第 1 卷,人民出版社 2009 年版,第 502 页。
②《马克思恩格斯选集》第 3 卷,人民出版社 1995 年版,第 337 页。
③《马克思恩格斯文集》第 3 卷,人民出版社 2009 年版,第 601 页。

且正在实现的趋势。"他同时还强调："工业较发达的国家向工业较不发达的国家所显示的，只是后者未来的景象。"① 依据这样的发现，马克思恩格斯把劳动群体的解放问题放到人类历史发展的过程中去认识，置于资本主义社会的现实中去分析，同生产力的发展和生产关系的变革联系在一起，不仅充分论证了劳动群体解放的历史必然性，还充分揭示了劳动群体解放的基本条件和途径。恩格斯明确提出："完成这一解放世界的事业，是现代无产阶级的历史使命"；而社会主义就是"两个历史地产生的阶级即无产阶级和资产阶级之间斗争的必然产物"②。在马克思恩格斯看来，无产阶级革命的第一步，"就是使无产阶级上升为统治阶级，争得民主"；"无产阶级将利用自己的政治统治，一步一步地夺取资产阶级的全部资本，把一切生产工具集中在国家即组织成为统治阶级的无产阶级手里，并且尽可能快地增加生产力的总量"。而"当阶级差别在发展进程中已经消失而全部生产集中在联合起来的个人的手里的时候，公共权力就失去政治性质"；"代替那存在着阶级和阶级对立的资产阶级旧社会的，将是这样一个联合体，在那里，每个人的自由发展是一切人的自由发展的条件"③。正是由于马克思恩格斯对人类社会发展提出的问题进行了科学的分析和解答，并为人们继续认识和解答问题提供了科学的世界观和方法论，他们所创立的理论体系才成为无产阶级及其政党争取自身的解放、进而实现整个人类解放的思想武器。

---

① 《马克思恩格斯文集》第 5 卷，人民出版社 2009 年版，第 8 页。
② 《马克思恩格斯文集》第 3 卷，人民出版社 2009 年版，第 566、545 页。
③ 《马克思恩格斯文集》第 2 卷，人民出版社 2009 年版，第 52、53 页。

列宁是马克思主义继承者，也是马克思主义发展的推进者。进入 20 世纪以后，人类历史发展出现许多新情况，也面临许多新问题。资本主义在开拓世界市场的过程中，把资本主义的各种矛盾和问题也带向了世界，使一些经济文化比较落后的国家也产生了"工业较发达国家所显示的景象"。而资本主义列强瓜分世界的战争，又把一些经济文化比较落后的国家推向了灾难的深渊，成为各种矛盾的焦点。列宁根据资本主义发展带来的新问题，以新的实践为基础，创立了无产阶级革命及政党建设的新理论，并建立了无产阶级领导的新政权，进而对经济文化比较落后国家的社会主义建设做了新的探索和思考，进一步解答了马克思主义在新时代新国度面临的一系列新问题，使马克思主义获得新的发展。尤其是列宁提出的关于经济文化比较落后的国家"先革命后超越"的思想及其在俄国的实践，不仅使马克思主义有了新的内容，而且也使其更贴近了东方国家社会发展的实际和需要，对东方国家尤其是中国的社会革命和社会发展产生了巨大的影响。

马克思主义是在解答人类历史问题过程中形成的，也是在解答人类历史问题过程中不断发展的。其科学性，就在于它是以客观现实为依据的；其生命力，就在于它是随着时代和实践的发展而发展的。马克思、恩格斯以及列宁，他们始终都是根据时代的变化和实践的发展不断用新的观点、新的材料补充和完善自己的思想理论。如在无产阶级革命的条件和方式问题上，在对资本主义的认识问题上，在社会改造的进程问题上，他们的思想认识都是随着社会条件的变化而不断更新和发展的。不仅如此，他们还明确要求人们要以科学的态度来对待他们的学说。马克思恩格斯曾经指出，对于他们提出的基本原理的运用，"随时随地都要以当时的历史条件为转移"①。恩格斯还特别强调："我们的理论是发展着的理论，而不是必须背得烂熟并机械地加以重复的教条。"②他同时也告诫人们，如果认为可以到马克思的著作中去找一些不变的、现成的、永远适用的定义，那是一种误解。列宁也说过："我们决不把马克思的理论看作某种一成不变的和神圣不可侵犯的东西；恰恰相反，我们深信：它只是给一种科学奠定了基础，……它所提供的只是总的**指导**原理，而这些原理的应用**具体地说**，在英国不同于法国，在法国不同于德国，在德国又不同于俄国。"③

马克思主义也是一脉多传的。凡是以马克思主义为指导思想的政党，都必然要把马克思主义作为认识世界和改造世界的思想武器。但在不同的时代、不同的国家，无产阶级政党面临着不同的历史任务，马克思主义也必然表现出不同的特点、不同的形式和不同的内容。马克思主义传到中国，它所解决的从实现劳动群体解放到实现人的自由而全面发展的问题，具体转化为"争取民族独立与人民解放"、"实现国家强盛与人民富裕"这两个大问题。正是因为有了这样的历史任务，才有了马克思主义中国化的历史要求。毛泽东思想和中国特色社会主义理论体系的形成，就是中国共产党人坚持和运用马克思主义解决中国问题而实现的卓有成效的两次理论创造。中国共产党人在坚持和运用马克思主义解决中国问题过程中，逐步形成了一种经验性的认识，这就是：必须把马克思主义与中国实际相结合，在解决实际问题中推

---

① 《马克思恩格斯文集》第2卷，人民出版社2009年版，第5页。
② 《马克思恩格斯选集》第4卷，人民出版社1995年版，第681页。
③ 《列宁选集》第1卷，人民出版社1995年版，第274—275页。

进马克思主义的发展，用发展着的马克思主义指导新的实践。毛泽东曾明确指出："马克思列宁主义的伟大力量，就在于它是和各个国家具体的革命实践相联系的。对于中国共产党说来，就是要学会把马克思列宁主义的理论应用于中国的具体的环境。"①在中国走上社会主义道路以后，他还特别强调："马克思主义一定要向前发展，要随着实践的发展而发展，不能停滞不前。停止了，老是那么一套，它就没有生命了。"②在中国进入改革开放的新时期，邓小平也明确指出：我们"绝不能要求马克思为解决他去世之后上百年、几百年所产生的问题提供现成答案。列宁同样也不能承担为他去世以后五十年、一百年所产生的问题提供现成答案的任务。真正的马克思列宁主义者必须根据现在的情况，认识、继承和发展马克思列宁主义"③。由于中国共产党人始终以科学的态度对待马克思主义，因而在坚持马克思主义的同时也不断推进了马克思主义的发展。

二、中国特色社会主义理论体系是马克思主义在当代中国的运用和发展

中国特色社会主义理论体系的形成，是马克思主义在当代中国运用和发展的历史必然、逻辑必然。这一理论体系同毛泽东思想一样，在坚持马克思主义的同时，也进一步发展了马克思主义。中国特色社会主义

---

① 《毛泽东选集》第二卷，人民出版社 1991 年版，第 534 页。
② 《毛泽东文集》第 7 卷，人民出版社 1999 年版，第 281 页。
③ 《邓小平文选》第三卷，人民出版社 1993 年版，第 291 页。

理论体系对马克思主义的坚持和发展，集中体现在它对当代中国及世界相关问题的解答中，反映在它所提出的一系列基本理论观点上。

坚持马克思主义，必须坚持马克思主义的世界观和方法论。中国特色社会主义理论体系对当代中国及世界问题的解答，始终贯穿着对马克思主义世界观、方法论的运用。马克思主义的历史唯物主义和辩证唯物主义，是中国共产党人认识和解决问题的最根本的世界观和方法论。在坚持和运用马克思主义世界观和方法论的过程中，中国共产党人形成了一切从实际出发，理论联系实际，实事求是，在实践中检验真理和发展真理的思想路线。中国特色社会主义理论体系的形成，是以重新确立这一思想路线为前提的。在坚持这一思想路线过程中，我们党进而集中凝练出解放思想、实事求是这一马克思主义的精髓。解放思想、实事求是，作为一种富有中国气派的理论概括，精辟地反映了历史唯物主义和辩证唯物主义的精神实质，体现了马克思主义的科学性、实践性，也表现了中国共产党人对马克思主义运用的鲜活性。中国特色社会主义理论体系的形成和发展过程，在很大程度也是一个不断解放思想、实事求是的过程。有了解放思想、实事求是的科学精神，我们党在思想理论上才始终能体现时代性、把握规律性、富于创造性，才能相继产生邓小平理论、"三个代表"重要思想和科学发展观等重大战略思想，最终形成中国特色社会主义理论体系。正是依靠和运用马克思主义这一精髓，中国特色社会主义理论体系才能在继承前人的同时又能不断创新，在排除各种错误倾向干扰的同时又能吸取各种失误的教训，从而推进了马克思主义中国化的新进程。

中国特色社会主义理论体系中贯穿的以人为本的理念和要求，坚持了马克思主义的价值追求，也体现着马克思主义的鲜明立场。实现劳动群体解放，实现人的解放和人的自由而全面发展，这是马克思主义的出发点和落脚点，也是马克思主义关于人类社会的最高价值追求。马克思主义的立场也直接体现在这其中。所谓马克思主义的立场，就是马克思主义政党以及马克思主义者在观察和处理问题时所应有的立足点及态度。对于马克思主义政党及其思想理论来说，坚持了马克思主义的出发点、落脚点和价值追求，就是坚持了马克思主义的立场。社会主义制度在中国的建立，消灭了阶级剥削和阶级压迫，劳动群众已成为国家和社会的主人。在当代中国，每一个群体都是中国特色社会主义建设者，每一个社会成员都是中国特色社会主义的劳动者。中国特色社会主义建设者和劳动者构成了人民大众这一有机整体。以人为本，既是强调对整体的维护，也包括对个体的保障。坚持以人为本，就是要尊重人民的主体地位和首创精神，充分反映人民的利益要求和愿望；就是维护社会公平正义，坚持发展为了人民，发展依靠人民，发展成果由人民共享；就是要不断提高人们的生活质量、幸福指数，不断满足人的发展愿望和多样性需要；就是要关心人的价值、权益和自由，维护人的尊严，促进人的全面发展。这一切既是马克思主义价值追求实现的具体途径，也是我们党坚持马克思主义立场的实际体现。

中国特色社会主义理论体系对当今时代主题作出的判断及对世界发展趋势作出的分析，进一步发展了马克思主义的时代观，拓展了马克思主义的新视野。关注时代和世界的发展变化，对时代主题和世界发展趋势作出新的分析和概括，这是马克思主义理论发展的一个重要内容，也是马克思主义政党应有的理论视野。解决中国问题，尤其是考虑当代中国的发展问题，离不开对当今时代及世界问题的认识。其中最为重要的，就是要对时代主题和世界发展趋势作出科学的分析和准确的判断。胡锦涛总书记指出："正确判断时代特征，准确把握发展趋势，科学制定目标任务，是关系到马克思主义政党前途命运的重大问题，也是衡量马克思主义政党先进性的重要根据。"① 我们党在马克思主义时代观的基础上，以科学的思维审视时代的发展和世界的变化，作出了和平与发展是当今时代主题的科学判断。这一判断，丰富和发展了马克思主义的时代观，同时也使中国特色社会主义理论体系有了全新的世界视野。在此基础上，我们党进一步提出，世界多极化是当今国际形势的一个突出特点，经济全球化、科技革命迅猛发展以及各种文化相互激荡是当今世界的基本特征，求和平、谋发展、促合作已成为不可阻挡的时代潮流。这样一些认识的形成，使我们观察和解决世界各种问题有了新的着眼点和立足点，也为我国确立和实行一系列对外政策奠定了立论基础，为我国始终不渝地走和平发展道路提供了时代依据。

中国特色社会主义理论体系提出的社会主义初级阶段理论，体现了对马克思主义关于社会主义社会发展阶段理论的运用和发展。社会主义社会的成熟和完善，是一个渐进的过程，也是有阶段性的发展过程。不同的历史起点，也决定社会主义社会有不同的起始的过程。这是马克思主义关于未来新社会发展的一个基本观点。社会主义制度在中国的建立，表明中国已经进入社会主义社会。但中国的社会主义是脱胎于半殖民地半封建社会的，将长期处于经济文化比较落后的不发达状态。我们党运用马克思主义关于社会主义发展的阶段理论及方

---

① 《十六大以来重要文献选编》（下），中央文献出版社 2008 年版，第 521 页。

法，深刻分析中国的社会发展状态，作出我国正处于并将长期处于社会主义初级阶段的判断，并强调这个阶段是中国逐步摆脱贫穷落后、基本实现现代化的阶段。社会主义初级阶段的提出，解决了马克思主义同当代中国实际相结合的一个关键问题，也凸显了发展问题在当代中国的重要性，使中国特色社会主义理论体系有了坚实的理论起点。同时，这一论断的提出，也为我们党的大政方针的制定提供了可靠的理论依据，为我们党纠正各种偏差、抵制各种错误倾向提供了基本准则。

中国特色社会主义理论体系把发展作为当代中国的主题，明确发展是党执政兴国的第一要务，坚持了马克思主义关于人类社会发展的基本观点，深化了马克思主义关于无产阶级政党历史使命的思想。建立和巩固社会主义制度，实现劳动群体的解放，为促进人的自由而全面发展创造条件，这是无产阶级政党的历史使命。社会主义制度以后，无产阶级政党必须把发展置于社会首位，承担起推动社会发展的历史责任。只有不断推进社会的全面发展，才有"可能保证一切社会成员有富足的和一天比一天充裕的物质生活"，也才有"可能保证他们的体力和智力获得充分的自由的发展和运用"①，从而真正成为社会的主人、自然界的主人以及自身的主人。而对于像中国这样的经济文化比较落后的国家来说，发展的问题格外突出，也格外重要。中国特色社会主义理论体系根据马克思主义关于社会发展是全面的，而生产力是社会发展的最终决定力量的思想，明确提出了解放和发展生产力是中国特色社会主义的根本任务，党要始终代表先进生产力发展的要

---

① 《马克思恩格斯文集》第3卷，人民出版社2009年版，第563—564页。

求，同时也确立了以经济建设为中心、促进社会全面进步的发展思路和总体布局，并把以人为本的基本要求贯穿其中。经济建设着眼于提高和改善人民生活水平；政治建设着眼于保障人民当家做主的权利和合法权益；文化建设着眼于满足人民精神文化需求，丰富人们的精神世界；社会建设着眼于改善民生，协调各方面的利益关系，促进社会的公平正义；生态建设着眼于环境保护，实现人与自然的和谐共生。此外，中国特色社会主义理论体系提出的关于发展社会主义市场经济、建设社会主义民主政治、建设社会主义先进文化、构建社会主义和谐社会以及建设社会主义生态文明等重要理论观点，既是对马克思主义的创造性发展，也为社会主义社会的全面建设和全面发展明确了方向。按照多位一体的总体布局，全面推进中国特色社会主义事业，已成为当代中国共产党人的重要使命。

中国特色社会主义理论体系提出的改革开放是社会主义社会发展动力的思想，为马克思主义的社会发展动力理论增添了新的内容。马克思主义认为，人类社会是生产力与生产关系的矛盾运动中向前发展的。在存在着剥削制度和阶级对立的社会里，生产力和生产关系的矛盾直接表现为阶级矛盾，因此阶级斗争是阶级社会发展的直接动力。在消灭了剥削制度和剥削阶级的社会主义社会里，是否还存在着矛盾，关于这个问题，马克思恩格斯没有留下现成的答案。在这个问题上，毛泽东作出了重要的理论贡献。他指出："在社会主义社会，基本矛盾仍然是生产力与生产关系之间的矛盾，经济基础与上层建筑之间的矛盾。"[1]他认为，这种基本矛盾同旧社会的基本矛盾，具有根本

---

[1] 《毛泽东著作选读》下册，人民出版社 1986 年版，第 767 页。

不同的性质和状况，不是对抗性的矛盾，可以经过社会主义制度本身得到解决。中国特色社会主义理论体系在马克思主义关于社会基本矛盾理论和毛泽东的认识基础上，提出了改革开放是解决社会主义社会基本矛盾唯一途径和方法，揭示了社会主义社会发展和进步的活力源泉，从而使社会主义制度的巩固有了可靠的路径选择。

中国特色社会主义理论体系包含的一系列加强和改进党的建设的理论观点，深化和丰富了对共产党执政规律的认识，坚持和发展了马克思主义党的建设理论。社会主义事业和共产党的领导，是密不可分的一个整体。社会主义事业的开创，必须要有党的领导；社会主义事业的巩固和发展，也离不开党的领导。党的领导是社会主义事业健康发展的根本保证。我们党根据国情、世情和党情的变化，正确应对党面临的新课题新考验，以改革的精神全面推进党的建设，把提高执政能力、加强党的先进性建设同推进中国特色社会主义事业结合起来，在加强和改进党的建设方面形成了一系列创新性理论观点，使马克思主义建党理论有了更加丰富的内容；也保证了我们党始终能够站在时代前列，始终成为中国特色社会主义事业的坚强领导核心。

中国特色社会主义理论体系对马克思主义的坚持和发展是多方面的。以上阐述只是择其要者，但也足以说明中国特色社会主义理论体系与马克思主义的内在联系。

三、继续坚持和发展中国特色社会主义理论体系就是坚持和发展马克思主义

中国特色社会主义理论体系在解答了当代中国及世界相关问题的

同时，也赋予马克思主义以新的生机和活力，是坚持和发展马克思主义的新典范。在当代中国，继续坚持中国特色社会主义理论体系，就是继续坚持马克思主义；进一步发展中国特色社会主义理论体系，就是进一步发展马克思主义。

中国共产党是以马克思主义立党治国的政党，坚持和发展马克思主义是不可动摇的原则，也是"天经地义"的事情。对于中国共产党来说，马克思主义首先是一面旗帜，旗帜之下才能集聚志同道合的社会先进分子和优秀成员。先进分子和优秀成员集中在一起，看问题、办事情，必须有共同的准则。马克思主义的立场、观点和方法，就是共产党人思想和行为的基本准则。没有这样的共同基本准则，就不可能想到一起、干到一起去。马克思主义基本原理所反映的社会发展规律，就是共产党人推进党和国家的事业的根本遵循。坚持和发展马克思主义，不是简单地去重复马克思主义的立场、观点、方法和基本原理，更不是简单地按照马克思、恩格斯和列宁的一些设想去改造现实，关键是要把马克思主义与实际进行科学有效的结合，解决实际问题。解决了实际问题，旗帜才能高举，准则才能坚守。这种结合并不是从书本出发，不是书本上有啥就结合啥；也不是从前人的某些看法和结论出发，不是前人怎么说我们就怎么做。而是要从实际出发，着眼于实际问题的关键所在，运用马克思主义的立场、观点和方法，遵循马克思主义的基本原理，进行新的认识和思考，提出解决问题的新思路。这样结合，就会产生新的话语，形成新的话语体系。中国特色社会主义理论体系就是在这样的结合中形成和发展起来，它所解答的是当代中国及世界问题，思想根基始终是马克思主义的。正因为有这样的根基，中国特色社会主义理论体系才有了与马克思主义一脉相承、与时俱进的内在联系。

也有人认为，中国特色社会主义理论体系与马克思主义渐行渐远，甚至认为背离了马克思主义。之所以产生这样的看法，其中一个主要原因，恐怕还是在自觉不自觉地拿书本的一些结论或论断去衡量我们今天的实践，或自觉不自觉地还在用教条化的思维去看待我们今天的理论发展。如这样，自然就对中国特色社会主义理论体系难以形成正确的认识和理解。对于马克思主义，需要有整体的认识，也要有科学的把握。马克思主义的立场、观点、方法和基本原理，只是为我们提供了解决问题的指导思想和基本原则，而不可能是解决一切问题的现成答案。马克思主义的立场、观点和方法只有在实际运用中才能体现出其价值所在，马克思主义的基本原理只有同各国具体实践相结合才能反映出严密的逻辑力量，马克思主义的理想追求只有同人民群众愿望与要求联系在一起才能产生远大的历史感。如果我们只是简单地重复马克思主义立场、观点、方法和基本原理，或只是停留在对马克思主义教条式理解中，拘泥于一些具体的结论，就无法解决当代中国及当今世界发展中遇到的各种问题。正如江泽民所指出的那样："如果不顾历史条件和现实情况的变化，拘泥于马克思主义经典作家在特定历史条件下、针对具体情况作出的某些个别论断和具体行动纲领，我们就会因为思想脱离实际而不能顺利前进，甚至发生失误。"①在坚持和发展马克思主义过程中，我们要把马克思主义的立场、观点、方法和基本原理同马克思主义经典作家的个别结论区别开来。马克思、恩格斯还有列宁，他们在特定的历史条件下，就某个国家或某

—————
① 《江泽民文选》第三卷，人民出版社 2006 年版，第 282—283 页。

个具体问题提出的一些设想、个别结论，不一定都具有普遍性。有的判断当时是正确的，但后来条件变了；有的看法和认识受到历史条件的局限，恐怕一开始也不是很正确。静止孤立地去看待马克思主义，简单地用一些个别结论或观点去衡量实践，裁剪生活，只能会束缚自己的手脚。深入体会中国特色社会主义理论体系的形成及其理论观点，我们可以更加深切地认识到：离开本国的实际，离开时代的发展，来谈论马克思主义，没有什么实际意义；把马克思主义同现实生活割裂开来、对立起来，没有出路。用邓小平的话说："我们坚信马克思主义，但马克思主义必须与中国实际相结合。只有结合中国实际的马克思主义，才是我们所需要的真正的马克思主义。"①

丰富多彩、生动变化的实践是马克思主义保持蓬勃生机和活力的永恒源泉。马克思主义是源于实践的理论，也是指导实践的理论。离开了社会实践，离开了时代的要求，马克思主义就不可能成为充满生机和活力的思想理论，也不可能对人类社会的发展和进步产生这么持久的影响。我们党在运用马克思主义思考解决当代中国问题的时候，不是静止孤立地去看待马克思主义，不是用书本上某些结论来解释或规范实际生活，而是把马克思主义放到现实的基础上，在解决实际问题过程中进行新的理论思考和新的理论创造。中国特色社会主义理论体系集中反映这种探索和创新的理论认识。这一理论体系立足当代中国，以当代中国面临的问题和我们正在做的事情为中心，着眼于马克思主义的运用，从而使马克思主义有了新的发展、新的内涵。它体现了马克思主义在当代中国的新发展，也体现了我们党的指导思想的与

---

① 《邓小平文选》第三卷，人民出版社 1993 年版，第 213 页。

时俱进。

马克思主义是不断发展的开放的理论，中国特色社会主义理论体系作为马克思主义中国化的最新成果，也是一个不断发展的开放的理论体系。它既是我们推进实践创新的指导思想，又是我们深化理论探索的崭新起点。坚持中国特色社会主义理论体系，必须结合实际继续推进理论创新。"我们既不能把书本上的个别论断当作束缚自己思想和手脚的教条，也不能把实践中已见成效的东西看成完美无缺的模式。"① 实践永无止境，理论探索和创新也永无止境。世界在变化，时代在前进。中国特色社会主义作为一项全新的开创性事业还在实践中、探索中，无论是现在还是未来，我们都还有许多重大课题需要作进一步探索，需要作进一步解答。新的实践需要理论的不断丰富和发展，也为理论的丰富和发展提供着新的经验。实践进入新的历史时期，理论发展也必然要随之进入一个新起点。把已有的理论运用到新的实践中，会使已有的理论得到丰富和发展，而在新的实践基础上提出新的理论观点，就会给已有的理论增添新的内容，使已有的理论得到更大的丰富和发展。这也就意味着，中国特色社会主义理论体系的进一步丰富和发展是历史的要求，是实践的要求，也是时代的要求。

中国特色社会主义理论体系、中国特色社会主义道路和中国特色社会主义制度，构成了马克思主义在当代中国三位一体的整体发展。中国特色社会主义理论体系，是马克思主义中国化的理论表达；中国特色社会主义道路，是马克思主义中国化的实践探索；中国特色社会主义制度，是马克思主义中国化的制度体现。随着中国特色社会主义

① 《十七大以来重要文献选编》（上），人民出版社 2009 年版，第 812 页。

理论体系的形成和发展，中国特色社会主义道路在不断拓展，中国特色社会主义制度也日趋完善。在当代中国，坚持和发展马克思主义，必须坚定不移地坚持和发展中国特色社会主义理论体系。只有坚持和发展中国特色社会主义理论体系，才能坚定不移地坚持和拓展中国特色社会主义道路，坚定不移地坚持和完善中国特色社会主义制度。

（作者系中共中央党校马克思主义理论教研部副主任、教授）

中国特色社会主义是"道路、理论体系、制度"的有机统一

牛先锋

中国特色社会主义,是中国共产党领导中国人民在改革开放和现代化建设的进程中形成的道路、理论体系、制度的总称。中国特色社会主义道路、理论体系、制度有共同的实践基础、共同的时代条件、共同的价值指向。三者统一于中华民族伟大复兴的目标,统一于改革开放的实践,统一于人类文明发展的大道。

一、统一于中华民族伟大复兴的目标

马克思主义认为:"人们自己创造自己历史,但他们是在既定、制约着他们的环境中,在现有的现实关系的基础上进行创造的,在这些现实关系中,经济关系不管受到其他关系——政治的和意识形态的——多大影响,归根结底还是具有决定意义的,它构成一条贯彻始终的、唯一有助于理解的红线。"① 唯物史观的科学论

① 《马克思恩格斯选集》第4卷,人民出版社1995年版,第732页。

断，为我们理解和把握中国特色社会主义道路、理论体系和制度的统一，提供了一个方法论基础。即分析中国社会"现有的现实关系"以及深植于历史中的"经济关系"，是理解三者统一的关键所在。

中华民族曾经在世界上有着辉煌历史，直到 18 世纪末 19 世纪初，中国的经济总量居世界第一、制造业产值几乎占世界问题的 1/3，对外贸易长期出超，是名副其实的世界经济和人口大国。然而，当西方工业革命如火如荼展开、自由贸易蓬勃发展、资本为了利润而奔走于世界各地、人类历史由国别史向世界史急剧转变之际，夜郎自大、闭关锁国的中华帝王们却迷恋于帝国梦幻中，自认为天朝物产丰盈，无所不有，没有必要与夷人互通有无。到了 19 世纪初，大清帝国已经成为笼中困兽，历史的辉煌幻化成了落日的余晖。面对工业革命洗礼后船坚炮利的西方列强，晚清政府屡战屡败，被迫开放口岸、割地赔款、丧失主权，一步一步地沦为西方列强的半殖民地。

近代中国是在枪炮的威逼之下被迫向世界历史转变的，马克思在总结中国这段历史时敏锐地指出："一个人口几乎占人类三分之一的大帝国，不顾时势，安于现状，人为地隔绝于世并因此竭力以天朝尽善尽美的幻想自欺。这样一个帝国注定最后要在一场殊死的决斗中被打垮：在这场决斗中，陈腐世界的代表是激于道义，而最现代的社会的代表却是为了获得贱买贵卖的特权——这真是任何诗人想也不敢想的一种奇异的对联式悲歌。"[1]倘若不是从道义而是从社会进步的方

---

[1] 《马克思恩格斯文集》第 2 卷，人民出版社 2009 年版，第 632 页。

向判断，这场战争是进步淘汰落后、现代超越传统、机器大工业战胜小农生产的战争。中国小农经济这一现实的经济关系决定了战争一开始，胜败就昭然若揭了。

在沦为半殖民地的过程中，中国的草根力量曾经以太平天国起义、义和团运动来抗争；精英阶层曾经用戊戌变法、辛亥革命的方式作探索，体制内的上层借助洋务运动来救国图强。但是，太平天国起义只是对旧王朝的一次战争，对于中国社会性质的改变不会有更大的影响。义和团的草根抗争，既没有救国方案，更没有思想武装，只不过是"刀枪不入"的正义猛士砍洋人头的把式。戊戌变法是体制内的知识分子提出的社会改良方案，当这种改良一旦触及王朝的根基，皇帝的保护伞就成了王朝的阴谋，改良者的头颅落地、改良方案流产就不可避免了。抱着"中体西用"的理念，体制内的上层权贵搞起了洋务运动，然而"中体"之痼疾必使"西用"之不强，洋务运动终于在日本的炮艇声中宣告了破产。孙中山领导的辛亥革命推翻了帝制，建立了民国，在企图以资本主义制度发展中国时，复辟的逆流和外来势力的干预便中断了走资本主义道路的历史逻辑。无论是农民起义、上层图强，还是精英探索、孙中山革命，都没能找到一条实现民族独立的道路。

病入膏肓的近代中国，被十月革命炮响警醒。1917 年列宁领导的俄国十月革命在经济文化比较落后国家发生并取得了胜利，这在资本主义世界的链条上打开了个缺口，也给东方殖民地半殖民地国家提出了一条可供选择的现代化发展道路。毛泽东在论述俄国十月革命对中国的影响时指出："十月革命帮助了全世界的也帮助了中国的先进知识分子，用无产阶级的宇宙观作为观察国家命运的工具，重新考虑

自己的问题。走俄国人的路——这就是结论。"①走俄国人的路，就是
走社会主义道路。选择信仰马克思列宁主义，用马克思主义世界观和
方法论来解决中国民族复兴的问题，探索实现国家独立人民解放的道
路，也就有了中国共产党。中国共产党人把马克思主义与中国革命的
实际相结合，形成了马克思主义中国化的第一个理论成果——毛泽东
思想。在毛泽东思想的指引下，中国人民经过艰苦卓绝的奋斗，完成
了中华民族伟大复兴任务的第一步——国家独立、人民解放。

中国要立于世界民族之林，具有大国气派、大国雄风、大国地
位，国家独立之后必须通过建设来完成国家强盛、人民富裕第二个历
史性课题。而要解决第二个历史性课题，就需要探索一条最有利于自
己发展的建设道路，确立一个适合中国国情的制度。中国共产党领导
的新民主主义革命胜利和社会主义制度的建立，决定了中国建设道路
的目标和价值指向必然是社会主义，苏联是我们搞社会主义学习的最
直接的样板。所以，新中国成立之后的前八年，我国基本上是照搬苏
联的模式，直到苏联方面暴露了他们在建设社会主义过程中的一些缺
点和错误之后，毛泽东才提出了"以苏为鉴"、"创造新的理论，写出
新的著作"②的观念，号召全党要以马克思主义为指导，结合中国实
际，探索自己的社会主义建设道路。

从 1956 年中国共产党开始了自己发展道路独立的探索，毛泽东
在调查研究的基础上先后写下了《论十大关系》、《关于正确处理人
民内部矛盾的问题》等著作，集中论述了社会主义建设中应处理好

---

① 《毛泽东选集》第四卷，人民出版社 1991 年版，第 1471 页。

② 《毛泽东文集》第 8 卷，人民出版社 1999 年版，第 109 页。

的重大关系，社会主义建设时期我国社会的主要矛盾及其处理方法；在1956年党的八大上我们党又形成了一系列文件和报告，对我国社会主义建设中存在的矛盾、任务、发展目标等问题都进行了符合中国实际的论述。尽管以毛泽东为代表的第一代中共领导集体在探索自己社会主义建设道路方面，取得了积极的成果，但始终没有突破苏联模式，以至于在极"左"思想影响下，发生了"文化大革命"十年内乱，结果是既搞乱了对社会主义的认识，也使国民经济到了崩溃的边缘，大大地贻误了民族复兴的进程。

从"既定、制约着他们的环境中"出发，中国共产党在解决中国民族独立、人民解放这个历史性课题进程中，以马克思主义为指导，探索到了一条适合自己的道路、确立了一个团结奋进的理论指南、奠定了社会主义的制度基础。这条道路、这个理论、这个制度源于中华民族伟大复兴的历史任务之中，既是中国近现代历史发展的逻辑结果，又设立了中国特色社会主义形成的"既定的"历史前提。

二、统一于中国改革开放的实践基础之上

近代以来历史发展留给中国的"既定的"环境，决定了中国特色社会主义道路、理论体系和制度必须具有两方面的内涵：一是继续完成民族复兴的伟大任务，一是坚持社会主义性质。中国特色社会主义就是在这个前提下，从总结历史经验教训开始起步的。

"文化大革命"结束之后，邓小平在总结中国社会主义建设的历史时说：我们的经验教训有许多条，最重要的一条，就是要搞清楚什么是社会主义，在这个问题上也要解放思想；社会主义如果老是穷

的，它就站不住。中国搞了这么多年社会主义，人民生活还是这样贫困，我们对不起人民，如果这也叫社会主义，这样的社会主义我们宁肯不要；中国再不发展就有被开除球籍的危险。在这里，邓小平清醒地认识到两个问题：第一，要重新认识什么是社会主义，在中国这样一个经济文化落后的国家里如何建设和巩固社会主义；第二，在中国搞社会主义必须把国家强盛与人民富裕统一起来，找到一条既不丢掉社会主义性质又能实现民族复兴的发展道路。实践中，中国特色社会主义就是在解决这两大问题的过程中形成的。

1978 年党的十一届三中全会拉开了中国改革开放的序幕，以邓小平为核心的党的第二代领导集体，针对中国贫穷落后的现实，不无感叹地说我们太穷了，对不起人民，提出发展是硬道理，不发展只能是死路一条；针对与世界发达国家的发展差距和世界现代化的大势，提出中国再不发展就有被开除球籍的危险。针对苏联模式的弊端，提出了搞社会主义不能照搬别国的模式，"走自己的路，建设有中国特色社会主义"的重大命题，重新规划了中国现代化建设三步走的发展战略。针对长期以来对我国社会主义历史方位的错误判断，提出了我国处于并将长期处于社会主义初级阶段，分析了社会主义初级阶段的主要矛盾、发展动力、政治保障、发展目标、领导核心、依靠力量等，形成了党在社会主义初级阶段的基本路线。针对长期以来对社会主义本质的错误理解，得出了一系列重要的判断：贫穷不是社会主义，社会主义要消灭贫穷；讲社会主义，首先就是要使生产力发展；没有民主就没有社会主义；平均主义和两极分化都不是社会主义，社会主义最大的优越性就是共同富裕；计划和市场都是经济手段，社会主义也可以搞市场经济。

　　在改革开放的实践中形成的这些思想观点和理论判断,既坚持了科学社会主义的基本原则,又具有鲜明的中国特色,它揭示了社会主义的本质属性和民族复兴的根本途径,开辟了一条中国特色的发展道路,形成了新的建设中国特色社会主义理论,巩固和完善了中国特色社会主义制度,在全党和全国各族人民面前树立起了邓小平理论这一伟大旗帜。邓小平理论实质上就是中国特色社会主义道路、理论体系和制度的高度统一,是对改革开放以来中国实践经验的凝练和升华。

　　世纪之交,国际局势风云变幻,国内外政治风波、经济风险等对受命于重大历史关头的党的第三代中央领导集体提出了严峻的考验。中国举什么旗、走什么路,以什么理论作指导,再次成了国人和世人关注的焦点。党的十三届四中全会以来,以江泽民为核心的党的第三代中央领导集体,高举邓小平理论伟大旗帜,"坚定不移,毫不动摇,全面执行,一以贯之"[1]地坚持党的基本路线,在领导党和人民继续推进中国特色社会主义伟大事业的进程中,不断深化改革、扩大开放,不断加强和改进党的建设,逐步形成了"三个代表"重要思想。"三个代表"重要思想是在改革开放新的实践中形成的,是对改革开放经验的进一步总结,同时又深化和推动了改革开放的进程。它进一步拓展了中国特色社会主义道路、丰富了中国特色社会主义理论、完善了中国特色社会主义制度,在新的历史条件下,推进了中华民族伟大复兴的进程。

　　进入新世纪后,中国的现代化发展又站在一个新的历史起点上,我国发展面临的机遇和挑战都前所未有。以胡锦涛为总书记的党中

---

① 参见《江泽民文选》第一卷,人民出版社 2006 年版,第 57 页。

央，紧密结合新世纪新阶段国际国内形势的发展变化，提出以人为本、实现全面协调可持续发展、构建社会主义和谐社会、建设社会主义新农村、建设创新型国家、树立社会主义荣辱观、建设社会主义核心价值体系、推动建设和谐世界等重要思想，在坚定不移的改革开放的实践基础上，形成了科学发展观等重大战略思想，开拓了中国特色社会主义更为广阔的前景。

这30多年来中国发展的历史充分证明：中国特色社会主义道路、理论体系和制度是同改革开放分不开的，"改革开放是决定当代中国命运的关键抉择，是发展中国特色社会主义、实现中华民族伟大复兴的必由之路"；而改革开放以来我们取得的一切成绩和进步的根本原因，归结起来就是："开辟了中国特色社会主义道路，形成了中国特色社会主义理论体系"[1]，巩固和发展了中国特色社会主义制度。

三、统一于人类文明发展大道

人类社会从蒙昧走向野蛮，从野蛮走向文明，是历史发展的大势，也是人类文明发展的大道。在探索历史发展大势的动因时，马克思恩格斯发现："人们为了能够'创造历史'，必须能够生活。但是为了生活，首先就需要吃喝住穿以及其他一些东西。因此第一个历史活动就是生产满足这些需要的资料，即生产物质生活本身"。[2] 沿着"一切历史的第一个前提"，他们进一步揭示出："人们在自己生活的社会

---

① 《中国共产党第十七次全国代表大会文件汇编》，人民出版社2007年版，第10页。
② 《马克思恩格斯文集》第1卷，人民出版社2009年版，第531页。

生产中发生一定的、必然的、不以他们意志为转移的关系，即同他们的物质生产力的一定发展阶段相适合的生产关系。这些生产关系的总和构成社会的经济结构，即有法律的和政治的上层建筑竖立其上并有一定的社会意识形式与之相适应的现实基础。物质生活的生产方式制约着整个社会生活、政治生活和精神生活的过程。不是人们的意识决定人们的存在，相反，是人们的社会存在决定人们的意识。社会的物质生产力发展到一定阶段，便同它们一直在其中运动的现存生产关系或财产关系（这只是生产关系的法律用语）发生矛盾。于是这些关系便由生产力的发展形式变成生产力的桎梏。那时社会革命的时代就到来了。随着经济基础的变更，全部庞大的上层建筑也或慢或快地发生变革。"[1] 在这里，马克思恩格斯超越"精神动力"表象，发现了历史深处的"动力的动力"，勾勒出了文明进步的动力谱系：生活资料的需要—生产力—生产关系—经济基础—上层建筑—社会变革—文明进步。这个动力谱系揭示了人类历史的发展的客观规律，违背了这个规律，就将脱离人类文明发展的大道。

　　以马克思主义文明发展动力谱系来考察，中国特色社会主义不仅与人类文明发展相吻合，而且以自己的特色为人类文明的多样性发展作出了独特的贡献。

　　第一，生产力与生产关系的矛盾运动，是推动历史发展、文明进步的根本动力。其中，生产力的发展是最为根本的力量，列宁称其是判断"社会进步的最高标准"[2]。中国特色社会主义把发展放在第一

---

[1] 《马克思恩格斯文集》第 2 卷，人民出版社 2009 年版，第 591—592 页。
[2] 《列宁全集》第 16 卷，人民出版社 1988 年版，第 209 页。

位，认真吸取"落后就要挨打"的历史教训，强调"发展是硬道理"、"发展是执政兴国的第一要务"、"发展是科学发展观的第一要义"，始终以经济建设为中心，积极实施"三步走"战略，工业化、信息化、现代化、市场化和国际化并举，使我国社会生产力水平得到了飞跃式的提升。中国特色社会主义不仅强调发展生产力，而且强调通过改革开放解放生产力。在这三十多年中，我国成功实现了从高度集中的计划经济体制到充满活力的社会主义市场经济体制、从封闭半封闭到全方位开放的伟大历史转折，确立了以公有制经济为主体多种所有制经济共同发展的基本经济制度，按劳分配为主体、多种分配形式并存的分配制度，使生产关系与生产力发展基本相适应。在这三十多年中，我国经济增长速度高于同期世界平均速度的三倍，经济总量大幅度提高，生产力水平上了一个新的台阶。中国用短短的 30 年时间，走过西方近百年的发展之路，在人类文明史上创造了奇迹。

第二，经济基础决定上层建筑，这是唯物史观的基本原理。中国特色社会主义与和平发展的时代主题相统一，在发展社会主义市场经济，积极参与经济全球化的同时，其上层建筑领域与经济基础相适应也在不断改革。人民代表大会制度、中国共产党领导的多党合作和政治协商制度、民族区域自治制度得到完善，基层民主活力增强；中国特色社会主义法律体系基本形成，依法治国基本方略切实贯彻，人民当家做主的权利得到保障，民主法治、充满活力、廉洁高效的政治体制基本确立，社会主义政治文明得到了弘扬。以马克思主义为指导的意识形态建设和先进文化建设成效显著，社会主义核心价值体系建设顺利进行，全社会的文明程度进一步提高，中华文化已经成为中华民族共有的精神家园，中华文明的国际影响力得到提升。经过改革开放三十多年的发展，中国的基本政治制度、法律制度、政治体制、意识形态诸因素巩固了中国特色社会主义的经济基础，推动了中国生产力的发展，使中国沿着人类文明的大道前行。

第三，人民群众是创造历史的主体，"无论历史的结局如何，人们总是通过每一个人追求他自己的、自觉预期的目的来创造他们的历史，而这许多按不同方向活动的愿望及其对外部世界的各种各样作用的合力，就是历史。"① 中国特色社会主义从满足人民日益增长的物质文化需要这一根本前提出发，坚持以人为本，一切依靠人民、一切为了人民、发展的成果由人民共享，尊重劳动、尊重人才、尊重创造，注重调动每一个社会成员的积极性创造性，让创造社会财富的一切源泉充分涌流。在短短的三十多年时间内，我国人民生活总体上脱离了贫困、跨越了温饱、总体实现了小康，为世界反贫困事业创造了宝贵的经验，为人类文明作出了杰出的贡献。我国城乡居民收入快速增长，家庭财产普遍增多，社会保障事业快速发展，人民群众的幸福感在不断提高，"学有所教、劳有所得、病有所医、老有所养、住有所居"这一文明憧憬正在逐步实现，社会主义和谐社会建设在有序推进。

第四，生产力与生产关系矛盾运动的规律、经济基础与上层建筑矛盾运动的规律，是人类社会发展的一般规律，这些规律决定了社会形态的更替和人类文明演进的基本趋势。当然，"世界历史发展的一般规律……丝毫不排斥个别发展阶段在发展的形式或顺序上表

---

① 《马克思恩格斯文集》第4卷，人民出版社2009年版，第302页。

现出的特殊性"①。像俄国、中国这样经济文化比较落后的国家先于发达资本主义国家进入社会主义，就是历史发展"特殊性"的表现。但也正是这种"特殊性"，使得在经济文化比较落后国家如何建设社会主义文明成了20世纪人类的一大难题。列宁敏锐地看到了这一难题，并思考了解决这一难题的方法，他指出："我们只能用资本主义创造的材料来建立共产主义，只能用在资产阶级环境中培植起来、因而必然渗透着资产阶级心理的文明机构（因为这里说到的人才是文明机构的一部分）来建设共产主义。这就是建立共产主义社会的困难所在，但共产主义社会能够建立和顺利建立的保证也在这里。"②在这里列宁提出了，利用资本主义建设社会主义的设想。但是，毕竟列宁领导下的俄国实践是短暂的，后来苏联模式也僵化了。改革开放以来，中国共产党人在求解这一世纪难题时，坚持马克思主义与中国实际相结合、与时代发展同进步、与人民群众共命运，逐步形成和发展了中国特色社会主义道路、理论体系和制度，从人类文明发展规律、社会主义建设规律和执政党建设规律的高度，第一次比较系统地初步回答了在中国这样一个经济文化比较落后的国家如何建设和巩固社会主义的问题。不仅为中华民族伟大复兴开拓了更为广阔的前景，而且以自己的发展为人类文明的进步作出了独特的贡献。

总而言之，中国特色社会主义坚持以经济建设为中心，从解放生产力和发展生产力入手，不断调整改革与生产力不相适应的生产

---

① 《列宁选集》第4卷，人民出版社1995年版，第776页。
② 《列宁选集》第3卷，人民出版社1995年版，第690页。

关系、与经济基础不相适应的上层建筑，坚持科学发展、和谐发展、创新发展、和平发展、可持续发展，积极推动人的全面自由发展，既坚持了人类文明发展的基本规律，又结合中国国情，为经济文化比较落后国家的文明进步进行了有益的探索，丰富了人类文明发展的形式。

（作者系中共中央党校马克思主义理论教研部教授）

从毛泽东思想到科学发展观

——毛泽东思想与中国特色社会主义理论体系关系探源

李　捷

胡锦涛在纪念中国共产党成立 90 周年大会的讲话中指出："我们党坚持把马克思主义基本原理同中国具体实际结合起来，在推进马克思主义中国化的历史进程中产生了两大理论成果。"一大理论成果是毛泽东思想，另一大理论成果是中国特色社会主义理论体系。胡锦涛还进一步指出：中国特色社会主义理论体系"系统回答了在中国这样一个十几亿人口的发展中大国建设什么样的社会主义、怎样建设社会主义，建设什么样的党、怎样建设党，实现什么样的发展、怎样发展等一系列重大问题，是对毛泽东思想的继承和发展。"

中国特色社会主义理论是怎样从毛泽东思想发展而来的？中国特色社会主义理论又从毛泽东思想，特别是以毛泽东为代表的中国共产党人对中国社会主义建设道路的探索中，吸取了哪些有当代价值的养料？这是本文所要探讨的问题。

一、筚路褴褛：毛泽东等对建设什么样的社会主义、怎样建设社会主义进行的艰辛探索

以毛泽东为代表的中国共产党人，曾经成功地开辟了中国革命道路。中国革命的胜利证明，照搬别国革命的成功经验和模式不行，只有走自己的道路。

早在1956年以前，关于中国社会主义建设道路起点的探索就已经开始了，其成果具体体现在1954年共和国第一部宪法里，体现在通过社会主义三大改造所确立起来的社会主义制度体系里。如1954年宪法关于人民代表大会制度、民族区域自治制度的确立。这些都是同当时苏联等社会主义各国相比独具特色、富有创造性的政治制度，是中国新民主主义革命和社会主义革命成果的制度结晶。

1956年，是中国共产党引以为骄傲的一年。正是这一年，在毛泽东提出的"以苏为鉴"的思想指引下，对适合中国国情的社会主义建设道路的探索取得了两项重要成果。其一，就是著名的《论十大关系》的发表；其二，就是中共八大路线的制定。这两项成果，是紧密联系着的。前者为后者做了充分的思想准备，后者则对前者做了重要的补充和发挥。

《论十大关系》首先提出了建设社会主义国家的基本方针："我们一定要努力把党内党外、国内国外的一切积极的因素，直接的、间接的积极因素，全部调动起来，把我国建设成为一个强大的社会主义国家。"①

---

① 《毛泽东文集》第7卷，人民出版社1999年版，第44页。

在这个基本方针的指导下，又提出了中国社会主义经济建设、政治建设的新方针。在讨论《论十大关系》期间，毛泽东受到发言者的启发，还概括提出了领导科学文化建设的"双百"方针。他明确指出："艺术问题上的百花齐放，学术问题上的百家争鸣，我看应该成为我们的方针。"①

这样，在党的八大召开之前，从建设指导思想到经济建设、政治建设和科学文化建设的基本方针，都已经有了比较清晰的轮廓，为制定党的八大路线奠定了思想基础。

党的八大是中国共产党执政后召开的第一次全国代表大会，正确地分析了中国进入社会主义社会后面临的国际国内形势，明确了国内社会主要矛盾和党的主要任务，既集中体现了《论十大关系》的探索成果，又向前推进了一大步。

党的八大明确了社会主义社会的主要矛盾和主要任务，以及社会主义经济建设的基本方针，同时还着重提出执政党建设问题，进一步阐述了发展党内民主和人民民主的政治发展方向，并对改革经济管理体制提出了若干重要的、富有远见的设想。

历史证明，党的八大路线是正确的。在党的十一届三中全会前后开始的拨乱反正，就指导思想来说，实际上就是恢复党的八大正确路线，并在此基础上进一步发展。正因为如此，1981 年 6 月党的十一届六中全会通过的《关于建国以来党的若干历史问题的决议》指出："八大的路线是正确的，它为新时期社会主义事业的发展和党的建设指明了方向。"②

---

① 《毛泽东文集》第 7 卷，人民出版社 1999 年版，第 54 页。
② 《三中全会以来重要文献选编》下册，人民出版社 1982 年版，第 802 页。

探索并未就此止步。又过了半年，1957 年 2 月，毛泽东发表《关于正确处理人民内部矛盾的问题》，把对中国社会主义建设道路的探索推向新的高度。这一新的突破，是从对社会主义社会基本矛盾及其运行规律的认识开始的。《关于正确处理人民内部矛盾的问题》一文，无论对党的八大确定的政治路线，还是对其确定的经济、政治、文化、社会发展的具体方针，都有重要补充和重大发展，特别是从理论上使中国共产党人对社会主义社会的认识大大地向前推进了，集中体现了以毛泽东为代表的中国共产党人在八大后继续探索取得的积极成果。

1957 年下半年以后，对中国社会主义建设道路的探索逐渐进入了曲折发展的时期。这期间，既犯了经济上急于求成、急躁冒进的错误（如"大跃进"），又犯了政治上混淆两类矛盾、阶级斗争扩大化的错误（如反右派斗争严重扩大化）。但是，痛定思过。在觉察、纠正和反思的过程中，以毛泽东为代表的中国共产党人对社会主义建设道路的积极探索并没有就此止步，而且还在发展。如果说，前一段的探索成果主要是源于总结成功经验的话，那么，后来的探索成果则是对正反两方面经验教训的总结。

1957 年下半年到 1966 年"文化大革命"前夕，毛泽东从正反两方面经验教训中总结提出的中国社会主义建设道路的思想主要有：第一，重新端正探索中国社会主义建设道路的思想路线，强调一切从实际出发，深入调查研究，实事求是。第二，从理论上提出了社会主义社会需要划分阶段的问题，形成中国正处在不发达的社会主义阶段的重要论断。第三，提出要利用商品生产、商品交换和价值法则为社会主义服务。第四，提出社会主义经济建设要以农、轻、重为序，进一步发展了关于中国工业化道路的思想。第五，提出社会主义经济建设要注意搞好综合平衡。第六，领导全党制定各行各业的工作条例，初步形成适合中国国情的社会主义建设的各项具体政策。第七，正式提出实现社会主义四个现代化的奋斗目标，并制定了两步走战略。

以上，我们分三个阶段简要回顾了以毛泽东为代表的中国共产党人对中国社会主义建设道路的探索历程，着重回顾了探索取得的积极思想成果。

以毛泽东为代表的中国共产党人对中国社会主义建设道路的探索，是毛泽东思想科学体系不可分割的重要组成部分，是马克思主义中国化第一次历史性飞跃在新中国成立后的继续和发展，是中国共产党在改革开放和现代化建设新时期不断进行理论创新的思想动力和智慧源泉。正如胡锦涛在党的十七大报告中所指出："我们要永远铭记，改革开放伟大事业，是在以毛泽东同志为核心的党的第一代中央领导集体创立毛泽东思想，带领全党全国各族人民建立新中国、取得社会主义革命和建设伟大成就以及艰辛探索社会主义建设规律取得宝贵经验的基础上进行的。"①

同时，我们也要看到，同所有伟大的思想家一样，毛泽东对中国社会主义建设道路的艰辛探索，也具有时代的和历史的局限性。这主要表现在两个方面：其一，尽管提出了要探索自己的社会主义发展道路的历史任务，体现了理论创新上的高度自觉，并且在许多方面开始具有自己的特点，但从经济体制上说未能突破传统社会主义的制约，

---

① 《中国共产党第十七次全国代表大会文件汇编》，人民出版社 2007 年版，第 7 页。

而那些具有中国特点的制度也因为不断受到"左"的冲击，或者未能继续完善，或者未能很好坚持；其二，在1957年下半年以后，阶级斗争扩大化的错误倾向开始发展，党的八大对国内社会主要矛盾的正确判断被根本动摇，此后几经反复，终于在1962年9月党的八届十中全会以后，使"以阶级斗争为纲"在党的指导思想上占据了主导地位，最终导致了"文化大革命"的发动，演变成为"由领导者错误发动，被反革命集团利用，给党、国家和各族人民带来严重灾难的内乱"。

毛泽东也在可能的范围内尽力纠正已经觉察到的错误，包括纠正"文化大革命"中出现的错误，但他始终无力完成从根本上纠正自身的错误。根本实现使中国的社会主义发展从高度集中的计划经济体制到充满活力的社会主义市场经济体制、从"以阶级斗争为纲"到以经济建设为中心的伟大历史转折，就历史地落在了以邓小平为代表的中国共产党人肩上，由此开创了改革开放和现代化建设的新时期，也开启了马克思主义中国化的第二次历史性飞跃。

二、开辟新路：邓小平等开创中国特色社会主义道路的艰辛历程及其理论贡献

回顾中国特色社会主义道路和理论体系形成的过程，可以说，恢复、坚持、发展毛泽东思想科学体系，在邓小平实现马克思主义中国化第二次历史性飞跃的过程中，在创立中国特色社会主义理论的过程中，起了十分重要的作用。这集中地体现在以下四个方面：

（一）准确地完整地理解毛泽东思想，重新回到毛泽东思想的正

确轨道上来，是邓小平打破"两个凡是"的思想禁锢，掀起第二次思想解放运动的锐利武器

"文化大革命"十年，人们思想受到极"左"思潮的严重束缚，出现了万马齐喑的不正常局面。1976 年 10 月，中共中央毅然粉碎江青反革命集团，这给中国社会主义事业的发展带来了极其重要的历史转机。然而，在这关键的历史时刻，却出现了以"两个凡是"为代表的思想阻碍。因此，中国共产党指导思想上的拨乱反正是从重新恢复实事求是思想路线，重新恢复党的八大正确路线，重新恢复毛泽东思想的本来面目开始的。

邓小平旗帜鲜明地提出"要用准确的完整的毛泽东思想来指导我们全党、全军和全国人民"①的问题。他旗帜鲜明地指出："'两个凡是'不符合马克思主义"。"这是个重要的理论问题，是个是否坚持历史唯物主义的问题。彻底的唯物主义者，应该像毛泽东同志说的那样对待这个问题。马克思、恩格斯没有说过'凡是'，列宁、斯大林没有说过'凡是'，毛泽东同志自己也没有说过'凡是'"②。这里，邓小平着重批评的是那种不顾时间、地点、条件变化而照搬套用毛泽东的个别词句的思想僵化倾向，强调"要对毛泽东思想有一个完整的准确的认识，要善于学习、掌握和运用毛泽东思想的体系来指导我们各项工作"③。

随后，邓小平在讲话中更点明了"两个凡是"的实质。他说："毛

---

① 《邓小平文选》第二卷，人民出版社 1994 年版，第 39 页。
② 《邓小平文选》第二卷，人民出版社 1994 年版，第 38—39 页。
③ 《邓小平文选》第二卷，人民出版社 1994 年版，第 42 页。

泽东同志的错误在于违反了他自己正确的东西。'两个凡是'的观点就是想原封不动地把毛泽东同志晚年的错误思想坚持下去。所谓按既定方针办,就是按毛泽东同志晚年的错误方针办。"①"我们现在讲拨乱反正,就是拨林彪、'四人帮'破坏之乱,批评毛泽东同志晚年的错误,回到毛泽东思想的正确轨道上来。"②邓小平在讲话中提出的"批评毛泽东同志晚年的错误,回到毛泽东思想的正确轨道上来",实际上是同一个问题紧密联系着的两个方面。不分清毛泽东思想的科学体系和毛泽东的晚年错误,就不可能恢复毛泽东思想的本来面目,就不可能从根本上冲破"两个凡是"的思想禁锢。邓小平明确指出:"凡是毛泽东同志圈阅的文件都不能动,凡是毛泽东同志做过的、说过的都不能动。这是不是叫高举毛泽东思想的旗帜呢? 不是! 这样搞下去,要损害毛泽东思想。毛泽东思想的基本点就是实事求是,就是把马列主义的普遍原理同中国革命的具体实践相结合。毛泽东同志在延安为中央党校题了'实事求是'四个大字,毛泽东思想的精髓就是这四个字。"③

正如邓小平在党的十一届三中全会前夕发表的《解放思想,实事求是,团结一致向前看》中指出的那样:"解放思想,开动脑筋,实事求是,团结一致向前看,首先是解放思想。""只有解放思想,坚持实事求是,一切从实际出发,理论联系实际,我们的社会主义现代化建设才能顺利进行,我们党的马列主义、毛泽东思想的理论也才能顺

---

① 《邓小平文选》第二卷,人民出版社 1994 年版,第 298 页。

② 《邓小平文选》第二卷,人民出版社 1994 年版,第 300 页。

③ 《邓小平文选》第二卷,人民出版社 1994 年版,第 126 页。

利发展。从这个意义上说，关于真理标准问题的争论，的确是个思想路线问题，是个政治问题，是个关系到党和国家的前途和命运的问题。"①

总之，在党的十一届三中全会前后完成指导思想上的拨乱反正、迎接改革开放和现代化建设新时期的伟大转折过程中，准确地完整地理解毛泽东思想科学体系、坚持和发展毛泽东思想，成为邓小平奋力开创中国特色社会主义新事业，开拓马克思主义中国化的新境界的锐利思想武器，成为创立中国特色社会主义理论体系的思想先导。

（二）正确评价毛泽东和毛泽东思想的历史地位，是邓小平继往开来，正确地总结历史经验，团结一致开创新局面的中心环节

作为改革开放总设计师的邓小平，"解决了科学评价毛泽东同志的历史地位和毛泽东思想的科学体系、根据新的实际和发展要求确立中国社会主义现代化建设的正确道路这样两个相互联系的重大历史课题"②，由此奠定了他的两大历史性贡献。"一个是领导全党总结建国以来的历史经验，纠正'文化大革命'的错误，坚持科学地认识和评价毛泽东同志的历史地位和毛泽东思想的科学体系。另一个是创立和发展了建设有中国特色社会主义理论，制订了党在社会主义初级阶段'一个中心、两个基本点'的基本路线，确立了党在经济、政治、外交、教育、科技、文化、军事、祖国统一、党的建设等方面的一整套方针政策，成功地开辟了在改革开放中实现社会主义现代化的新

---

① 《邓小平文选》第二卷，人民出版社 1994 年版，第 141、143 页。
② 胡锦涛：《在邓小平同志诞辰 100 周年纪念大会上的讲话》，《人民日报》2004 年 8 月 22 日、2004 年 8 月 23 日。

道路。"①

邓小平是怎样成功地破解总结历史与开辟未来这道难题的呢?
1979年11月至1981年6月,在邓小平的亲自主持下,中共中央集
中全党的意志和智慧,用了一年零八个月的时间,作出了《关于建国
以来党的若干历史问题的决议》(以下简称"第二个历史决议")。第
二个历史决议实事求是地评价了毛泽东和毛泽东思想的历史地位,对
新中国成立以来的重大历史事件作出了基本结论,从根本上否定了
"文化大革命"的理论和实践。第二个历史决议还肯定了党的十一届
三中全会以来逐步确立的适合中国情况的建设社会主义现代化强国的
道路,进一步指明了中国社会主义事业和党的工作继续前进的方向。

特别值得指出的是,邓小平起草的第二个历史决议,将总结历史
与开辟未来有机地统一来评价毛泽东和毛泽东思想的历史地位。第
一,邓小平明确了第二个历史决议所要解决的核心问题及其根本目
的。他指出:"确立毛泽东同志的历史地位,坚持和发展毛泽东思想。
这是最核心的一条。不仅今天,而且今后,我们都要高举毛泽东思想
的旗帜。"②第二,要正确评价毛泽东和毛泽东思想的历史地位,就必
须指出毛泽东的晚年错误,必须把毛泽东思想和毛泽东的晚年错误严
格区分开来。如何对待毛泽东的晚年错误,邓小平确立了一个原则,
叫做"恰如其分"。

总结历史与开辟未来,在党的第十二次全国代表大会上,又一次

---

① 中共中央、全国人大常委会、国务院、全国政协、中央军委:《告全党全军全国
    各族人民书》,《人民日报》1997年2月19日、1997年2月20日。
② 《邓小平文选》第二卷,人民出版社1994年版,第291页。

找到了交汇点。邓小平在大会开幕词中提出："把马克思主义的普遍真理同我国的具体实际结合起来，走自己的道路，建设有中国特色的社会主义，这就是我们总结长期历史经验得出的基本结论。"[①] 正是在总结正反两方面经验教训的基础上，邓小平第一次提出了"建设有中国特色的社会主义"这个科学命题，由此开始了开辟中国特色社会主义道路、创立中国特色社会主义理论的伟大征程。正因为如此，薄一波把这一历史过程称做"始于毛、成于邓"[②]。

（三）系统阐发毛泽东思想的科学体系，成为邓小平在新的历史条件下坚持和发展毛泽东思想，创立中国特色社会主义理论的思想基石

中国共产党对毛泽东思想的科学体系做过两次郑重的概括。第一次是 1945 年 5 月党的七大上，由刘少奇代表党中央所作的关于修改党章的报告里提出的。报告把毛泽东思想称做"马克思列宁主义的理论与中国革命的实践之统一的思想"，"毛泽东思想，从他的宇宙观以至他的工作作风，乃是发展着与完善着的中国化的马克思主义，乃是中国人民完整的革命建国理论"。[③] 第二次是党的十一届三中全会以后，在邓小平的主持下进行的。第二个历史决议对毛泽东思想做了如下三个方面的概括。

关于毛泽东思想的科学定义。第二个历史决议指出："毛泽东思想是马克思列宁主义在中国的运用和发展，是被实践证明了的关于中

---

① 《邓小平文选》第三卷，人民出版社 1993 年版，第 3 页。

② 薄一波：《在学习邓选和建设有中国特色社会主义理论研讨会上的讲话》，《人民日报》1994 年 12 月 23 日。

③ 《刘少奇选集》上卷，人民出版社 1981 年版，第 333、335 页。

国革命的正确的理论原则和经验总结，是中国共产党集体智慧的结晶。我党许多卓越领导人对它的形成和发展都作出了重要贡献，毛泽东同志的科学著作是它的集中概括。"①

关于毛泽东思想的形成过程。第二个历史决议指出："主要在本世纪二十年代后期和三十年代前期在国际共产主义运动中和我们党内盛行的把马克思主义教条化、把共产国际决议和苏联经验神圣化的错误倾向，曾使中国革命几乎陷于绝境。毛泽东思想是在同这种错误倾向作斗争并深刻总结这方面的历史经验的过程中逐渐形成和发展起来的。它在土地革命战争后期和抗日战争时期得到系统总结和多方面展开而达到成熟，在解放战争时期和中华人民共和国成立以后继续得到发展。"②

关于毛泽东思想的科学体系。这就是我们通常所说的"六个方面"和"三个活的灵魂"。第二个历史决议把毛泽东思想的组成部分概括为六个方面：(1) 关于新民主主义革命；(2) 关于社会主义革命和社会主义建设；(3) 关于革命军队的建设和军事战略；(4) 关于政策和策略；(5) 关于思想政治工作和文化工作；(6) 关于党的建设。第二个历史决议还指出："毛泽东思想的活的灵魂，是贯穿于上述各个组成部分的立场、观点和方法，它们有三个基本方面，即实事求是，群众路线，独立自主。"③

以上概括，对于在新的历史条件下继续坚持和发展毛泽东思想，具有十分重要的意义，并使邓小平理论从创立之时起就同毛泽东思想

① 《三中全会以来重要文献选编》下册，人民出版社1982年版，第826页。
② 《三中全会以来重要文献选编》下册，人民出版社1982年版，第825—826页。
③ 《三中全会以来重要文献选编》下册，人民出版社1982年版，第832页。

形成了一脉相承而又与时俱进的紧密联系。

（四）在邓小平开辟中国特色社会主义道路、创立中国特色社会主义理论体系的过程中，从毛泽东思想中不断地吸取了丰富的思想养料

在科学地评价毛泽东和毛泽东思想的历史地位的同时，实践的发展不断地提出了一个根本性问题：怎样把毛泽东等开创的社会主义事业继续推向前进？邓小平对此回答说："从许多方面来说，现在我们还是把毛泽东同志已经提出、但是没有做的事情做起来，把他反对错了的改正过来，把他没有做好的事情做好。今后相当长的时期，还是做这件事。当然，我们也有发展，而且还要继续发展。"[1]

哪些是"把毛泽东同志已经提出、但是没有做的事情做起来"呢？例如，废除领导职务在事实上存在的"终身制"，是邓小平的一大贡献。而这个问题，在准备召开党的八大时，毛泽东就提了出来。

哪些是"把他反对错了的改正过来"呢？关于发展社会生产力的问题。邓小平指出："毛泽东同志是伟大的领袖，中国革命是在他的领导下取得成功的。然而他有一个重大的缺点，就是忽视发展社会生产力。不是说他不想发展生产力，但方法不都是对头的，例如搞'大跃进'、人民公社，就没有按照社会经济发展的规律办事。"[2]"如果说我们建国以后有缺点，那就是对发展生产力有某种忽略。社会主义要消灭贫穷。贫穷不是社会主义，更不是共产主义。"[3]

---

① 《邓小平文选》第二卷，人民出版社 1994 年版，第 300 页。

② 《邓小平文选》第三卷，人民出版社 1993 年版，第 116 页。

③ 《邓小平文选》第三卷，人民出版社 1993 年版，第 63—64 页。

　　哪些是"把他没有做好的事情做好"呢？例如，坚持实事求是的思想路线。前面已经提过，在十一届三中全会前夕，邓小平发表了《解放思想，实事求是，团结一致向前看》的重要讲话。为了说明解放思想的极端重要性，邓小平特意引用了毛泽东的一段论述："一个党，一个国家，一个民族，如果一切从本本出发，思想僵化，迷信盛行，那它就不能前进，它的生机就停止了，就要亡党亡国。这是毛泽东同志在整风运动中反复讲过的。"①毛泽东是破除教条主义、坚持实事求是的典范。但他到了晚年，由于指导思想上的错误，产生了对马克思主义经典作家的某些设想和论点的教条和误解，并陷入了阶级斗争严重扩大化的迷误。邓小平既发扬了毛泽东一贯倡导的解放思想、实事求是的精神，又从根本上纠正了对毛泽东的言论采取教条主义态度的错误倾向，使党和国家继续沿着正确的轨道前进。

　　在恢复、坚持中发展，在发展中恢复、坚持。正是在这一相辅相成的过程中，把正在形成和发展之中的邓小平理论同毛泽东思想紧密地结合在一起。从实事求是到解放思想、实事求是，从处在社会主义不发达阶段到处在社会主义初级阶段，从党的八大路线到一个中心、两个基本点的基本路线，从四个现代化到确定现代化建设的小康目标和"三步走"发展战略，从"一纲四目"到"一国两制"，等等，我们都可以清晰地描绘出一条从毛泽东思想到邓小平理论一脉相承而又与时俱进的发展脉络。这个发展脉络，也正是马克思主义中国化从第一次历史性飞跃发展到第二次历史性飞跃的历史过程，从党的第一代中央领导集体探索中国社会主义建设道路到党的第二代中央领导集体

---

① 《邓小平文选》第二卷，人民出版社 1994 年版，第 143 页。

开辟中国特色社会主义道路的历史过程，也就是在新时期创立中国特色社会主义理论体系的历史过程。

三、继往开来："三个代表"重要思想、科学发展观等重大战略思想对中国特色社会主义道路的进一步探索及其理论贡献

长江后浪推前浪，江山代有人才出。从邓小平理论到"三个代表"重要思想，再到科学发展观等重大战略思想，体现了中国特色社会主义事业的不断发展，体现了中国共产党指导思想的一脉相承而又与时俱进，体现了"中国特色社会主义理论体系是不断发展的开放的理论体系"。中国特色社会主义理论体系的不断发展、不断创新，既是时代发展和人民实践的必然，也是在新时期坚持和发展马克思列宁主义、毛泽东思想的必然。

具体来说，以江泽民为核心的党的第三代中央领导集体从毛泽东思想那里吸取智慧和养料，在不断推动中国特色社会主义实践创新和理论创新中，创立"三个代表"重要思想。

第一，中国共产党必须始终代表中国先进生产力的发展要求。

马克思主义认为，社会生产力是推动人类社会前进的最基础、最活跃、最革命的因素，坚持从社会物质生产特别是生产力和生产关系的矛盾运动来解释世界，认为生产力的总和决定着社会状况。毛泽东则把这一基本观点运用于判断政党作用性质的标准。在社会主义改造时期，毛泽东强调："社会主义革命的目的是为了解放生产力。"[①]进入

---

① 《毛泽东文集》第7卷，人民出版社1999年版，第1页。

社会主义社会以后，毛泽东进一步指出："在社会主义社会中，基本的矛盾仍然是生产关系和生产力之间的矛盾，上层建筑和经济基础之间的矛盾。"①

邓小平在纠正了偏离经济建设为中心的错误以后，更把解放生产力、发展生产力作为社会主义的本质特征之一，明确指出："社会主义的本质，是解放生产力，发展生产力，消灭剥削，消除两极分化，最终达到共同富裕。"②

中国共产党必须始终代表中国先进生产力的发展要求，是对上述论断的运用和阐发。江泽民指出："我们党要始终代表中国先进生产力的发展要求，就是党的理论、路线、纲领、方针、政策和各项工作，必须努力符合生产力发展的规律，体现不断推动社会生产力的解放和发展的要求，尤其要体现推动先进生产力发展的要求，通过发展生产力不断提高人民群众的生活水平。"③

第二，中国共产党必须始终代表中国先进文化的前进方向。

马克思主义认为，一定的文化是一定社会的政治和经济的反映，同时又对一定社会的政治和经济以影响和反作用。

在民主革命时期，以毛泽东为代表的中国共产党人，秉承五四运动的优良传统，提出了民族的科学的大众的新民主主义的文化纲领。新中国成立前夕，毛泽东向全世界昭告："随着经济建设的高潮的到来，不可避免地将要出现一个文化建设的高潮。中国人被人认为不文

---

① 《毛泽东文集》第7卷，人民出版社1999年版，第214页。
② 《邓小平文选》第三卷，人民出版社1993年版，第373页。
③ 《江泽民文选》第三卷，人民出版社2006年版，第272—273页。

明的时代已经过去了，我们将以一个具有高度文化的民族出现于世界。"① 进入社会主义社会以后，毛泽东多次提出："我们一定会建设一个具有现代工业、现代农业和现代科学文化的社会主义国家。"②

邓小平在纠正了排斥知识分子、严重破坏"双百"方针的错误以后，重申知识分子是工人阶级的一部分的正确论断，大力倡导尊重知识、尊重人才，并把社会主义精神文明建设作为现代化建设的重要组成部分。他指出："在社会主义国家，一个真正的马克思主义政党在执政以后，一定要致力于发展生产力，并在这个基础上逐步提高人民的生活水平。这就是建设物质文明。……与此同时，还要建设社会主义的精神文明，最根本的是要使广大人民有共产主义的理想，有道德，有文化，守纪律。"③

中国共产党必须始终代表中国先进文化的前进方向，是对上述论断的运用和阐发。江泽民指出："在当代中国，发展先进文化，就是发展面向现代化、面向世界、面向未来的，民族的科学的大众的社会主义文化，以不断丰富人们的精神世界，增强人们的精神力量。必须坚持马克思列宁主义、毛泽东思想和邓小平理论在意识形态领域的指导地位，用'三个代表'重要思想统领社会主义文化建设。坚持为人民服务、为社会主义服务的方向和百花齐放、百家争鸣的方针，弘扬主旋律，提倡多样化。坚持以科学的理论武装人，以正确的舆论引导人，以高尚的精神塑造人，以优秀的作品鼓舞人。"④

---

① 《毛泽东文集》第5卷，人民出版社1996年版，第345页。
② 《毛泽东文集》第7卷，人民出版社1999年版，第268页。
③ 《邓小平文选》第三卷，人民出版社1993年版，第28页。
④ 《江泽民文选》第三卷，人民出版社2006年版，第559页。

第三，中国共产党必须始终代表中国最广大人民的根本利益。

马克思主义认为，人民群众是推动历史前进的动力。从这一原理出发，毛泽东深刻论述了中国共产党的宗旨及作风，指出："我们共产党人区别于其他任何政党的又一个显著的标志，就是和最广大的人民群众取得最密切的联系。全心全意地为人民服务，一刻也不脱离群众；一切从人民的利益出发，而不是从个人或小集团的利益出发；向人民负责和向党的领导机关负责的一致性；这些就是我们的出发点。"①新中国成立前夕，毛泽东在党的七届二中全会上，告诫全党在执政以后千万不要脱离人民群众，郑重地提出了"两个务必"。在纠正"大跃进"失误的过程中，毛泽东痛定思过，指出："一定要每日每时关心群众利益，时刻想到自己的政策措施一定要适合当前群众的觉悟水平和当前群众的迫切要求。凡是违背这两条的，一定行不通，一定要失败。"②

在领导拨乱反正的过程中，邓小平在着力恢复实事求是思想路线的同时，大力恢复群众路线和密切联系群众的优良传统。他说："我认为，毛泽东同志倡导的作风，群众路线和实事求是这两条是最根本的东西。"③在领导改革开放的过程中，邓小平反复强调要充分尊重群众的首创精神。

中国共产党必须始终代表中国最广大人民的根本利益，是对上述论断的运用和阐发。江泽民指出："我们党要始终代表中国最广大人

---

① 《毛泽东选集》第三卷，人民出版社 1991 年版，第 1094—1095 页。
② 《毛泽东文集》第 8 卷，人民出版社 1999 年版，第 33 页。
③ 《邓小平文选》第二卷，人民出版社 1994 年版，第 45 页。

民的根本利益，就是党的理论、路线、纲领、方针、政策和各项工作，必须坚持把人民的根本利益作为出发点和归宿，充分发挥人民群众的积极性、主动性、创造性，在社会不断发展进步的基础上，使人民群众不断获得切实的经济、政治、文化利益。"①

以上，我们从三个方面分析了"三个代表"重要思想是如何从毛泽东思想中吸取理论创新的养料。从中可以清晰地看到一条贯通其中的主线，这就是在运用马克思主义的基本立场、基本观点、基本方法来解决中国发展中面临的实际问题上的一脉相承又与时俱进的思想脉络。

以胡锦涛为总书记的中共中央又是怎样从毛泽东思想中吸取智慧和养料，提出科学发展观等重大战略思想的呢？

党的十七大报告指出："科学发展观，是对党的三代中央领导集体关于发展的重要思想的继承和发展，是马克思主义关于发展的世界观和方法论的集中体现，是同马克思列宁主义、毛泽东思想、邓小平理论和'三个代表'重要思想既一脉相承又与时俱进的科学理论，是我国经济社会发展的重要指导方针，是发展中国特色社会主义必须坚持和贯彻的重大战略思想。"②这是对科学发展观作出的科学定义，指明了它的思想渊源、理论意义、指导地位。

同邓小平理论、"三个代表"重要思想一样，科学发展观也不是凭空产生的。它既是客观实践深入发展的需要，也是中国共产党指导思想不断发展的需要。

---

① 《江泽民文选》第三卷，人民出版社 2006 年版，第 279 页。
② 《中国共产党第十七次全国代表大会文件汇编》，人民出版社 2007 年版，第 12 页。

第一，从科学发展观的第一要义是发展来看。

发展，是一个政党、一个国家、一个民族兴旺发达的生命线。

在以毛泽东为代表的中国共产党人探索中国社会主义建设道路的时候，那时讲发展，主要是经济的恢复和发展，以及20世纪60年代提出的四个现代化建设。1957年，毛泽东发表《关于正确处理人民内部矛盾的问题》，提出为了解决社会主义社会生产关系与生产力、上层建筑与经济基础既相适应又相矛盾的状况，必须推动社会生产力的发展，并提出探讨了中国社会主义工业化的道路问题。后来由于种种复杂的原因，我国的发展走了弯路，出现了"大跃进"和"文化大革命"的失误。但是上述思想并没有过时，直至今日，始终是指导中国共产党人谋发展的科学论断。

党的十一届三中全会以后，邓小平讲发展，提出"发展才是硬道理"的著名论断，突出强调坚持"一个中心、两个基本点"的社会主义初级阶段基本路线一百年不动摇，突出强调一定要实现社会主义现代化建设的"三步走"发展战略，突出强调要走自己的道路、建设中国特色社会主义。

党的十三届四中全会以后，以江泽民为核心的中共第三代中央领导集体强调发展是党执政兴国的第一要务，坚持用发展的办法解决前进中的问题，明确提出在发展社会主义市场经济条件下正确处理现代化建设中的一系列重大关系，提出科教兴国战略、可持续发展战略、西部大开发战略等重大战略，进一步丰富了社会主义现代化建设的理论和实践。

党的十六大以后，以胡锦涛为总书记的中共中央从社会主义初级阶段基本路线和全面建设小康社会的总体要求出发，根据新世纪新阶段中国发展呈现的一系列新的阶段性特征，明确提出了科学发展观。

第二，从科学发展观的核心是以人为本来看。

全心全意为人民服务，这是中国共产党的根本宗旨。毛泽东指出："我国人民现在还要像苏联那个时候一样，忍受一点牺牲，但是只要我们能够使农业、轻工业、重工业都同时高速度地向前发展，我们就可以保证在迅速发展重工业的同时，适当改善人民的生活。苏联和我们的经验都证明，农业不发展，轻工业不发展，对重工业的发展是不利的。"[①] 经他提出、周恩来概括，还形成了"备战、备荒、为人民"的经济建设指导方针，在一个社会生产力落后、人口众多的大国里，保证了占世界四分之一人口的基本生活需求。

党的十一届三中全会后，在改革开放和现代化建设中，更是把提高人民生活水平作为发展的基本目的，在短短二十多年里实现了人民生活从初步解决温饱到总体实现小康的历史性跨越。在这一发展的重要时刻，科学发展观把"以人为本"作为发展的核心理念，体现了中国共产党的根本宗旨和社会主义制度的本质要求。

总之，从"备战、备荒、为人民"的建设方针，到人民生活实现小康水平的奋斗目标，再到科学发展观中的"以人为本"，清晰地勾画出从毛泽东思想中关于发展的论述到科学发展观的思想发展脉络。这条脉络本身，正是中国共产党带领全国人民创造幸福生活、实现中华民族伟大复兴的伟大奋斗历程的缩影。

第三，从科学发展观的基本要求是全面协调可持续来看。

全面协调可持续，是科学发展观的基本要求，也是中国特色社会

---

① 《毛泽东文集》第 8 卷，人民出版社 1999 年版，第 121 页。

主义理论的创新之点。在毛泽东等探索的时期，尽管没有也不可能立即概括提出这些思想，但是仍然提出了若干带有思想先驱性质的重要论断。

党的十一届三中全会以后，随着改革开放和现代化事业的迅速发展，对于发展中的全面、协调、可持续提出了越来越高的要求。对此，邓小平早有所预见，指出："过去我们讲先发展起来。现在看，发展起来以后的问题不比不发展时少。"①

科学发展观所要着重解决的，主要是发展进入全面建设小康社会的攻坚阶段以后面临的突出问题，同时也对以往在发展问题上的成功经验加以总结和概括。把全面协调可持续作为科学发展观的基本要求，就是要按照中国特色社会主义事业总体布局，全面推进经济建设、政治建设、文化建设、社会建设，促进现代化建设各个环节、各个方面相协调，促进生产关系与生产力、上层建筑与经济基础相协调。这既吸取了毛泽东等探索中提出的综合平衡等重要论断，也吸取了邓小平理论和"三个代表"重要思想中有关经济社会和人的全面发展，实现地区平衡发展、自然资源合理开发和节约使用的可持续发展之路等重要发展思路。

第四，从科学发展观的根本方法是统筹兼顾来看。

统筹兼顾作为一项基本方针，是毛泽东在《关于正确处理人民内部矛盾的问题》一文中正式提出的。当时提出这一方针的立足点，是中国拥有占世界总数四分之一的人口，人口总量达到六亿五千万这一基本国情。进入新世纪新阶段，改革开放和现代化建设处于历史机遇

---

① 《邓小平年谱（1975—1997）》（下），中央文献出版社2004年版，第1364页。

期、发展攻坚期和矛盾凸显期，发展遇到的问题和矛盾的两难特征日益显著。要解决这些两难特征突出的问题和矛盾，就必须更加自觉地在指导和推动发展中运用唯物辩证法的"两点论"，就必须在新的发展阶段提高运用统筹兼顾这一根本方法的能力。

科学发展观把统筹兼顾作为化解矛盾、推动发展的根本方法。这就要正确认识和妥善处理中国特色社会主义事业中的重大关系，统筹城乡发展、区域发展、经济社会发展、人与自然和谐发展、国内发展和对外开放，统筹中央和地方关系，统筹个人利益和集体利益、局部利益和整体利益、当前利益和长远利益，充分调动各方面积极性。统筹国内国际两个大局，树立世界眼光，加强战略思维，善于从国际形势发展变化中把握发展机遇、应对风险挑战，营造良好国际环境。既要总揽全局、统筹规划，又要抓住牵动全局的主要工作、事关群众利益的突出问题，着力推进、重点突破。

科学发展的实现，必然会推动社会和谐。科学发展与社会和谐，都应当是中国特色社会主义应有之义，都应当是中国特色社会主义的本质属性，也是以毛泽东为代表的中国共产党人探索中国社会主义建设道路孜孜以求的奋斗目标。科学发展观继往开来，将毛泽东思想科学体系同中国特色社会主义理论体系更加紧密地结合在一起，为实现老一辈革命家的夙愿——在本世纪中叶基本实现建设富强民主文明和谐的社会主义现代化国家指明了康庄大道。

四、创新在路上：实践创新永不自满，理论创新永不止步

自中国共产党创建以来，便揭开了马克思列宁主义同中国实际相

结合的历史，便有了马克思主义中国化的历史。这一历史进程，至今仍在继续，而且正在继续显示出它的强大生机和活力。

思想的发展创新，是由对道路的探索引发的。在马克思主义中国化的历史进程中，开辟了相互衔接的两条发展道路：其一是中国革命发展道路，其二是中国特色社会主义发展道路。探索中有两大历史性飞跃，产生了两大理论成果：一是毛泽东思想，二是中国特色社会主义理论体系。它们都是党和人民实践经验和集体智慧的结晶。

思想的发展总是前后接续、螺旋式上升的。毛泽东思想开辟了马克思主义中国化的正确道路，但它并没有结束真理，而是为真理的发展指明了正确方向。中国特色社会主义理论体系沿着这条正确道路继续发展，越走越宽广，但它的诞生并没有宣告毛泽东思想当代生命力的结束，恰好相反，它以自身的蓬勃发展证明了毛泽东思想的当代价值，并使毛泽东思想的真理性在中国特色社会主义理论体系的蓬勃发展中得以延续和传承。就是这样，在马克思主义中国化的历史进程中，中国特色社会主义理论体系与毛泽东思想结成了既一脉相承又与时俱进的紧密关系。

在中国特色社会主义理论体系同毛泽东思想的相互关系上，既要看到共同点，又要看到发展创新点，这才是"两点论"。毛泽东思想科学体系、中国特色社会主义理论体系，都是在反对"左"右倾思潮的过程中产生的，都有着共同的思想路线，这就是实事求是的思想路线；都是在深刻把握时代特征和基本国情，努力推动马克思列宁主义同中国实际相结合的过程中产生的，都有着共同的哲学基础特别是认识论基础，这主要就是唯物辩证法和历史唯物主义，以及实践第一的观点和群众路线；就建设而言，都处在社会主义初级阶段，都有着共同的发展目标，这就是中国社会主义建设必须走自己的道路，为把中国建设成为社会主义现代化国家而奋斗；在社会主义经济建设、政治建设、文化建设、社会建设等方面，都坚持共同的基本原则，即经济建设上坚持以公有制为主体、努力实现共同富裕，政治建设上坚持党的领导、人民当家做主和依法治国相统一，文化建设上坚持"二为"方向和"双百"方针，社会建设上坚持正确处理人民内部矛盾，以团结调动一切积极因素；等等。

在中国革命、建设和改革的各个历史时期，在马克思主义中国化的两次历史性飞跃中，从毛泽东思想到中国特色社会主义理论体系，构建了中国共产党指导思想发展史上前后接续、继承发展、与时俱进、高度统一的恢宏"理论大厦"。这是一座随着实践发展而持续发展的开放型的"理论大厦"，充分表明马克思主义在当代中国的旺盛生命力和持续发展力，堪称马克思主义发展史上的奇观。马克思主义中国化的一条基本经验，就是既坚持马克思主义基本原理又根据当代中国实践和时代发展不断推进马克思主义中国化。中国特色社会主义理论体系充分吸收了毛泽东思想的宝贵理论财富（包括活的灵魂和各个组成部分等），同时又根据新的时代特点和人民实践不断丰富、发展、完善，实现了指导思想上的一次又一次与时俱进。在中国特色社会主义理论体系中，将从毛泽东思想中吸取的宝贵财富与从改革开放伟大实践中总结提炼的新鲜内容有机地融为一体，将坚持与继承、创新与发展有机地融为一体，集中体现了马克思列宁主义、毛泽东思想的当代价值和指导作用，集中体现了马克思列宁主义、毛泽东思想在当代中国的运用和发展。党的十七大报告说得好："在当代中国，坚持中国特色社会主义理论体系，就是真正坚持马克思主义。"① 这是真理，也是客观事实。

早在 20 世纪 60 年代中期，毛泽东就说过："人类的历史，就是一个不断地从必然王国向自由王国发展的历史。这个历史永远不会完结。在有阶级存在的社会内，阶级斗争不会完结。在无阶级存在的社会内，新与旧、正确与错误之间的斗争永远不会完结。在生产斗争和科学实验范围内，人类总是不断发展的，自然界也总是不断发展的，永远不会停止在一个水平上。因此，人类总得不断地总结经验，有所发现，有所发明，有所创造，有所前进。停止的论点，悲观的论点，无所作为和骄傲自满的论点，都是错误的。其所以是错误，因为这些论点，不符合大约一百万年以来人类社会发展的历史事实，也不符合迄今为止我们所知道的自然界（例如天体史、地球史、生物史，其他各种自然科学史所反映的自然界）的历史事实。"② 四十多年过去了，从毛泽东思想到科学发展观，恰好证明了这一论断的正确性。

让我们继续攀登思想理论的山峰，在马克思主义中国化的伟大进程中，在改革开放和现代化建设的伟大进程中，不断推进中国特色社会主义理论体系的新发展，让当代中国马克思主义放射出更加灿烂的真理光芒！

（作者系中共中央文献研究室副主任、研究员）

---

① 《中国共产党第十七次全国代表大会文件汇编》，人民出版社 2007 年版，第 12 页。
② 《毛泽东文集》第 8 卷，人民出版社 1999 年版，第 325 页。

马克思主义大众化问题浅议　　陶德麟

不断推进马克思主义中国化、时代化、大众化是新时期理论建设的战略要求。本文仅就马克思主义大众化问题谈一点个人的理解。

一、大众化是马克思主义的题中应有之义

大众化与大众性这两个概念是有区别的。大众性是理论本身的属性之一，反映的是某种理论代表或关注的人群的范围和构成。大众化则是使理论为尽可能多的受众理解和认同的方法或工作。理论总是用来影响人、说服人的，总有一定的受众。完全自言自语或秘藏箧中的理论实际上是没有的。在这个意义上，任何理论都有一定的大众性。同时，理论又总是理论家的精神劳作的产品，表现为概念和逻辑的系统。要使理论为尽可能多的人们所理解，还需要做大众化的工作。历代统治阶级中有作为有远见的政治家和思想家没有不高度重视理论的大众化的。他们创造了许多行之有效的方法，积累了很丰富的经验。

这是历代统治阶级能够成为统治阶级并在一定时期维持统治地位的重要原因之一。这种历史经验至今也还值得我们分析借鉴。

马克思主义与其他理论的根本区别不在于有没有大众性，也不在于需要不需要大众化，而在于大众性和大众化的使命、内容、对象和范围根本不同。第一，马克思主义理论反映的是有史以来最先进的阶级即无产阶级的根本利益，同时也反映了最广大人民群众的根本利益。它不是去论证某种剥削制度和阶级统治的永恒合理性，而是以严密的科学道理揭示历史发展的客观规律，既说明剥削制度在一定历史发展阶段的必然性，又说明一切剥削制度的暂时性。它向人们展示的远景是经过一系列的历史发展阶段，最终达到彻底消灭阶级差别，解放全人类。因此它的大众性具有空前深刻的内容和广阔的空间，这是任何剥削阶级理论不可比拟的。第二，马克思主义的大众化也与剥削阶级的理论的大众化有原则的不同。马克思主义是马克思恩格斯批判地继承了人类文明史上一切优秀成果而创造出来的严整的科学体系，它不是对事物表面现象的描述，而是透过纷繁复杂的现象（包括假象）揭示深层本质的过程，它与人们习以为常的直观表象往往并不一致，需要更多的分析和解释才能为群众所理解。第三，马克思主义的任务不仅是在精神领域里批判旧世界，而且要以物质的力量改变旧世界，而理论是必须掌握群众才能变成物质力量的。从这个意义上讲，大众化也就是化大众。第四，马克思主义理论也只有在千百万群众的实践中接受考验，总结经验，才能得到丰富和发展。因此，马克思主义的大众性只有通过大众化的工作才可能实现。对马克思主义来说，大众化不是可有可无的附加物，而是由马克思主义的本性和使命决定的题中应有之义，是马克思主义的不可或缺的基本要求。只停留在书斋里和理论家头脑里、而不为群众理解和运用的马克思主义，最多也只是不能实现也不能发展的学理，而不是真正意义上的马克思主义。

二、大众化与中国化和时代化的关系

马克思主义的大众化与马克思主义的中国化和时代化是统一的整体，这三者是不可分割的。离开了中国化和时代化去孤立地谈论大众化，就会使大众化成为抽象的口号。

（一）大众化不能离开中国化

马克思主义不是地域性的理论而是世界性的理论，它的基本原理揭示的是整个世界的普遍规律。但是，这些普遍规律并不是高悬空中的先验原则，而是从实际生活中总结出来的，它们寓于各个国度、民族、地域的特殊发展规律之中。离开了特殊规律，普遍规律既无从产生，也无从体现。只有把马克思主义的基本原理与各个国度、民族、地域的特殊情况正确地结合起来，实现了普遍和特殊的统一，这些基本原理才能在实际生活中得到实现。马克思主义的世界化和本土化是统一过程的两个方面。马克思主义如果没有世界性的本质，就不可能在各个国度、民族或地区实现本土化；同样，没有成功的本土化，马克思主义的世界性也只能是抽象的道理，不能解决各个国度、地区和民族千差万别的特殊问题，不能实际地实现世界化。就中国而言，马克思主义的本土化就是中国化，就是把马克思主义基本原理与中国实际结合起来，解决中国的实际问题，又从而以新的经验丰富和发展马克思主义的基本原理。这里所说的中国实际，当然首先是中国革命建设的实践，但同时还必须包含中华民族数千年传统文化中一切优秀的成分。马克思主义在中国大众化的过程，就是使中国的广大群众掌握和运用马克思主义的过程，同时也必然是马克思主义中国化的过程，也就是中国化的马克思主义形成和发展的过程。这种中国化的马克思主义已经不是用中国语言表达的外国思想，而是中国人自己的思想、自己的精神财富。事实已经证明，这是中国革命建设取得胜利的必由之路。在民主革命时期，如果没有中国化的马克思主义——毛泽东思想，如果毛泽东思想没有通过大众化而掌握千百万群众，就不可能设想能推翻"三座大山"，把半封建半殖民地的旧中国变成社会主义的新中国。在社会主义建设时期，如果没有中国化的马克思主义——中国特色社会主义理论体系，如果这个理论体系没有通过大众化而掌握十几亿群众，就不可能指引一个经济文化落后的东方大国在很短的时间里取得举世瞩目的成就。

（二）大众化不能离开时代化

马克思主义理论反映了历史发展的规律，特别是反映了资本主义产生以来社会发展的规律。它虽然产生于一百五十多年以前，但它的基本观点不仅没有过时，而且仍然高于其他理论，包括后出的种种理论。它是最深刻地反映了时代特征和时代需要的理论，是真正的现代性的理论。既然如此，为什么还要强调时代化呢？这是因为现代也是一个动态的过程，现代的具体情况也在不断地发展变化。马克思主义理论并不因为它是现代性的理论就可以停滞不前。马克思主义之所以不会过时，之所以能一直站在人类思维的制高点，正因为它能与时俱进，随着时代的发展变化而发展，在坚持自己的根本立场观点方法的同时使自己与当前面对的具体情况相适应。就中国而言，我们不能抛弃马克思主义的根本立场观点方法，不能抛弃仍然符合当前实际情况的基本原理，同时又决不能停留在马克思主义经典作家已有的一切具体论述上，也不能停留在我们自己已有的理论上，而必须把马克思主义的基本原理与现代世界不断变化的实际结合起来，与我们中国当前正在进行的社会主义建设事业结合起来，持续地推进马克思主义在中国的发展。这就是马克思主义时代化的工作。我们要做好马克思主义大众化的工作，就要清醒地认识到我们面对的大众是生活在现时代国际大环境中的中国大众。离开了时代的特征，离开了中国大众在现时代的需要，大众化就没有目标，也没有对象，大众也不会关心这种理论，大众化就将成为空洞的口号。

三、推进大众化的途径和方法

在现代中国如何做好马克思主义大众化的工作，我以为有几个问题值得探讨：

（一）对象问题

"大众"这个概念的内涵和外延不是一成不变，而是历史地发展着的。在今天社会结构多元化的情况下，对不同的社会阶层、不同的社会群体的要求应当有所区别；对同一阶层、同一群体的成员还需要根据不同的文化水平、知识结构、职业特点等具体情况有所区别，不能"一刀切"。对共产党员特别是党的各级领导干部的要求应当是成为马克思主义的坚定的信仰者和实践者，尽可能系统准确地掌握马克思主义的立场观点方法，掌握中国特色社会主义理论体系，了解这一理论的源头和形成过程，能运用这一理论分析和解决工作中的新问题，能鉴别和抵制违背这一理论的各种错误思想，有条件的还应当能概括新的实践经验，作出理论创新。对广大群众则应当按照具体情况作出不同的要求，尽可能使他们懂得这一理论的基本内容和科学根据，懂得只有以这一理论为指导才能实现社会主义理想，实现国家富强和民族振兴。我们不能要求所有的公民都成为马克思主义者，但我们可以和应当使最广大的群众理解党的方针政策的理论依据，拥护党的方针政策，齐心协力地共同为社会主义建设事业努力奋斗，把社会的凝聚力发挥到最大限度。

（二）内容问题

马克思主义大众化的内容应当涵盖马克思主义创立以来的全部成果。可以大体分成几个层次：一是马克思主义经典作家的著作。其中翻译的著作当然首先要准确无误，但文字仍然要力求符合中国语言的规范，是中文而不是洋文。严复提倡的"信、达、雅"还是我们应当遵守的原则。中央编译局做了大量杰出的工作，值得我们尊敬和感谢。二是我们的理论工作者对马克思主义经典著作的阐释和发挥，对理论问题和实际问题的分析和论述，对中国特色社会主义理论体系的研究和宣传，也都应该把大众化放在重要的地位，力求使广大群众喜闻乐见。这几年中宣部理论局组编的"理论热点面对面"系列图书，就是很好的范例。我以为就当前我国的具体情况来说，大众化的重点应当是当代中国的马克思主义，也就是中国特色社会主义理论体系，因为这是马克思主义中国化最新成果，是党的方针路线的理论基础，是当前中国人民最迫切需要掌握的思想武器。这个理论也是最贴近中国人民大众的需要、最为人民大众密切关注的。毫无疑问，马克思主义的全部经典文本，世界各国马克思主义的发展史等，都应当深入研究，不研究这些也不可能深刻理解当代中国马克思主义的来龙去脉，甚至对马克思主义的原理原则产生误解和曲解。但大众化的侧重点应当是当代中国的马克思主义，也就是中国特色社会主义理论体系。

（三）与通俗化的关系问题

通俗化与大众化都可以用 popularization 来表达，在许多场合作为同一概念也未尝不可。但我以为仍以适当区别为好。大众化是马克思主义理论的基本要求，离开了大众化就丧失了马克思主义的根本，使马克思主义不起作用。而通俗化则可以理解为大众化的形式之一，是特指马克思主义理论的普及工作。当年毛泽东在《在延安文艺座谈会上的讲话》中讲到文艺的提高与普及的关系的基本论点，也适用于马克思主义理论，那就是在普及基础上的提高，在提高指导下的普及。在这个问题上，我有几点想法：

1. 无论是提高或普及，都离不开大众化。即使是艰深复杂的、需要具有专门的知识准备才能领悟的理论问题，也不在大众化的范围之外。对这些问题的研究和宣传也应当联系实际，有的放矢，力求大众化，而不能脱离实际，脱离群众，闭门造车。

2. 普及的对象毕竟人数最多，普及工作做不好，马克思主义就会在最广大的群众中失去阵地。因此胡锦涛在党的十七大报告中强调"开展中国特色社会主义理论体系宣传普及活动，推动当代中国马克思主义大众化"，是有很强的针对性的。

3. 有的同志或多或少地认为通俗化是比较低级的、容易的工作，其实不然。要想把深刻的道理讲得通俗易懂，没有深厚的理论素养、扎实的专门知识、丰富的实践经验和老练的语言文字功夫是不易做到的。高水平的理论家应当多做一些"以通俗的言语，讲亲切的经验"的工作，马克思主义传入中国以来，许多前辈都为此作出了榜样。现在时代不同了，大众的构成和需要也变化了，我们当然不必也不应完全照搬前辈们的做法，但他们的精神我们还要继承和发扬。要提倡名家做马克思主义的"科普"工作，"大家"写，大家看。

4. 要划清通俗化与庸俗化的界限。通俗化（popularization）与庸俗化（vulgarization）是不同的概念。通俗化的要求是使理论的表述显豁易懂而又不损原意，而庸俗化则只能使理论变成粗鄙低劣的东西，变成马克思主义的赝品。庸俗化的东西尽管也可能"易懂"，甚至"有趣"，但它歪曲了马克思主义，根本不能算是马克思主义。当然，为了通俗化，往往需要借助一些形象、比喻、故事、成语甚至俗语等作为辅助，也难免在一定程度上降低论证的严密性，但"底线"是决不能牺牲理论的准确性，不能因为追求易懂而造成"失真"，尤其不能陷入庸俗化。

5. 通俗化也有不同的层次，不同的形式。要根据不同对象的特点有所区别。而且，提高和普及的界限也不是固定不变的，随着大众水平的提高和需要的变化，普及的对象、范围和内容也要与时俱进。李达在 1926 年发表的以浅近的文言文写成的《现代社会学》在当时"革命者几乎人手一册"（邓初民语），再版 14 次。艾思奇同志在 1934—1935 年写作并发表的《大众哲学》当年发挥了巨大作用，新中国成立前就印行了 32 版。[①] 今天我们也需要精心编著一些不同形式、不同风格的通俗读物，以满足不同时期、不同对象的要求。

---

① 我自己也是在高中时期从阅读《大众哲学》开始进入马克思主义哲学之门的，也是成千成万受惠者之一。

（四）语言文字问题

语言文字是理论的载体，理论只有通过语言文字才能表达和传播。在中国要实现马克思主义大众化，就得下工夫用中国人喜闻乐见的语言文字说话，说中国话（Chinese language）[1]。有的同志认为马克思主义是西方文化的产物，而西方的思维方式和语言习惯与中国的根本不同，用中国语言表述马克思主义必定变形走样。我认为这种说法是似是而非的。西方的历史背景和文化传统与中国不同，思维方式和语言习惯与中国也确有差别，这是事实。有不少专家在这方面的研究成果很有价值。但由此推出不可能用中国语言讲马克思主义，那就过分了。如果一种理论只能用一种语言表达，那么不同民族之间的文化交流和对话就根本不可能了，要交流对话也只能是一连串的互相误解。这显然不符合事实。更重要的是，用中国语言讲马克思主义不仅可能，而且必要，非如此不能使马克思主义在中国生根。黑格尔在给J. H. 沃斯的一封信里说得非常精彩："路德让圣经说德语，您让荷马说德语，这是对一个民族所作的最大贡献，因为，一个民族除非用自己的语言来习知那最优秀的东西，那么这东西就不会真正成为它的财富，它还将是野蛮的。""现在我想说，我也在力求教给哲学说德语。如果哲学一旦学会了说德语，那么那些平庸的思想就永远也难于在语言上貌似深奥了。"[2] 他明确地宣布他要"教给哲学说德语"，正是为了使那些并非产生于德国的哲学德国化，在德国大众化。他认为只有

---

[1] 包括少数民族的语言。

[2] 《黑格尔通信百封》，苗力田译，上海人民出版社1981年版，第202页。着重号为本文作者所加。

这样才可能使那些"最优秀的东西"成为德国的财富；否则不仅不能成为德国的财富，还会是"野蛮"的东西。我想，黑格尔的这段话不仅适用于哲学，也适用于一切社会历史理论，包括马克思主义理论。黑格尔可以"教给哲学说德语"，为什么我们就不可以让马克思主义说中国话呢？佛教产生的历史背景和文化传统与中国也大不相同，可是从东汉传入中国以后形成了那么多流派，都在努力说中国话。难道因为它们说中国话就不是佛教了吗？佛教不是正因为说了中国话，才为中国人所理解，成为中国传统文化的重要组成部分吗？佛教可以说中国话，为什么马克思主义就不可以说中国话呢？事实上，马克思主义所以能成为中华民族的宝贵财富，正因为中国的马克思主义者一直在"教给马克思主义说中国话"，"让马克思主义说中国话"，也就是做了马克思主义中国化的工作，同时也做了马克思主义大众化和时代化的工作。这正是中国的马克思主义者的责任，也只有中国的马克思主义者才可能担当起这个责任。

当然，中国话也不是一成不变的，也在发展变化。同为中国语言，现代的中国语言就不仅和古代的文言文不同，而且与五四时期的白话文、与我们中国早期马克思主义者作品的表述方式也有所不同。这是正常现象。此外，在语言发展过程中吸收某些外来的词汇和表述方式也是很正常的。不仅不可避免，而且是丰富和发展中国语言的重要的途径之一。事实上我们已经做了很多。但是，任何一种语言都有它长期形成的相对恒定的要素，是不能随便改变的。如果弄得面目全非，就不成其为这种语言，本民族的人也看不懂、听不懂了。以汉语为例，毋庸讳言，现在有的论文可以说是用汉字写的洋文，用汉语说的洋话，比古文和外文都难懂，让专业人士看了都头痛，要中国老百姓喜闻乐见恐怕更是不可能的了。至于生造词句，故弄玄虚的毛病，也颇为常见。我认为这是一种病态。看来这种毛病也是古已有之的。苏轼给谢民师写过一封信，其中批评扬雄"好为艰深之词，以文其浅陋"。在他看来，扬雄讲的那点道理并没有那么深奥，"若正言之，则人人知之矣"。扬雄是不是确有这个毛病，姑且不论，但苏轼讲的这个道理是很对的。① 他还引用孔子的话："辞，达而已矣。"并说："辞而至于能达，则文不可胜用矣。"做到一个"达"字就能使"文不可胜用"，可见这是何等难能可贵的境界！有人似乎以为话越说得艰深晦涩，佶屈聱牙，让人不知所云，学问就越大。这是极大的误解。其实恰恰相反，"以艰深文浅陋"最不费力，而用准确明快、生动活泼的语言讲清深刻复杂的道理才是最难的。

（作者系武汉大学原校长、教授）

---

① 扬雄也承认自己的《太玄》、《法言》等作品是"童子雕虫篆刻"，"壮夫不为也"。见《法言·吾子》。

马克思主义大众化及其实现的基本路径 | 秦 宣

马克思主义大众化虽然是党的十七大才提出的一个新命题，但马克思主义大众化在中国共产党成立前后早就开始。自马克思主义随着十月革命的隆隆炮响传入中国以来，中国共产党人一直将其视为最锐利的思想武器，以李大钊、陈独秀、毛泽东、艾思奇等为代表的马克思主义理论家们，曾在中国这片古老的大地上掀起了马克思主义通俗化、大众化的热潮，为推动中国革命事业作出了卓越的历史贡献。尤其是艾思奇的《大众哲学》曾经影响了几代人，至今仍然是马克思主义大众化的范本。改革开放以来，我们党一直在推进马克思主义的大众化，并取得了丰硕的成果，积累了宝贵的经验。但面向未来，面对世情国情党情的深刻变化，如何进一步提高马克思主义大众化的实效，是一个亟须探索和解决的重要问题。

一、澄清"马克思主义大众化"认识上的误区

马克思主义大众化就是把马克思主义的基本原理、基本观点通俗

化，使之更好地为人民大众所理解、所接受、所运用。马克思主义大众化的目的就是使马克思主义由被少数人掌握到被广大群众理解掌握。所谓掌握马克思主义，就是要掌握马克思主义基本原理，重点是马克思主义的立场、观点和方法。我们党之所以特别强调马克思主义大众化，一是因为马克思主义本质上是人民大众的理论，必须在走进群众、服务群众中发挥其重要作用；二是因为人民群众只有在错综复杂的各种理论思潮中选择、接受并运用了马克思主义，马克思主义才能转化为群众认识真理、改造世界和自身的力量；三是在未来的发展过程中，我们面临的许多问题，仍然需要依靠运用马克思主义来解决。

准确把握马克思主义大众化的科学内涵，必须注意以下几点：

第一，大众化不是全民化。马克思主义是我们立党立国的根本指导思想，是全党全国各族人民团结奋斗的共同思想基础。马克思主义大众化的目的就是使马克思主义由少数人掌握到多数人掌握，但让多数人掌握马克思主义并不等于马克思主义全民化。中国有 13 亿多人口，要使如此大的一个群体都接受马克思主义，既无必要也无可能。更何况马克思主义大众化所面对的"大众"，是在文化程度、知识结构、职业特点、生活状况、年龄、兴趣等方面有着多样差异的群体。因此，大众化必须有重点，必须分层次。目前存在的问题是，大众化重点不突出，层次不分明：党员干部与党员群众、普通党员和普通公民、大学生与中小学生、汉族与少数民族，都按照一个标准推进大众化，实效性不强。我们认为，马克思主义大众化的对象大致可以分为三类：一是党员干部，二是普通党员和青年学生，三是普通公众。党员和青年学生是重点，党员干部是重中之重。我们必须针对他们的不同情况，提出不同的标准和要求，采用不同的教育手段和方式。如，对党员领导干部来说，主要解决的是理想信念与现实矛盾的关系，要鼓励他们通过研读马克思主义经典原著，完整和准确地认知与把握马克思主义理论体系，深刻把握马克思主义的立场、观点和方法，自觉提高执政能力和执政水平；对广大党员来说，要通过建立马克思主义学习型政党，经常进行马克思主义世界观、人生观、价值观和共产主义理想信念教育，树立马克思主义的政治思想观念；对青年学生来说，主要解决的是成长与立志的问题，要启发他们认真学习马克思主义的教材和参考书，自觉提高认识社会、认识人生的能力，自觉树立正确的世界观、人生观和价值观；对普通公众来说，则主要解决的是如何提高日常生活意识的问题，要从现实问题入手，不回避矛盾，不忌谈困难，贯彻"少而精"的原则，通过简单易懂诸如说故事的形式，引导和帮助广大基层群众学习了解马克思主义基础，掌握马克思主义精髓。

第二，具体化不是简单化。马克思主义大众化在形式上要由抽象到具体、由深奥到通俗，但具体化不等于简单化。1938 年 10 月，毛泽东在党的六届六中全会上指出，没有抽象的马克思主义，只有具体的马克思主义。马克思主义大众化就是"使马克思主义在中国具体化，使之在其每一表现中带着必须有的中国的特性，即是说，按照中国的特点去应用它，成为全党亟待了解并亟须解决的问题。洋八股必须废止，空洞抽象的调头必须少唱，教条主义必须休息，而代之以新鲜活泼的、为中国老百姓所喜闻乐见的中国作风和中国气派"。① 邓小平

---

① 《毛泽东选集》第二卷，人民出版社 1991 年版，第 534 页。

讲："学马列要精，要管用的。"① 这里的"精"，一是要精选内容，二是要把握精髓。方法就是要使马克思主义具体化，但具体化不是简单化。目前的简单化倾向主要表现为：一是把部分等同于整体，即将马克思主义哲学原理、马克思主义政治经济学原理、科学社会主义中的一部分或全部内容简单等同于马克思主义基本原理，并作为马克思主义大众化的内容；二是把博大精深的马克思主义仅仅概括为几个简单的公式，并以此作为马克思主义的"精华"。比如将马克思主义哲学简单化，认为马克思主义哲学就四个要点，即世界是物质的、物质是运动的、运动是有规律的、规律是可以认识的。将毛泽东思想简单化为"阶级斗争一抓就灵"、"无产阶级专政下的继续革命"等，将邓小平理论简化为"三个有利于"、"三论"（"猫论"、"摸论"、"不争论"），将"三个代表"重要思想简化为三句话，将科学发展观简化为科学发展一句话，等等。这种把博大精深的理论变成简单的抽象化的公式去宣传的做法，是有损于理论的健康发展的，也是我们在大众化的过程中应该注意防止和克服的。

第三，通俗化不是庸俗化。在中国要实现马克思主义大众化，就得下工夫用中国人喜闻乐见的中国语言文字（包括少数民族的语言文字）来说话。1942年，毛泽东在延安文艺座谈会上的讲话中指出："许多同志爱说'大众化'，但是什么叫大众化呢？就是我们的文艺工作者的思想感情和工农兵大众的思想感情打成一片。而要打成一片，就应当认真学习群众的语言。如果连群众的语言都有许多不懂，还讲什么文艺创造呢？英雄无用武之地，就是说，你的一套大道理，群众不

---

① 《邓小平文选》第三卷，人民出版社1993年版，第382页。

赏识。在群众面前把你的资格摆得越老，越像个'英雄'，越要出卖这一套，群众就越不买你的账。"①事实上，马克思主义之所以在中国取得胜利，被中国人民所接受，正是因为中国的许多马克思主义者一直在努力"让马克思主义说中国话"。但20世纪90年代以来，马克思主义通俗化也经常表现为庸俗化。比如，有些人把邓小平理论说成"一块石头"（"摸着石头过河"）、"两只猫"（不管黑猫、白猫，抓住老鼠就是好猫）、"三条鱼"（"三个有利于"标准）、"四只鸡"（"四项基本原则"）、"50年不变"（"一国两制"）、"一百年不动摇"（基本路线）；这些对马克思主义的庸俗化，不但不能使广大人民群众准确掌握马克思主义，而且还严重损坏了马克思主义在人民群众心目中的形象。

　　第四，强化不是神化、泛化。在当今社会思潮多元多样多变的情况下，不断强化马克思主义大众化，用马克思主义武装全党教育人民，这无疑是对的。但强化不能神化，也不能泛化，因为神化容易僵化，泛化容易教条化。我们曾经吃过这方面的苦头。在"文化大革命"时期，党内有人说毛主席的话"句句是真理"，只要背诵"老三篇"就掌握了毛泽东思想。人们"红宝书"不离手，毛主席语录不离口，闹过不少笑话。现在我们的宣传工作，也出现了某种程度的神化、泛化倾向，在此恕不举例。但有一点说明，当我们把经济社会发展中取得的一切成就都归结为我们拥有一个正确的指导思想时，人们自然也会把我们经济社会发展中存在的问题也归于这一思想。理论总是灰色的，生命之树常青；理论总是抽象的，生活实践是具体的。理论来源

---

① 《毛泽东选集》第三卷，人民出版社1991年版，第851页。

于实践，反过来指导实践并受实践检验，但理论并不能解决实践中的所有问题。理论一旦被神化，被置于至高无上的地位，理论就失去了对实践的指导作用。

二、正视马克思主义大众化面临的挑战

一是对政治信仰的淡漠。我个人始终认为，一个国家，如果全民都热衷于政治，可能会出现政治狂热，进而导致政治失序；但如果全民都淡漠政治，则会出现政治冷漠，同样也可能导致政治失序。新中国成立之后，我们党高度重视政治信仰的培养。但在"文化大革命"期间，个人崇拜现象盛行，对阶级斗争的热衷，导致社会出现全面的政治狂热，整个社会陷入一片混乱。经过拨乱反正，我们党否定了束缚人们思想的教条主义和个人崇拜，恢复了马克思列宁主义和毛泽东思想的本来面目。但在我们否定和批判个人迷信、个人崇拜的错误观念时，把政治信仰也当做"迷信"一起抛弃了。人们在注重怀疑、反对盲信的同时，不仅不承认政治信仰的作用，反而认为政治信仰有碍于科学进步和个人自由。苏东剧变之后，国际共产主义运动处于低潮，人们对共产主义信仰产生了怀疑。一部分人不再坚定共产主义信念，即便是一些共产党员也从不讲共产主义，认为共产主义是虚无缥缈的空中楼阁。当前，不同民众群体对政治信仰非常淡漠。有的人不信马列信鬼神，不讲科学讲迷信。全社会范围内，出现了某种程度的信仰危机。当前，我们强调实现马克思主义大众化，强调用中国化马克思主义武装全党、教育人民，从理论上回答"六个为什么"，注重"划清四个重大界限"，加强马克思主义学习型政党建设，目的就是为

了帮助人们树立正确的政治信仰。

二是应然与实然的矛盾、理论与现实的反差。马克思主义大众化必须坚持"三贴近"原则，即贴近实际、贴近生活、贴近群众。这里最重要的是贴近实际，这里的实际，既包括历史实际又包括当今国际社会实际，还包括国内改革开放和社会主义现代化建设实际以及当代不同阶层群众思想实际。但在大众化过程中，我们发现，理论与现实经常出现巨大反差。如我们讲社会主义的优越性，却不能回避社会主义仍处于低潮这一现实；我们讲改革开放三十多年的伟大成就，却不能回避改革开放中存在的问题；我们讲社会主义本质中的共同富裕，却不能回避收入差距逐步扩大这一现实；我们讲人民代表大会制度的优越性，却无法回避资本主义"三权分立"制度在权力制约方面较为有效这一事实；我们讲多党合作与政治协商制度的"中国特色"，却无法回避当今世界的政党政治中绝大多数国家都选择两党制或多党制这一现实；我们讲社会主义核心价值体系建设，却无法回避当前思想道德领域存在的各种问题；我们讲和谐社会建设，却无法回避社会中大量存在的不和谐因素；我们讲工人阶级是领导阶级，却无法回避工人下岗、失业等事实；我们讲中国共产党的先进性，却无法回避党内存在的比较严重的腐败现象这一现实；这种理论与现实的反差，几乎在马克思主义大众化的每一部分内容中都会不同程度地涉及。目前，我们的理论宣传最大的问题是理论脱离实际比较严重。理论研究脱离教学，脱离大众生活，无法赢得大众的共鸣和理解。

三是快速变化的现实对推进马克思主义大众化提出了严峻的挑战。提高马克思主义大众化的实效，最重要的是要坚持理论联系实际，解决实际问题。这里的实际，既包括国内改革开放和社会主义现代化建设实际以及广大民众思想实际，又包括当今国际社会实际，还包括历史实际。但在马克思主义大众化过程中，我们发现，社会现实变化太快，人们的思想实际变化也很快。当今世界正处在大发展、大变革、大调整时期，国际形势中不稳定、不确定、不安全因素明显增多，各种思想文化交流、交融、交锋日益频繁，意识形态领域的斗争更为尖锐复杂。国内社会思想多元、多样、多变特征更加明显，人们思想活动的独立性、选择性、多变性、差异性日趋增强。受此影响，不同阶层、不同民族、不同区域、不同收入群体、不同性别、不同年龄、不同政治面貌、不同文化背景、不同职业的社会群体思想实际变化也十分剧烈，差异也十分明显。马克思主义如何解释快速变化的世界和快速变革的中国，如何加强对不同群体民众进行马克思主义理论教育的针对性，这也是一个难题。

四是社会价值观的多样化，导致信仰的多样化。改革开放以前，马克思主义在意识形态居于指导地位，社会主义和共产主义价值观居于绝对的统治地位。人们经受了马克思主义的教育，经过了共产主义价值观的"洗礼"。改革开放以后，随着国内经济成分和生活方式的多样化，国际文化交流的日益频繁，我国的价值观结构发生转变，由原来单一的社会主义和共产主义价值观，转向以社会主义和共产主义价值观为主导的、其他价值观体系并存的复合结构。而每种价值体系都有自己特殊的信仰，都可能对人们的信仰及其选择产生影响，如随着国际文化交流和大众传媒的发展，资本主义价值观渗透到人们的精神生活中。此外，中国传统价值观念也在信仰领域影响群众。几千年积淀下来的传统价值观念在中国社会生活中虽历经冲击，但其影响却根深蒂固。推行马克思主义大众化，我们不仅受到外来文化的冲击，同时也受到传统文化的影响。

五是学风文风会风不正对马克思主义大众化造成不利影响。现在的一些研究和论文，越来越经院化、小众化和边缘化。具体表现为："问题越来越高雅，视域越来越狭窄，字眼越来越生僻，概念越来越抽象，语言越来越晦涩，文章越来越难懂"。有的文章咬文嚼字，有的随意生造概念使人不知所云，有的文章写得越来越让人看不懂。"不好好说话"这种现象已严重阻碍着马克思主义大众化。1978 年，邓小平曾批评过"文化大革命"结束后学术界存在的一些学风文风问题。他说："这些年把一些人养成懒汉，写文章是前边摘语录，后边写口号，中间说点事。"① 还有的人写出来的文艺作品，"干巴巴的读不下去，写作水平不行，思想艺术水平谈不上，看了开头就知道结尾。"② 这些问题今天仍然没有得到根本性解决。今天，在推进马克思主义大众化过程中，许多人不断重复引用著作、报告和文件上的原话，结果造成内容重复，枯燥无味，严重影响了马克思主义大众化的实效。

此外，在马克思主义大众化过程中，我们还面临着形式单一、方法陈旧等问题。

三、改进马克思主义大众化的方式方法

推进马克思主义大众化是一项需要持之以恒的工作，除了提高我

---

① 《邓小平年谱（一九七五——一九九七）》（上），中央文献出版社 2004 年版，第387 页。

② 《邓小平年谱（一九七五——一九九七）》（上），中央文献出版社 2004 年版，第360 页。

们的思想认识之外，不断加强对马克思主义的政治信仰之外，还应解决好以下几方面的问题。

第一，**整体推进，防止单一化**。马克思主义中国化、时代化、大众化是一个整体。我们要在整体上考虑和把握，整体上推进马克思主义中国化、时代化、大众化。马克思主义中国化是前提，反映马克思主义在中国的具体化、民族化。没有马克思主义的中国化，马克思主义就只能成为书斋里的学问，无法指导中国实际；马克思主义时代化是灵魂，反映马克思主义随着中国和世界的发展变化与时俱进的历程。没有马克思主义时代化，马克思主义就没有生命力，马克思主义的活力就会枯竭；马克思主义大众化是目的，反映马克思主义在中国武装群众、改造世界、改变人民命运的程度。没有马克思主义的大众化，马克思主义就会脱离群众。但是，马克思主义中国化、时代化、大众化，既各有侧重又相互促进，是相互联系的不可分割的整体，我们要从整体上大力推进马克思主义中国化、时代化、大众化。

第二，**加强学术，防止低水平化**。马克思主义的学术性与大众化之间似乎成为一个复杂的议题。学术研究是宣传普及的基础，它为后者提供所需要的思想内容和思想材料。理论只有对中国特色社会主义建设实践中不断出现的重大理论和现实问题，作出科学的研究和令人信服的回答，才能科学化，理论只有科学化才能大众化。所以，推进马克思主义大众化，并不是要以削弱马克思主义的学理化研究为条件和代价。把深奥的理论通俗化，把通俗的东西学理化，是理论工作相辅相成的两个方面。因此，在强调大众化的同时，我们不能一味无端批评马克思主义的学术研究者，削弱马克思主义的学理化研究。事实上，当前真正缺少的是能够沉下心来从事马克思主义学术研究的人，真正缺少的是能够解决理论与现实反差的理论成果。因此，在推动当代中国马克思主义大众化的过程中，要加强马克思主义学术研究，促进学术研究与宣传教育的有机结合。

第三，贴近实际，防止教条化。贴近实际、贴近生活、贴近群众是宣传思想工作的重要原则，也是推进马克思主义大众化的基本遵循。马克思主义大众化归根结底是要"说服"大众，让人民群众发自内心地理解和接受马克思主义，而"理论只要说服人 [ad hominem]，就能掌握群众；而理论只要彻底，就能说服人 [ad hominem]。所谓彻底，就是抓住事物的根本。"① 马克思主义大众化只有解决群众的实际问题，才能让群众感受到马克思主义的实际价值，从而认可并接受马克思主义，才能在群众当中普及马克思主义。当前，推进马克思主义大众化，用马克思主义中国化的最新成果深入阐释和回答现实提出的重大课题，如什么是马克思主义、怎样对待马克思主义，什么是社会主义、怎样建设社会主义，建设什么样的党、怎样建设党，实现什么样的发展、怎样发展，等等。推进马克思主义大众化，还要关心群众的利益诉求，着眼于对实际问题的解决，用中国特色社会主义理论体系来解读党的方针政策，回答人民群众最关心、最直接和最现实的利益问题，例如收入分配、社会保障、教育收费、劳动就业、环境保护等热点难点问题，让人民群众在现实生活中感受到马克思主义的魅力，真正享受到改革开放的成果，才能有力地推动马克思主义大众化。

第四，创新形式，防止简单化。提高马克思主义大众化的实效，

---

① 《马克思恩格斯选集》第 1 卷，人民出版社 1995 年版，第 9 页。

还必须不断改进大众化的方式方法。推进大众化，不能靠强制，不能仅靠灌输，也不能表面化，令人反感。要善于利用高科技手段，采取灵活多样的教育形式，进行全方位、多角度、深层次全面教育。在信息化高度发达的今天，必须不断拓宽马克思主义大众化的渠道。除了充分运用广播、电视、报纸这些媒体以及幻灯、影视、展览等手段外，更要充分运用互联网。可以尝试建立有特色、有吸引力、免费开放的红色网站，开设党政领导、专家学者网页，宣传改革成就，探讨实际问题，寓教于乐，潜移默化，使广大网民自觉坚定社会主义理想信念，信仰马克思主义和共产主义。

第五，完善机制，防止运动化。马克思主义大众化是潜移默化的工作，必须有长效机制作保证。推进马克思主义大众化不是短期行为，更不能急功近利，而是一个长期的、潜移默化的过程。如，中国特色社会主义理论体系中的一系列新的范畴、观点、原理，不是一般群众都能理解和掌握的，学习理论不可能"立竿见影"。它需要搭建不同的平台，利用不同的载体，采取不同的手段和运用不同的形式，营造良好的学习氛围；需要广大理论工作者"沉下去"，经常深入基层，对马克思主义理论作出浅显易懂的阐释，澄清人们的思想困惑。但是，决不能搞形式主义的群众运动，不能靠突击学习搞一阵风，而要建立长效机制，以有力措施作保证，明确责任和工作职责。我们只有坚持不懈，持之以恒，马克思主义大众化才能获得实绩、收到实效。

第六，培育队伍，防止人员老化。打造一支出类拔萃的马克思主义研究、宣传、普及的理论队伍是推进马克思主义大众化必不可少的条件，也是我国马克思主义大众化宝贵的历史经验。改革开放以来，我国的社会科学研究机构和队伍迅速发展壮大，形成了社会科学院系统、高校系统、党政部门系统、党校系统和军队系统组成的多路社会科学研究、传播大军。但从目前的情形看，如何适应新的形势形成一个老、中、青组成的合理结构队伍，仍然是推进马克思主义大众化迫切需要解决的一个问题。近几年来，虽然我们的马克思主义理论一级学科的博士生培养点与学生数量均在增加，但从每年的毕业论文和毕业生去向看，真正乐于做马克思主义研究和从事马克思主义大众化工作的人非常之少。因此，当前我们要加大马克思主义大众化人才培养的力度，要着力培养一批具有较好马克思主义理论素养，又同人民大众保持着密切联系，乐于从事马克思主义宣传普及的人才队伍。

总之，在世情国情党情发生深刻变化的情况下，为进一步提高马克思主义大众化的实效，需要澄清"马克思主义大众化"认识上的误区，正视马克思主义大众化面临的挑战，积极改进马克思主义大众化的方式方法。可以说，这是当前和今后一个时期马克思主义大众化的基本路径。

（作者系中国人民大学马克思主义学院院长、教授）

马克思主义大众化研究及其意识形态转化

陈冬生
张　严

　　在经济全球化、政治民主化和文化多元化三大世界性浪潮影响下，不确定性因素增加导致人们价值判断和价值取向出现了某些错位，甚至有人对马克思主义大众化的可能性和有效性提出了质疑。苏东剧变后，世界社会主义运动陷入低潮。国外马克思主义理论家更多的是以学者的身份研究马克思主义，并因此获得了比原来更为广泛的学术视野。当代世界金融危机启发西方学者重新认识和解读马克思主义经久不衰的内在价值。海外（包括台湾在内的）学者也开始倾向于把马克思主义研究与中国学研究相结合。马克思主义大众化研究在一定意义上具有了某种世界意义①。国内学者也开始注重马克思主义大众化的形态转化学研究。党的十七大召开前后形成了马克思主义大众化研究的小高潮，如北京市还建立了专门的"马克思主义大众化研究

---

① "国际马克思大会"（1995 年）更名为"世界社会论坛"（2003 年）以来几乎每年都举行会议，组织成员已有 74 个，并且有越来越多的发展趋势。

基地"和宣传网站,主要以马克思主义大众化的传播方式、传播渠道、表现形式、评价机制和社会反响等具体实践为研究领域,旨在拓展马克思主义大众化的生存空间和实践内涵。同时,把国内外有关马克思主义大众化研究的有益理论成果转化为实践,进而不断推动基地研究成果向实践转化,大力推进马克思主义大众化的时代进程。马克思主义大众化研究出现了几个新的特点:一是马克思主义的政治形态更加关注社会主义现实问题和中国特色;二是马克思主义的学理形态出现了整体性思想复兴的理论增长点;三是马克思主义的大众形态开始出现了"生活形态转化"。总体评价是:马克思主义大众化进程不断加快,马克思主义大众化研究视域在不断拓宽,但是,马克思主义大众化研究深度和针对性还不够,尚缺乏真正意义上的突破,也就是说尚未从学理上把马克思主义大众化研究说透,具体表现为现有的马克思主义大众化研究尚未超出传统马克思主义大众化研究的三个意识形态转化维度,即经验维度、定性维度和哲学维度。

一、传统马克思主义大众化研究的三个意识形态转化维度

从马克思主义大众化的经验分析来看,视域不断拓宽,形成了马克思主义大众化的对象化最初意义,但还没有超越工具理性和主—客二元结构思维定势。通常的经验解释是:马克思主义大众化是一个双向互动的过程:一方面是马克思主义走向大众,另一方面是大众接受马克思主义;一方面是传播者依据改革实践的成功昭示中国特色社会主义作为当代中国马克思主义的光明前景,另一方面是广大人民群众对马克思主义理论认同和实践过程。对马克思主义大众化的经验分析

存在的问题是：一方面还没有上升到学理形态，另一方面还没有关注日常生活中多层次多样化的大众形态。

从马克思主义大众化的定性分析来看，马克思主义大众化研究在与中国化和时代化互为依托的辩证关系中获得了主体性最新意义。中国化是大众化的理论前提，大众化是中国化的根本目的；时代化是中国化的客观依据，中国化是时代化的理论总结；大众化是时代化的内在要求，时代化是大众化的内在活力。在价值意蕴上，中国化、时代化、大众化体现了理论必须联系实际、理论必须联系时代、理论必须联系群众这一马克思主义理论本质属性和要求。中国化、时代化、大众化是对马克思主义发展史在中国的科学总结，为理论创新和实践创新提供了方法论指导，是不断开拓马克思主义新境界的必然要求，也是引领中国社会进步和推动党的事业发展的根本前提。关于当代中国马克思主义大众化的科学内涵的研究，关于当代中国马克思主义大众化的内在根据及其重大意义的研究，关于当代中国马克思主义大众化的工作方法与途径的研究，关于当代中国马克思主义大众化与思想政治教育工作关系的研究，关于当代中国马克思主义大众化与马克思主义中国化、时代化的关系研究，关于马克思主义大众化与大众文化的关系问题研究；以及其他相关研究，等等，大多属于定性研究以及相关操作性工作研究。但是，当前的马克思主义大众化定性研究没有运用"三形态"（马克思主义的大众形态、学理形态、政治形态）的框架来分析马克思主义大众化的形态转化学路径依赖，忽视了马克思主义政治形态—学理形态—大众形态互动对于马克思主义大众化的形态转化学意义。

从马克思主义大众化研究的哲学分析来看，马克思主义大众化与中国化和时代化"三位一体"的整合研究，开始致力于整体性思维方法的复兴，开阔了人们的眼界（社会学视域、大众文化视域等），特别是开始了生活哲学的转向，有力地动摇了唯经验主义或唯科学主义方法论，马克思主义大众化研究的主体、对象和研究范式获得了相对独立的方法论发展。

二、传统马克思主义大众化研究在意识形态转化上的不足

过去的几十年里，马克思主义大众化研究与马克思主义中国化、时代化研究在中国并行开展，取得了丰硕的成果，但是在经济全球化、政治民主化和文化多元化的世界潮流面前，传统马克思主义大众化研究显现出了与现实的脱节之处，主要表现为：

首先，在马克思主义大众化的主体和客体上，没有运用"主—主"关系模式的分析框架来阐释大众化的理论关节，没有注意从本质主义决定论转向互动论的"主体间性"，对马克思主义大众化研究的哲学分析不够彻底。有的还停留在简单意义上的主—客体关系分析水平——马克思主义大众化中的主体一般是指理论队伍，是大众化过程中的主动行为者，是主动施加影响的组织或个人，而客体是指人民大众，这样就忽视了马克思主义大众化主体的多样性、游移性和交互性，混淆了马克思主义大众化的对象化客体与马克思主义大众化研究的对象化内容的区别，以至于消弭了"主体间性"的主体性与客观性互动的辩证关系。一方面"小众"（一流的大学者）嫌现在的理论不彻底，很难再像艾思奇那样致力于大众哲学的大众化工作，职业工作者或业界一般学者大多自娱自乐于循环论证和话语游戏，以此弥补思

想内容的空洞（hollowing-out），悬浮于马克思主义大众化研究"高不成低不就"的难言之隐。在"主客二分"思维的影响下，马克思主义大众化研究领域存在着研究者形象退隐的现象。从实际的马克思主义大众化研究成果来看，大部分的科研成果不能体现出研究者的一些个性特质，马克思主义大众化研究者隐身在马克思主义大众化研究成果之外，意味着研究者之实际主体性被放逐，似乎一切带个人风格的成果都不是"科学"的成果，因而也得不到马克思主义大众化研究界的承认。自主的个体以及传统意义上的个性，无论从观念还是从现实上，都在逐渐瓦解，甚至消失；另一方面步入大众社会的"大众"觉得马克思主义离现实生活太远，更愿意接受大众文化娱乐而不是接受马克思主义大众化意识形态转化。于是，出现了业内"小众"与业外"大众"的双重背离现象。

其次，在对研究对象的理解和定位上，传统马克思主义大众化研究将马克思主义大众化研究客体从生动活泼的历史和文化语境中分离出来，以一种既有的权威框架将它进行零碎化分析，缺乏一种哲学根基上的意识形态整合性。

再次，在思维和论证方式上，传统马克思主义大众化研究存在着某些形而上学的倾向，主要表现有：第一，混淆形式与内容，并按意识形态意图以"三化"一个方面的特性来解释另一方面，宣传话语形成了自话自说的循环论证潜规则；第二，习惯于把关系还原为性质，偏爱性质意谓的词汇而非关系意谓的词汇；第三，混淆社会发展的不同阶段，往往援引与当下发展阶段不相关的观点或过往典型来证明新的发展阶段中流行现象之合理性；第四，喜欢用不确定的模糊概念，如谈论主体，却不说明是马克思主义大众化主体还是马克思主义大众化研究者主体；第五，总强调"负责任的"态度，援引经验、事实、常识以及经典权威排斥来自旁观视角的异质性批评声音。

最后，在研究方法论上，传统马克思主义大众化研究偏向本质主义和实在论的知识论立场，这种偏向给马克思主义大众化研究带来了如下两种典型缺陷：第一，将社会的观念及思想形式去历史化和普遍化。比如不是把马克思主义大众化经验看做历史的、过渡的经验，而是极力把某种经验拔高为马克思主义传播的普遍规律。第二，总是习惯于把历史还原为自然，把惯常的实践、制度或心灵秩序看做是自然秩序的一部分。消除历史与自然的区别，是马克思主义大众化研究主体最常用的也是最没有意识到的问题。

三、马克思主义大众化研究的多维度意识形态转化——政治维度、文化维度和生活维度

（一）马克思主义大众化研究的政治形态转化

1956 年，阿尔蒙德在《比较政治学》中明确地将政治文化的世俗化视为衡量政治文化发展的尺度，把世俗化主义视为政治发展的目标取向。他从系统分析的三个层面上分别考察了政治文化世俗化的一般性意义：首先，在体系层面上，"世俗化代表性地意味着以习惯和超凡魅力为基础的合法性标准的削弱，而政府实际作为重要性日益成为合法性的基础"①。其次，在过程层面上，"世俗化指对于政治机会

---

① 加布里埃尔·A.阿尔蒙德：《比较政治学：体系、过程和政策》，曹沛霖等译，上海译文出版社 1987 年版，第 58 页。

有较强的意识及利用这些可能改变个人命运的政治机会的意愿。总的说来，世俗化意味着政治参与人数的大幅度增加"①。再次，在政策层面上，世俗化是人们对政策的观念，它包含着"把积极的政治干预作为达到个人和集团目标的途径这样一种意识"②。

马克思主义大众化本质上是一种政治文化的世俗化和政治意识形态的生活化过程。马克思指出："理论只要说服人 [ad hominem]，就能掌握群众；而理论只要彻底，就能说服人 [ad hominem]。所谓彻底，就是抓住事物的根本。"③但我们要使理论彻底，从而抓住事物的根本，就有必要深入到哲学层面。由于所处的经济、政治和文化之生活总体发生了变化，马克思主义大众化机遇和挑战并存，当代中国马克思主义大众化研究不能滞留在现有的"大众化水平"，必须以实践理性为基础实现多维度意识形态转化，首先要实现的就是政治维度的形态转化。

在马克思主义大众化研究的政治形态转化中，必须对大众化主体和大众化研究主体作出区分。大众化主体直接为政治服务而大众化研究主体间接为政治服务，具体表现有三点差异：（1）大众化主体必须与时俱进，严格与党的当前大政方针保持步调一致和口径一致；而大众化研究主体应该具有大众化主体所不能具有的超脱性，譬如，大众化研究主体可以具有超前思维和逆向思维。（2）大众化主体侧重于政

---

① 加布里埃尔·A.阿尔蒙德：《比较政治学：体系、过程和政策》，曹沛霖等译，上海译文出版社1987年版，第57页。
② 加布里埃尔·A.阿尔蒙德：《比较政治学：体系、过程和政策》，曹沛霖等译，上海译文出版社1987年版，第240页。
③ 《马克思恩格斯选集》第1卷，人民出版社1995年版，第9页。

策适应性研究，必须瞻前顾后，谨小慎微；而大众化研究主体偏重于理论原创性研究，不宜在事实和政策操作层面上指手画脚。（3）大众化主体是立足于现实实践，比较需要守成思维，侧重于政治宣传性、政策辩护性和具体操作性；而大众化研究主体是供随时选用的储备资源，比较需要开放思维，侧重于批判性和反思性，与现行政策之间决不仅仅是一种宣传和解释的关系，还应该包括讨论和批评。只有这样，理论才能不断发展，决策才能减少失误，马克思主义大众化才不至于走向意识形态庸俗化。

（二）马克思主义大众化研究的文化形态转化

传统的科学哲学的基本框架是认识论的和分析哲学的。它主要是从认识论的角度来研究科学，其研究范围基本上局限在认识论或方法论的领域内，其方法主要采用的是分析（或分析哲学）的方法，因而它所研究的认识论或方法论几乎等同于"科学的逻辑"。后现代主义者开始在科学之外来找寻破解困境的途径，这时候他们找到了文化这个母体，认为需要在"文化的整体"中来理解科学，特别是以人文主义的视角来理解科学，而科学哲学则实现了由传统认识论和分析哲学的科学哲学向文化哲学的转变。总之，人文社会科学哲学的文化形态转化实际上是强调了文化因素在意识形态转化研究中的重要作用，提倡一种基于文化背景的科学研究。

马克思主义大众化研究的文化形态转化要把马克思主义与中国传统文化，特别是大众文化结合起来。中国大众文化既有封建性的糟粕，又有广大人民群众在长期的生活实践中产生的革命性的精华：在马克思主义与大众文化相结合的时候，一定要认真区分大众文化的精华与糟粕，把对大众文化的批判与吸收统一起来，尤其要注意防止大众文化的反意识形态之负面影响。

1. 马克思主义大众化研究文化形态转化的基本理念。石中英在《教育学的文化性格》中认为，文化就是在人们的生存发展的历史中形成并通过人们的各种活动而表现和传承的行为方式、价值观念、风俗习惯、语言符号、知识系统的整体。它的核心是价值观念，基础是一定社会的政治经济，表现是人们的行为方式、风俗习惯、语言符号以及知识系统。① 马克思主义大众化研究的文化形态转化也就是要将马克思主义大众化研究的理论背景定位于这些行为方式、价值观念、风俗习惯、语言符号和知识系统，将马克思主义大众化置于这个复杂的系统中进行考察，并从马克思主义大众化与它们的互动关系中得出大众化的应然式样。只有这样的马克思主义大众化研究才能使大众化与文化产生"兼容性"，真正融入到文化之中。这样既有利于马克思主义大众化与大众化研究的深入发展，也有利于文化的意识形态转化，并在意识形态转化中保持自身的生成性。

2. 马克思主义大众化研究文化形态转化的可能路径。第一，在文化的背景下重建马克思主义大众化研究方法论。马克思主义大众化的研究方法离不开马克思主义的研究方法本身。国内马克思主义的研究方法主要有文本研究、思想史研究、解释学的研究方法等，当然也有哲学视域内的认识论研究、价值观研究等，而国外马克思主义的研究方法几乎离不开哲学视域，如黑格尔主义的马克思主义、存在主义的马克思主义、新实证主义的马克思主义、结构主义的马克思主义和分析主义的马克思主义，等等。要以马克思主义认识论为指导，科学

---

① 石中英：《教育学的文化性格》，山西教育出版社 2005 年版，第 86 页。

地处理大众化研究与大众化实践的关系，避免从一个极端走向另一个极端。

第二，强化研究者的文化主体参与意识。研究者本身就是一种文化性存在，他们既是文化的产物，又在不断地作用于文化。强调马克思主义大众化研究的具体文化情境并不是提出一种相对主义，也不是鼓励马克思主义大众化研究搞闭门造车。不同种类的文化具有一定的相对独立性，这并不表示基于不同文化情境的马克思主义大众化研究也是"不可通约"的。应该意识到文化是人的文化，人性的"通感"必然带来文化之间的某些"同质"，文化之间是可以交流的，也是需要交流的。作为一种文化活动的马克思主义大众化研究不能搞"业内独白"式的研究，而是有赖于丰富的"对话"。具有不同意识形态色彩的大众化知识之间的交流、沟通、竞争是必要的，也是可能的。

第三，重视情感教育的作用。这些年来理性启蒙的重大意义得到强调，情感教育的重大意义却多少被忽略了。葛兰西的意识形态领导权理论认为，社会各个阶级之间的统治与被统治关系并不局限于直接的政治控制，而在于更为普遍性的心理支配，包括特定的观看世界的生活习性。也就是说，意识形态领导权渗透进了大众的情感习性之中，被大众接受为"正常现实"或"生活常识"。我们可用双重视点去看待"文化搭台，经济唱戏"之类的大众文化，既不把这种大众文化看做是腐蚀愚弄大众的工具，也不是对这种大众文化一味地媚俗，而是把它看做一个主流意识形态与大众的情感习性冲突磨合的互动媒介。

对大众文化领导权的争夺是实现党的意识形态领导权的一个长期而复杂的工程，在市场经济条件下，更是一场"阵地战"。要处理好党文化、官文化与民文化的关系，就要正确处理教育大众与娱乐大众、理性教育与情感教育的关系，特别要注意在思想政治工作中加强"心理建设"，促进身心和谐。

情感习性源于"心理积存"和"心理积淀"。什么样的情感习性就契合什么样的思想方式、认知结构和行为模式。大众文化从两方面影响人们的情感习性：一方面，社会意识形态内在化和具体化为情感习性；另一方面，情感习性作为生成性结构，能够生成具体实践行为的功能。实践逻辑不同于理论逻辑，它是一种前语言的、类似于游戏感的模糊逻辑。人们总是亲身体验到游戏感后，才能真正理解游戏规则并获得参与能力。情感习性与情感反应，有可能在文化互动中得到生成、迁移和强化。

（三）马克思主义大众化研究的生活形态转化

1. 以实践为基础重构马克思主义大众化研究重心，促进马克思主义意识形态转化的日常化。当代哲学视域是以人的多样化生活总体为基础，以多向度反思为理路，可多专业范式交叉言说的一种多棱镜文化域。马克思主义大众化研究的哲学基础可以从三个方面去理解：首先，马克思主义大众化研究的哲学基础是一种实践哲学范式，它超越了作为哲学的实体性哲学与主体性哲学两种范式，构成了现代哲学之典范；其次，马克思主义大众化研究的哲学基础是作为一种超越于与市场实践方式相匹配的多主体性的现代实践哲学，能够通过批判而起到一种使现代市场社会健康的作用；再次，从近代到现代，西方的哲学观发生了重大变化，最为突出的是在思维方式上由本质主义思维转向生成性思维，在研究内容上从认识论问题转向语言问题和生存问题，由此哲学就有了"语言学转向"、"生存论转向"、"身体的转向"

以及"生活哲学的转向"，等等。马克思主义大众化研究的形态转化是一种总体性的"生活哲学的转向"——"生活这个概念所指称的既不是胡塞尔和海德格尔的前反思的、人与世界相互交融的世界，也不是维特根斯坦和哈贝马斯的非主题化的、日常语言交往的世界，而是马克思所理解的现实生活世界，是生活世界的总体。它既包括日常的吃喝拉撒睡，也包括非日常的经济、政治、文化和社会等活动；既包括物质生活，也包括精神生活；既包括理性生活，也包括非理性生活。这样的一种大全的、没有被抽象化的生活才能成为马克思主义大众化研究的哲学基础。"[①]

　　那么，如何理解马克思主义的生活哲学？马克思恩格斯在《德意志意识形态》中提出的历史发展的多因素论思想成为诸多生活哲学研究者关注的焦点，认为马克思恩格斯强调的物质资料的生产、新的需要的产生、人的繁衍、生产关系以及精神生产这五个方面构成了马克思主义生活哲学思想的基本框架，有的学者提出了唯物史观逻辑起点的三因素说与五因素说，生活哲学思想的三重维度等，偏重物质生活生产的决定作用，而忽视了需要的内在作用。马尔库塞所说，资本主义在创造庞大的社会生产力的同时也"破坏了人类的需求和能力的自由发展。"[②]黑格尔从唯心主义历史观出发，认为生活的背后正是理念在起着决定性的作用。但理念本身却是无力的，正是人类需要、本能、兴趣和热情是理念成为现实的原动力。"他们是社会的特殊单位，他们有特殊的需要、本能和利益。……在这些需要当中，不仅仅有个

---

①　李文阁：《我们该怎样生活》，《学术研究》2010 年第 1 期。

②　马尔库塞：《单向度的人》，张峰、吕世平译，重庆出版社 1988 年版，第 2 页。

人的欲望和意志的需要，而且有个人的识见和确信的需要；或者至少有意见的偏向的需要。"①而马克思恩格斯的生活哲学思想主要从生产与需要的双层结构扩展开来，这样"实践"就取代了黑格尔那里的"理念"的地位，实现了哲学的"实践转向"。马克思主义哲学的"实践转向"开启了影响深远的现代西方哲学研究转向实践的潮流，这种影响不可避免地波及马克思主义大众化研究领域。

在当代马克思主义的发展中，对日常生活哲学的关注，提到了十分重要的地位，这首先表现在以卢卡奇和葛兰西等人为代表的非正统马克思主义者的日常生活批判中。他们在20世纪二三十年代的理论探索和实践预示了马克思主义的一个新的可能的发展方向，人们习惯地称为"哲学转折"，即从对社会的政治经济结构及其变革的优先性的关注，转向对社会历史进程的总体性的强调。通过对西方社会的统治结构和物化（异化）结构的分析，卢卡奇和葛兰西等人认为，现代资本主义的统治和压迫不单单地表现为政治压迫和经济剥削，而是以物化意识、操纵意识和文化霸权为特征的总体性统治，因而，无产阶级革命不能是单纯的政治经济革命，而应是同时也包括文化、心理等所有方面在内的总体革命，其中意识革命、文化革命等不应是政治革命和经济变革的后果或伴随现象，而应当是首要的历史进程。

2. 走出旁观者视角，进入置身者的实践视角，促进马克思主义意识形态转化的情境化。基于本质主义和实在论知识论立场的马克思主义大众化研究的共同问题就是知识的普世主义信仰。实际上，与普世主义相伴而生的还有旁观者的研究视角。置身事外的旁观者视角固

---

① 黑格尔：《历史哲学》，王造时译，商务印书馆1963年版，第61—62页。

然能提供一种相对客观的立场，但如果拘泥于这种视角，就会带来"外在论的谬误"。以实践重构马克思主义大众化研究，必然要求马克思主义大众化研究主体走出旁观者视角。如果只是在象牙塔中醉心于学理层面的研究，不投身到当代中国的活生生的实践，不深入考察当代中国的具体国情，不直面当代中国社会的现实，就无法真正理解马克思主义在中国的发展，无法把握马克思主义中国化、时代化和大众化的要旨，从而这样的马克思主义大众化研究就容易沦为自娱自乐和文字游戏。

3．回归大众化实践，促进马克思主义意识形态转化的具体化。马克思主义大众化研究转向大众化实践的理念，要通过采取措施付诸行动才能转变为现实，在当前形势下应该努力的方向如下：

第一，关注、分析、解决大众化实践问题。理论的抽象与一般，不能成为远离实践的借口，只有在分析实践中存在的多种多样问题的过程中，理论才能与实践结合起来并被赋予了一些生命的气息。

第二，转变研究方式，研究者走进大众化生活。这要求马克思主义大众化研究者走出书斋，放弃纯粹抽象研究的情结，走入大众化生活"现场"。在"生活现场"中感知现场、体会现场，并在现场中找到问题。要在严肃认真的研究之后，澄明隐藏在大众化现象背后的问题，指出解决问题的策略。

第三，培植大众化理论研究者和实践者的解释共同体，促进交流和对话，通过它改变理论工作者对实际工作者的话语霸权和理论指导者的姿态，消解实践工作者对大众化理论和马克思主义大众化研究的排斥。在两者的交流互动中，通过寻找背景性共识，形成解释性共识，达成价值共识和意义共识，形成大众化的解释共同体与合作共同体。

4. 正确处理意识形态灌输与文化自觉的关系，促进马克思主义意识形态转化的内在化。马克思恩格斯在《德意志意识形态》中指出，"历史并不是作为'产生于精神的精神'消融在'自我意识'中而告终的，历史的每一阶段都遇到有一定的物质结果、一定数量的生产力总和，人对自然以及个人之间历史地形成的关系，都遇到有前一代传给后一代的大量生产力、资金和环境，尽管一方面这些生产力、资金和环境为新的一代所改变，但另一方面，它们也预先规定新的一代本身的生活条件，使它得到一定的发展和具有特殊的性质。由此可见，这种观点表明：人创造环境，同样环境也创造人。"① 马克思恩格斯的这段话既可帮助我们理解生产力与生产关系的关系，同样也能帮助我们理解意识形态形成的外部作用与内部作用的关系。意识形态灌输论强调的是意识形态形成的外部作用，而文化自觉强调的是意识形态形成的内部作用。只有正确处理意识形态灌输论和文化自觉的关系，把握内部作用与外部作用的平衡，才能使马克思主义大众化研究的生活形态转化在现实中取得良好的效果。

意识形态灌输论是马克思主义大众化的一项基本原理，19 世纪80 年代，俄国一些革命知识分子开始深入到工人群众中去传播革命理论。因为当时俄国的经济派迷恋于工人运动的自发性，醉心于经济斗争，忽视无产阶级运动的政治任务，否认党的领导，致使党处于思想混乱、政治动摇、组织涣散的状态。列宁在《怎么办》中，对马克思主义理论灌输的目的、灌输的主体、灌输的思维方法，对实践经验进行总结。随着国际国内形势发生深刻变化，党的意识形态灌输必须

---

① 《马克思恩格斯文集》第 1 卷，人民出版社 2009 年版，第 544 页。

满足新形势的要求。

文化自觉指的是生活在一定文化中的人对其文化有"自知之明"，明白它的来历、形成的过程、所具有的特色和它的发展趋向及其优点和弱点，懂得发挥优势，克服弱点。在多元文化语境中，文化自觉还指生活在不同文化中的人，了解其他文化及与自身文化的关系，进而使自身文化为世界所用，成为世界文化新建构中不可或缺的重要组成部分。随着经济的全球化、信息技术的高速发展、国际交往的日益普遍，西方文化正以迅猛之势影响甚至瓦解着非西方国家既有的社会结构和规范秩序，影响着人们的思维方式和生活方式。如何从内部培育大众的文化自觉，在潜移默化中实现马克思主义大众化研究的生活形态转化，是当代马克思主义大众化研究不可或缺的一项重要课题。

（作者分别系中共中央党校马克思主义理论教研部教授、讲师）

在全球化条件下多向度地彰显
马克思主义的理论力量

衣俊卿

在新形势下大力推进马克思主义中国化、时代化和大众化,既是实施马克思主义理论研究的一项建设工程,也是加强党的思想理论建设的一项重要理论任务,更是我们卓有成效地把握发展战略机遇期和成功地应对全球化风险的一项十分紧迫的实践课题。无论是回顾20世纪的历史进程和马克思主义的命运,还是面对当今日趋复杂的世界变局和人类社会扑朔迷离的发展前景,我们都越来越明显地感受到马克思主义特有的理论价值和现实意义,越来越清醒地认识到在新形势下多向度地推动马克思主义理论创新的极端必要性。

透过一百多年的世界历史风云我们清楚看到马克思主义冷峻的理论穿透力和强大的理论解释力。20世纪是一个人类从未遇到过的飞速发展,且又风云变幻的时代:从相对论和量子力学到航天技术和信息互联网,人类经历了科学技术日新月异的进步,但同时又亲眼目睹了技术理性背景下两次世界大战的浩劫、核武器的阴云和此起彼伏的恐怖主义、区域性战争、宗教冲突和各种非传统安全;人类分享着福利社会、大众传媒、大众文化和数字化生存的便利，物质生存条件得到了极大的改善，但又饱受世界经济大萧条和全球性金融危机的折磨；人类经历了资本主义和社会主义跌宕起伏的发展历程，终于结束了冷战，开启了竞争性共存条件下"和平与发展"的时代主题，但又摆脱不了经济全球化背景下和世界体系中"发达"与"不发达"之间的不平等和对立冲突。

在这百年历史风云中，马克思主义不仅从理论变为现实，推动社会主义在实践中获得巨大发展，并极大地影响了资本主义的历史进程，而且展示了强大的理论生命力。20世纪这个世界并不缺乏理论和思想，在不同的时期，我们没少见到各种理论和思潮开出的"历史药方"，它们或是昙花一现，或是风靡一时，但是，没有哪一种理论像马克思主义那样，无论世界经历了怎样的变化，它始终是世界思想界难以回避的强大"磁场"。回顾20世纪历史，不难发现一个现象：每当人类社会发展遇到重大问题或面临重大转折时，马克思主义的理论都会引起人们格外的关注，都会以新的方式重新出场。近两年全球性金融危机的爆发，再一次印证了这一点，它又一次在全球范围内把人们对理性思维的渴求目光引到马克思主义的理论上，吸引一些有识之士重读《资本论》关于经济危机的理论分析。

透过中国特色社会主义实践的成功范例我们清楚地看到马克思主义同具体社会实践有机结合所焕发的旺盛的理论创新力和强大的实践影响力。过去一个世纪，在世界历史风云变幻中，中国社会发展的轨迹具有独特性：从一种积贫积弱、任人宰割的涣散状态，到新中国的成立、改革开放的成就、应对全球金融危机的成功，中国经常在不被世界看好的情况下，创造出引人注目、受人尊重的奇迹。在这些成功和奇迹的背后，自然有众多的支撑因素、艰苦的努力和创新，但是，有一个重要的因素我们无论如何不能忘却，这就是：中国共产党在自己 90 年的风雨历程中，一直重视用先进的理论来武装和指导我们的事业。在我们党成立初期还非常弱小的时候，就有一批党员和知识分子开始翻译马克思恩格斯著作，义无反顾地选择了马克思主义，比如陈望道、郭大力、王亚南，在异常艰苦的条件下，甚至冒着生命危险翻译了《共产党宣言》和《资本论》等；在红军结束长征不久的 1938 年，中央就在艰苦的延安成立了马列学院，内设教学部和编译部，组织了一批翻译家来翻译马克思、恩格斯、列宁的一些重要著作；1949 年上半年，在新中国成立前夕，毛泽东、周恩来在我们国家、我们党面临如此多的问题和困难、百废待兴的时候，就决定成立专门的编译局来翻译马克思恩格斯著作。经过中央编译局几代翻译家理论家的辛勤努力，中国已经成为世界上翻译出版马克思主义著作最多的国家。这种系统的编译和研究，为我们党的理论创新提供了源源不断的思想资源、理论基础和源头活水。

特别需要指出的是，我们党在思想理论建设方面的成功经验在于：我们所作的不是对马克思主义经典作家只言片语或某一部著作的编译和评介，而是系统的编译和研究，这样可以防止和避免功利主义地选取马克思恩格斯的某一种表述，或者教条主义地固守某个结论，能够使我们结合马克思主义经典著作产生的历史背景和针对性，真正全面地把握马克思恩格斯的基本立场和观点方法，并用它来分析和解决中国所面临的实际问题。正因为如此，我们没有停留于马克思主义的一般观点和结论上，而是卓有成效地推动了马克思主义的中国化，形成了中国化的马克思主义和中国特色社会主义。在我们党所领导的中华民族各项伟大事业中，我们一直都看到一种理论的力量和思想的力量。

　　新形势下推动马克思主义理论创新的任务更为艰巨，必须直面日益复杂的世界变局，必须切中快速发展的中国现实，在更宽阔的视域中多向度地展示马克思主义的理论力量和现实意义。穿透百年世界历史风云，总结中国实践成功经验，不仅进一步提升了我们对马克思主义的理论逻辑和思想力量的信心，也为我们昭示出在新的历史时期继续坚持推动马克思主义理论创新的正确路径。马克思主义不是不变的真理和给定的原理的集合，而是对人类命运的深切关怀和对现实社会历史进程的批判性透视，因此，它的理论力量和现实价值不是现成给定的和一劳永逸的，我们必须在更为复杂的社会历史条件下，在更为广阔的地平线上延续它的理论逻辑，彰显它的思想力量。

　　——开掘理论深度。彰显马克思主义现实价值，首先要对它的基本理论进行深入研究和深度挖掘，这是一项长期的任务。对于人类社会历史进程来说，马克思主义的学说不是给定的知识体系，不是一种可以现成套用的理论工具，恩格斯晚年在致康拉德·施密特的信中就曾明确地批评了德国一些青年理论工作者把唯物主义当做"套语"和"标签"往各种事物上粘贴，而不做进一步研究的错误倾向。马克思主义的当代价值不是附加到他的理论之上的东西，而是他的理论的内在规定性，只有对马克思主义经典作家的理论、思想、观点、历史背景做更深入的和全面的研究，才会彰显出其思想价值和方法论原则的现实意义，才能防止这一理论由于脱离了具体的历史背景而变得抽象化。例如，马克思主义问世已经一个半世纪了，但是，在国际范围内，马克思主义经典著作的编译一直是在不断延续的一项工作。尤其在中国，我们已经出版了多种版本的马克思主义经典著作的全集、选集、文集、单行本等，但今天，中央编译局的翻译家群体还在进行《马克思恩格斯全集》第 2 版的编译工作。新版的编译工作毫无疑问要通过修订使译文更为准确，但是，这并不是这项巨大工程的全部旨趣所在，应当指出的是，我们依据俄文版翻译的《马克思恩格斯全集》第 1 版的基本观点和基本译文是准确的和可信的。我们这项工程有着更深层次的考虑，新版是依据国际马克思恩格斯基金会正在编撰的《马克思恩格斯全集》历史考证版进行重新翻译和校订。原来在世界上已有的马克思恩格斯的全集主要是俄文版和德文版。但是，实际上马克思恩格斯的著作并非用一种文字写作和发表，其中只有 60% 是用德文写的，有 30% 是用英文写的，有 5% 用法文写的，还有 5% 是用其他多种文字写的。历史考证版是依据当年马克思恩格斯写作和发表时的文字语种编辑的版本。依据历史考证版对《马克思恩格斯全集》进行编译、修订和研究，可以使我们更加历史地和全面地了解和把握马克思恩格斯当年写作这些著作的历史背景和针对性，这对于我们在新形势下彰显马克思主义的理论力量和现实价值无疑具有重要意义。

——**拓展全球视野**。马克思主义的活的灵魂是对具体情况作具体分析，而当今人类社会发展，包括所有民族的发展，面临的最大的具体情况、最大的现实就是全球化的进程和全球化的逻辑。因此，中国的马克思主义，作为负责任的发展中大国对马克思主义的理论贡献，必须自觉地开启国际视野和世界眼光，必须对世界的变局和人类的发展作出清醒的理论判断，发出负责任的理论声音。在"我们岁月中的每个小时都是和世界的命运联系在一起的"（茨威格语）全球化时代里，如何能够清醒地"趋利避害"，即一方面充分地利用全球化提供的发展机遇，另一方面清醒地防范全球化风险，既是每一个民族生死攸关的选择，又是全人类生死与共的命运。在这一点上，我们再一次深刻地感受到马克思恩格斯的"历史世界思想"所包含的宏大的全球化视野和深刻的理论穿透力。他们在工业文明尚未在全球范围内充分发展和充分展开的时代，就已经通过工业文明的力量和资本的逻辑深刻地预见到了全球化时代的来临。他们在《共产党宣言》中曾指出，资本主义工业化运动结束了各个孤立的、彼此分离的民族历史，开辟了"世界历史进程"。工业化与现代性的不断扩展，信息化和全球化进程的强有力推进，使世界任何地方的本土问题总是在不同程度上同全球问题和世界问题紧密交织在一起。不仅如此，马克思耗尽毕生精力所进行的"资本的逻辑"批判对于我们形成深刻的全球视野，具有更为深刻的理论穿透力和震撼力。不可否认，随着"冷战"的结束，随着发达国家福利社会策略的实施，马克思时代那种以激烈的阶级对立、冲突和暴力斗争为极端表现形式的资本逻辑的统治在一定程度上得到缓解，但是，我们必须看到，在今天"资本的逻辑"非但没有退出历史的舞台，反而以更加隐蔽的形式、更加多样的手段在更加微观的层面上的全球化进程中行使着自己的统治逻辑。实际上，在各种各样的全球性问题和全球化风险中处处闪现着资本逻辑的身影。我们不难看出，西方马克思主义、新马克思主义、左翼激进批判理论等流派对发达资本主义的许多问题的批判，实际上都涉及对全球化背景下的资本逻辑的批判。例如，在世界体系中发达国家和发展中国家之间的不平等问题、在生态问题上发达国家和发展中国家的争执问题、在国际经济政治新秩序的形成中少数发达国家的霸权问题，在世界金融体系中发达国家所制造的全球风险问题、在微观政治层面和文化层面的各种霸权问题等，它们在深层次上都没有逃脱资本的逻辑。如果不在这样的认识高度形成清醒的国际视野和世界眼光，而仅仅在策略的、技术的和操作的层面上应对全球化风险和全球性问题，我们就很容易迷失，甚至陷入危险的境地。

——提升中国经验。中国的马克思主义理论研究和理论创新，任何时候都不能离开中国的现实、中国的发展，这已经是为历史证明了的真理。在中国的革命和建设历程中，当我们坚持了理论联系中国实际的原则，即使在极度艰难困苦的延安时期，毛泽东也能写出《实践论》、《矛盾论》、《论持久战》等伟大的著作，不仅给中国的革命指明正确航向，而且贡献了马克思主义中国化的第一个理论形态，即毛泽东思想；而当我们脱离中国的实际教条地、抽象地、空想地固守马克思主义的一些结论和观点，就会像"文化大革命"那样走向崩溃的边缘。在中国特色社会主义理论已经深入人心的今天，坚持马克思主义理论创新要紧密结合中国的实际，切中中国的现实，这在认识上已经不是问题，但是，如何更加卓有成效地进一步推动中国马克思主义的理论创新，则任重而道远。这是因为，新的时代和新的形势对马克思主义的中国化提出了更高的要求和更重的任务。如果说，在过去的改革开放中，马克思主义中国化理论研究的重点是用马克思主义的基本立场和观点说明中国的问题，推动中国的政治、经济、文化和社会健康发展（我曾把这一点称为马克思主义中国化的"中国向度"），那么，今天的理论研究和理论创新的重点则要在此基础上进一步拓宽，要在全球化的背景中，在更广阔的世界视野中，阐释中国的发展经验和中国的发展道路（我曾把这一点称为马克思主义中国化的"世界向度"）。

具体说来，由于全球化进程的加快，由于中国近年来的快速发展，特别是中国对国际金融危机的成功应对，中国在世界经济、政治中扮演越来越重要的角色，越来越处于世界舞台的中央。在这种背景下，我们无法相对封闭地思考和谈论中国的发展。一方面，从消极的或防御的角度看，中国在快速发展中遭遇到"成长的烦恼"和"资本逻辑的打压"。目前我们的国际环境并不是很好，我们在世界上有很多朋友、很多理解我们的人，他们关心和称赞中国道路和中国模式，但是也有很多不友好的声音，尤其是一些发达国家，不希望中国快速发展，常常以"中国责任论"和"中国威胁论"来指责我们。这要求我们必须站在全球化的高度，以国际化的语言，阐释清楚中国的道路和中国的发展模式，讲好中国的故事。另一方面，从积极的和进取的角度看，经过三十多年的改革开放，中国已经走出了一条具有特色的发展道路。这不只是中国自己的事情，也是对人类文明的贡献，具有世界意义。解决一个13亿人口大国的生存、发展和复兴的问题，实际上也解决了世界上一个大问题。中国的稳定发展对世界的稳定发展具有同样重要的意义。不仅如此，中国经济实力如此快速地增长，并能够成功地应对全球金融危机，这不是一个单纯的经济现象，它实际上证明了我们在经济体制、政治体制、文化发展、社会建设等各个方面已经依据中国的国情，并积极吸收世界文明成果，借鉴全球化的经验，逐步形成了具有中国特色、符合中国国情的一条发展道路，在某种意义上也可以称为"中国模式"。最为重要的是，中华民族一直是一个包容的民族，我们这里所说的"中国模式"不同于西方发达国家一些政要和理论家经常谈到的那种意义上的模式，在他们的价值观中，只有西方的发展模式才是人类唯一正确的模式、唯一可能成功的模式。我们强调发展道路的多样性，中国的模式是一种结合中国的国情所形成的有中国特色的发展道路，是多种发展模式中的一种。

因此，中国的成功具有值得我们深入挖掘的理论意义，它从一个方面证明了世界上不可能只有一条发展道路、一种模式，证明了存在着超越"资本的逻辑"，探寻不同于西方发达国家的发展模式的可能性。每一个国家、每一个民族都应该一方面善于运用全球化带来的发展机遇，借鉴世界的文明成果，另一方面脚踏实地地认清自己的国情，然后在国与国之间进行平等的对话与合作，从而推动一种包容性的发展。这才是人类正确的发展趋势，也应当成为中国马克思主义全球视野的理论诉求。

（作者系中共中央编译局局长、教授）

马克思主义民主思想与中国政治发展　｜　王中汝

马克思主义是中国共产党的指导思想，是中国特色社会主义的理论根源。马克思主义的民主思想，包括对一般民主的论述、对资本主义民主的批判、对无产阶级民主即未来新型民主的设想，是马克思主义理论体系的重要组成部分。马克思主义追求的新型民主，体现了马克思主义的科学价值与思想魅力。准确理解马克思主义民主思想，认真总结中国政治发展的历史经验，对于实现人民当家做主的社会主义理念，推动中国政治的健康持续发展，具有非常重要的现实意义。

一、准确理解马克思主义民主思想

民主是一种国家制度，或国家形式。作为一种国家制度，民主在人类历史演进到资本主义社会阶段，才获得了普遍性。马克思主义经典作家，特别是马克思、恩格斯、列宁等人，在批判资本主义制度的过程中，从多方面阐述了自己的民主思想，为人的彻底解放与全面自由发展提供了强大的思想武器。

（一）民主的一般性与特殊性

作为国家制度，民主具有一般性、特殊性（阶级性）等属性。民主的一般性，在于民主的制度形式或者结构形式，不具有社会制度属性，如同市场经济一样。民主的特殊性，特别是阶级性，则是指具体民主制度的功能而言，主要表现在为统治阶级服务上。这个观点，马克思主义经典作家并没有直接提出，而是隐藏在他们关于民主的论述中。

马克思在分析法国1848年宪法时指出，"这部宪法的主要矛盾在于：它通过普选权赋予政治权力的那些阶级，即无产阶级、农民阶级和小资产者，正是它要永远保持其社会奴役地位的阶级。而它认可其旧有社会权力的那个阶级，即资产阶级，却被它剥夺了这种权力的政治保障。资产阶级的政治统治被宪法硬塞进民主主义的框子里，而这个框子时时刻刻都在帮助敌对阶级取得胜利，并危及资产阶级社会的基础本身。"[1] 在这里，"民主主义的框子"体现了民主的一般性，其维护"资产阶级的政治统治"的功能则体现了民主的特殊性，即阶级性。列宁也指出，"在资本主义社会里，在它最顺利的发展条件下，比较完全的民主制度就是民主共和制。但是这种民主制度始终受到资本主义剥削制度狭窄框子的限制，因此它实质上始终是少数人的即只是有产阶级的、只是富人的民主制度。"[2] "比较完全的民主制度"，可以说是一般意义上的民主制度，但在资本主义条件下，这种民主制度

---

① 《马克思恩格斯文集》第2卷，人民出版社2009年版，第114—115页。
② 《列宁选集》第3卷，人民出版社1995年版，第189页。

受到"资本主义剥削制度狭隘框子"的制约与限制，因而成为有产阶级的、富人的民主。

鉴于民主具有一般性与特殊性双重特征，马克思主义经典作家在揭露民主的特殊性的同时，并没有忽视民主的一般性。马克思曾经指出，"选举是一种政治形式，在最小的俄国公社和劳动组合中都有。选举的性质并不取决于这个名称，而是取决于经济基础，取决于选民之间的经济联系"①。正因为如此，在巴黎公社采取的经济社会措施之外，马克思还特别强调普选权——并没有因为被资产阶级政治统治所利用而加以排斥——的地位与作用："普选权不是为了每三年或六年决定一次由统治阶级中什么人在议会里当人民的假代表，而是为了服务于组织在公社里的人民，正如个人选择权服务于任何一个为自己企业招雇工人和管理人员的雇主一样。大家都很清楚，企业也像个人一样，在实际业务活动中一般都懂得在适当的位置上使用适当的人，万一有错立即纠正。"② 这个普选权，就是民主的一般性的表现，任何统治阶级都可以用的统治形式，本身没有阶级属性。民主的特殊性特别是其阶级性，并非取决于民主制度本身，而是它的经济基础决定的。

（二）民主的手段性与目的性

从根本上讲，马克思、恩格斯只把民主当做手段，而非目的。"法的关系正像国家的形式一样，既不能从它们本身来理解，也不能从所谓人类精神的一般发展来理解，相反，它们根源于物质的生活关

① 《马克思恩格斯文集》第 3 卷，人民出版社 2009 年版，第 406 页。
② 《马克思恩格斯文集》第 3 卷，人民出版社 2009 年版，第 156 页。

系"①。国家的形式包括民主制度，是由物质生产方式决定的。在阶级社会，生产方式中的剥削关系，决定了国家在服务于全社会的公共职能之外，同时具有政治统治职能。民主作为国家形式，摆脱不了为统治阶级服务的工具属性。经济社会问题，特别是剥削问题，用纯粹的政治法律手段是不能解决的。

正是基于以上原因，恩格斯认为民主"这个概念每次都随着人民的变化而变化，……无产阶级为了夺取政权也需要民主的**形式**，然而对于无产阶级来说，这种形式和一切政治形式一样，只是一种手段。但是，如果在今天，有人要把民主看成**目的**，那他就必然要依靠农民和小资产者，……那他们对无产阶级说来就是**反动的**。"② 马克思、恩格斯的这种思想，对后来的马克思主义者影响很大。毛泽东认为，有一些人"以为在我们的人民民主制度下自由太少了，不如西方的议会民主制度自由多"，这些人"认为民主是目的，而不承认民主是手段。民主这个东西，有时看来似乎是目的，实际上，只是一种手段。马克思主义告诉我们，民主属于上层建筑，属于政治这个范畴。这就是说，归根结蒂，它是为经济基础服务的。"③ 将民主视为手段没有错，问题在于，这些手段为谁所用，为了什么所用，不用这个手段是否能够达到目的。

具体问题具体分析，是马克思主义唯物辩证法的基本要求。任何基本原理的运用，都离不开具体的时空环境。否则，真理会变成谬

---

① 《马克思恩格斯文集》第 2 卷，人民出版社 2009 年版，第 591 页。
② 《马克思恩格斯选集》第 4 卷，人民出版社 1995 年版，第 661—662 页。
③ 《毛泽东文集》第 7 卷，人民出版社 1999 年版，第 208—209 页。

误。在民主是手段还是目的问题上，也是如此。马克思主义关于人的解放的学说告诉人们，人类解放是有次序的，即经由政治解放达到经济社会解放，最后实现彻底解放与全面自由发展。人类解放的这种次序，从根本上是由生产力决定的。生产力的发展，越不过商品生产与交换这种经济形式。在这种经济形式下，才能形成与"人的依赖关系"相对立的"以物的依赖性为基础的人的独立性"，"形成普遍的社会物质变换、全面的关系、多方面的需要以及全面的能力的体系。"① 与商品生产与交换这种经济形式相适应的，是将人类从身份制、依附制、等级制中解放出来的民主政治。因此，马克思高度评价政治解放的作用："**政治**解放当然是一大进步，尽管它不是普遍的人的解放的最后形式，但**在**迄今为止的世界制度**内**，它是人的解放的最后形式。不言而喻，我们这里指的是现实的、实际的解放。"②

　　发展民主政治，实现人的政治解放，这个道理尤其适用于资本主义落后的封建、半封建国家。1891 年，恩格斯在批评德国社会民主党爱尔福特代表大会党纲草案中出现的"反动的一帮"的观点时，认为"德国仍然大量存在的反资产阶级的、官僚主义的和封建主义的垃圾"而法国、英国资产阶级及其政党战胜了君主制，带来了"新闻出版、结社和集会的自由"，"大大扩大了选举权"，"实行了义务教育"，因而"任何人也不能简单地责骂他们是'反动的一帮'"。③ 在承认"革命权是唯一的**真正**'历史权利'"④ 的前提下，恩格斯提出了民主政治

---

① 《马克思恩格斯文集》第 8 卷，人民出版社 2009 年版，第 52 页。
② 《马克思恩格斯文集》第 1 卷，人民出版社 2009 年版，第 32 页。
③ 《马克思恩格斯选集》第 4 卷，人民出版社 1995 年版，第 711 页。
④ 《马克思恩格斯文集》第 4 集，人民出版社 2009 年版，第 550—551 页。

发达国家存在着和平过渡可能性的观点，即"在人民代议机关把一切权力集中在自己手里、只要取得大多数人民的支持就能够按照宪法随意办事的国家里，旧社会有可能和平长入新社会"①。

民主、自由可以充当资产阶级的政治统治工具，同时也能成为无产阶级和其他劳动人民改变被统治、被压迫地位的武器。正如恩格斯所说，普选制"由历来是欺骗的手段变为解放的手段"，是促进工人阶级解放的"新的武器——最锐利的武器中的一件武器"②。在没有实现政治解放的国家，类似普选制这样的"武器"本身，就是无产阶级政治斗争的目标。换句话说，民主不仅仅是手段，同时也是政治解放的目标，尽管只是人类解放进程中的阶段性目标。

（三）以巴黎公社为原型的新型民主

在马克思、恩格斯的自由人联合体即共产主义社会中，并没有作为国家形式或政治制度的民主的任何位置。在那里，国家与政治都消亡了，政治统治将被社会管理所取代。区别于资产阶级民主的新型民主，只存在于从资本主义社会向共产主义社会转变的过渡时期。在这个时期，无产阶级要实施自己的革命专政。无产阶级专政，本质上是无产阶级民主，是新型的"人民政权"③。出于科学研究的严谨态度，马克思、恩格斯没有专门论述无产阶级专政与新型民主，但我们可以通过相关论述，包括关于巴黎公社的论述，来理解这种民主的基本原则与内在要求。

---

① 《马克思恩格斯文集》第4卷，人民出版社2009年版，第414页。
② 《马克思恩格斯文集》第4集，人民出版社2009年版，第544页。
③ 《马克思恩格斯文集》第3卷，人民出版社2009年版，第616页。

新型民主之"新"，首先表现在它的经济社会根基上。"无产阶级将取得公共权力，并且利用这个权力把脱离资产阶级掌握的社会化生产资料变为公共财产。通过这个行动，无产阶级使生产资料摆脱了它们迄今具有的资本属性，使它们的社会性质有充分的自由得以实现。"① 新型民主在经济社会方面的体现，同样出现在马克思对巴黎公社的分析中。巴黎公社应该"消灭那种将多数人的劳动变为少数人的财富的阶级所有制"，要"把现在主要用做奴役和剥削劳动的手段的生产资料，即土地和资本完全变成自由的和联合的劳动的工具，从而使个人所有制成为现实"，要使"联合起来的合作社按照共同的计划调节全国生产，从而控制全国生产"②，"劳动一解放，每个人都变成工人，于是生产劳动就不再是一种阶级属性了。"③ 由此可见，消除资本对劳动的剥削，实现生产资料社会所有、社会生产的计划化，是新型民主之所以"新"的关键。

新型民主之"新"，还表现在它的政治举措上。"民主共和国甚至是无产阶级专政的特殊形式"④，是恩格斯 1891 年说的。在马克思 1871 年著的《法兰西内战》中，一个基本思想就是，"工人阶级不能简单地掌握现成的国家机器，并运用它来达到自己的目的。"⑤ 这个思想，具有明确的正对性，即由庞大的常备军和官僚队伍武装的、以其绝对权力吞噬社会的法国中央集权政权。巴黎公社，是生产者的自治

---

① 《马克思恩格斯文集》第 3 卷，人民出版社 2009 年版，第 566 页。
② 《马克思恩格斯文集》第 3 卷，人民出版社 2009 年版，第 159 页。
③ 《马克思恩格斯文集》第 3 卷，人民出版社 2009 年版，第 158 页。
④ 《马克思恩格斯文集》第 4 卷，人民出版社 2009 年版，第 415 页。
⑤ 《马克思恩格斯文集》第 3 卷，人民出版社 2009 年版，第 151 页。

政府和廉价政府，"一方面应当铲除全部旧的、一直被利用来反对工人阶级的压迫机器，另一方面还应当保证本身能够防范自己的代表和官吏，即宣布他们毫无例外地可以随时撤换。"① 在这些举措中，普遍选举制度具有相当关键的地位："为了防止国家和国家机关由社会公仆变为社会主人"，巴黎公社"把行政、司法和国民教育方面的一切职位交给由普选选出的人担任，而且规定选举者可以随时撤换被选举者。"② 在普选制之外，"公社是一个实干的而不是议会式的机构，它既是行政机关，同时也是立法机关"，"先前由国家行使的全部创议权也都转归公社。"③ 采取行政、司法、创议（立法）职能合一的政权组织形式，是新型民主区别于三权分立、代议制度等"旧"式民主的另一个重要体现。

对于巴黎公社所代表的新型民主政权，马克思给予高度评价："它实质上是工人阶级的政府"，是"劳动在经济上获得解放的政治形式"④ 或"人民群众获得社会解放的政治形式"⑤。然而，对巴黎公社而言，"无论廉价政府或'真正共和国'，都不是它的终极目标，而只它的伴生物"⑥，真正目标是消灭任何形式的阶级与阶级统治，实现共产主义。由此来说，能够成为新型民主的政治形式，必须具备以下特征：第一，它是无产阶级政党领导的；第二，它的主体是劳动者；第

---

① 《马克思恩格斯文集》第 3 卷，人民出版社 2009 年版，第 110 页。
② 《马克思恩格斯文集》第 3 卷，人民出版社 2009 年版，第 110—111 页。
③ 《马克思恩格斯文集》第 3 卷，人民出版社 2009 年版，第 154—155 页。
④ 《马克思恩格斯文集》第 3 卷，人民出版社 2009 年版，第 158 页。
⑤ 《马克思恩格斯文集》第 3 卷，人民出版社 2009 年版，第 195 页。
⑥ 《马克思恩格斯文集》第 3 卷，人民出版社 2009 年版，第 157 页。

三，它不是分权式的，不是议会式的，而是议行合一的(马克思对"议会清谈"或"议会迷"极为厌恶)；第四，它不仅是政治上的彻底民主，而且具有相应的经济社会基础。从这些特征中，我们看到了彻底的民主主义精神，看到了人民自己统治自己的民主本真要求。

二、新民主主义理论所揭示的中国政治发展道路

近代中国，是一个半殖民地半封建社会。"中国缺少的东西固然很多，但是主要的就是少了两件东西：一件是独立，一件是民主。这两件东西少了一件，中国的事情就办不好。一面是少了两件，另一面却多了两件。多了两件什么东西呢？一件是帝国主义的压迫，一件是封建主义的压迫。"[①] 独立，解决半殖民地问题，是对外的民族革命的任务。民主，解决半封建问题，是对内的民主革命的任务。因此，中国近代的革命，属于民族民主革命。

中国的资产阶级发育不健全，不能像 19 世纪欧美资产阶级那样，担负起领导民族民主革命的历史任务。这个历史任务，只能由已经初步发育的工人阶级及其政党——中国共产党来完成。中国革命的性质，依然是资产阶级民主革命，但已经具备了"新"的、与 19 世纪欧美资产阶级民主革命不同的特征：一是领导力量不同，不是资产阶级领导而是工人阶级通过共产党领导的；二是未来方向不同，不是建立资本主义社会而是建立以社会主义为前途的新民主主义社会。

中国社会的半殖民地半封建性质，中国革命的新民主主义性质，

---

① 《毛泽东选集》第二卷，人民出版社 1991 年版，第 731 页。

是以马克思主义为指导思想的中国共产党运用马克思主义分析中国问题得出的结论。新民主主义理论，包括新民主主义革命理论与新民主主义社会理论，是马克思主义中国化第一大成果——毛泽东思想——的重要组成部分。在《新民主主义论》、《论联合政府》等著作中，毛泽东勾勒了新民主主义经济、政治、文化等内容。

从本质上说，新民主主义政治是工人阶级领导的"联合一切民主阶级的统一战线的政治制度"，新民主主义国家是"以全国绝大多数人民为基础而在工人阶级领导之下的统一战线的民主联盟的国家"。① 所谓的民主阶级，在抗日战争时期包括一切主张抗日的阶级，在解放战争时期包括一切反对国民党一党统治的阶级。"这种新民主主义共和国，一方面和旧形式的、欧美式的、资产阶级专政的、资本主义的共和国相区别，那是旧民主主义的共和国，那种共和国已经过时了；另一方面，也和苏联式的、无产阶级专政的、社会主义的共和国相区别，……一切殖民地半殖民地国家的革命，在一定历史时期中所采取的国家形式，只能是第三种形式，这就是所谓新民主主义共和国。这是一定历史时期的形式，因而是过渡的形式，但是不可移易的必要的形式。"② 也可以形象地说，新民主主义政治发展道路，是以社会主义（由苏联代表）为方向的非资本主义、非社会主义的第三条道路。

在新民主主义理论中，毛泽东详细阐述了新民主主义共和国的国体与政体问题。国体所展现的，是新式民主的阶级性。政体，则是新

---

① 《毛泽东选集》第三卷，人民出版社 1991 年版，第 1056 页。

② 《毛泽东选集》第二卷，人民出版社 1991 年版，第 675 页。

式民主的组织形式。所谓"国体","就是社会各阶级在国家中的地位。资产阶级总是隐瞒这种阶级地位,而用'国民'的名词达到其一阶级专政的实际。……'国民'这个名词是可用的,但是国民不包括反革命分子,不包括汉奸。一切革命的阶级对于反革命汉奸们的专政,这就是我们现在所要的国家。"① 抗日战争胜利后,汉奸不复存在。随着国共内战的展开,革命的主要对象亦由抗日战争时期的日本侵略者转为国民党政权,关于新民主主义共和国国体的提法也发生了微妙的变化:"无产阶级领导的,以工农联盟为基础,但不是仅仅工农,还有资产阶级民主分子参加的人民民主专政。"② 这种政权,不是苏联那样的无产阶级专政,也不实行苏联那样的"一党制度"。"有些人怀疑共产党得势之后,是否会学俄国那样,来一个无产阶级专政和一党制度。我们的答复是:几个民主阶级联盟的新民主主义国家,和无产阶级专政的社会主义国家,是有原则上的不同的。毫无疑义,我们这个新民主主义制度是在无产阶级的领导之下,在共产党的领导之下建立起来的,但是中国在整个新民主主义制度期间,不可能、因此就不应该是一个阶级专政和一党独占政府机构的制度。……中国现阶段的历史将形成中国现阶段的制度,在一个长时期中,将产生一个对于我们是完全必要和完全合理同时又区别于俄国制度的特殊形态,即几个民主阶级联盟的新民主主义的国家形态和政权形态。"③

新民主主义的政体,是民主集中制。"至于还有所谓'政体'问

---

① 《毛泽东选集》第二卷,人民出版社1991年版,第676页。
② 《毛泽东文集》第5卷,人民出版社1996年版,第135页。
③ 《毛泽东选集》第三卷,人民出版社1991年版,第1061—1062页。

题，那是指的政权构成的形式问题，指的一定的社会阶级取何种形式去组织那反对敌人保护自己的政权机关。没有适当形式的政权机关，就不能代表国家。中国现在可以采取全国人民代表大会、省人民代表大会、县人民代表大会、区人民代表大会直到乡人民代表大会的系统，并由各级代表大会选举政府。但必须实行无男女、信仰、财产、教育等差别的真正普遍平等的选举制，才能适合于各革命阶级在国家中的地位，适合于表现民意和指挥革命斗争，适合于新民主主义的精神。这种制度即是民主集中制。"① 更准确地说，所谓民主集中制，"它是民主的，又是集中的，就是说，在民主基础上的集中，在集中指导下的民主。只有这个制度，才既能表现广泛的民主，使各级人民代表大会有高度的权力；又能集中处理国事，使各级政府能集中地处理被各级人民代表大会所委托的一切事务，并保障人民的一切必要的民主活动。"② 民主集中制，不是资本主义国家的议会制，也不是三权分立制度。"我们政权的制度是采取议会制呢，还是采取民主集中制？……我们采用民主集中制，而不采用资产阶级议会制。议会制，袁世凯、曹锟都搞过，已经臭了。在中国采取民主集中制是很合适的。……我看我们可以这样决定，不必搞资产阶级的议会制和三权鼎立等。"③

新民主主义之所以新，还在于它的经济基础。马克思主义意义上的民主，不仅仅是政治的，还是经济社会的。新民主主义的经济，在工商业方面，大银行、大工业、大商业，归无产阶级领导下的新民主

---

① 《毛泽东选集》第二卷，人民出版社 1991 年版，第 677 页。

② 《毛泽东选集》第三卷，人民出版社 1991 年版，第 1057 页。

③ 《毛泽东文集》第 5 卷，人民出版社 1996 年版，第 136 页。

主义共和国所有，具有社会主义的性质，是整个国民经济的领导力量。与此同时，国家并不没收其他资本主义的私有财产，不禁止"不能操纵国民生计"的资本主义生产的发展，不实行土地公有制而实行"耕者有其田"的土地农民个人私有制。共产党要通过新民主主义国家政权，建立"节制资本"、"平均地权"的新政治、新经济与新社会。这个新的民主社会，要大力发展生产力，发展人民的个性，为进入社会主义创造条件。新民主主义政治，虽与马克思关于新型民主的设想不同，却体现了新型民主的基本精神，那就是发展生产力，在新的生产力条件下促进人的全面自由发展。

三、中国特色社会主义政治发展道路的开辟与挫折

1949 年新中国的成立，标志着中华民族获得了完全独立，为中国政治发展开辟了新纪元。按照新民主主义理论，中国共产党要领导人民建立新民主主义社会，尽管这个社会具有过渡性质，却不是短期能够结束的。起着临时宪法性质的《中国人民政治协商会议共同纲领》，确认中华人民共和国为新民主主义性质的国家，中国的国体是人民民主专政，即"中国工人阶级、农民阶级、小资产阶级、民族资产阶级及其他爱国民主分子的人民民主统一战线的政权，而以工农联盟为基础，以工人阶级为领导。"由于种种原因，新民主主义社会并没有像革命成功前想象的那样经历较长时期，而是以苏联模式为蓝本迅速过渡到社会主义。中国的基本政治制度，就在这个短暂的过渡时期形成了。对中国政治发展影响最大的，不是马克思、恩格斯的民主思想，而是列宁开创并由斯大林完成的苏联模式的政治体制，以及传

统封建政治文化。

早在 1953 年，人们特别是共产党的领导干部，就对新政权的"人民民主统一战线"性质，产生了与毛泽东阐发的新民主主义论不一致的新认识。不少人将人民民主专政等同于无产阶级专政，认为"其他阶级（主要指民主人士）在联合专政中只等于零"，"实质上由共产党一个党决定纲领政策和计划"。对于这种新认识，中共中央专门发出的党内文件指出，"中央认为人民民主专政和无产阶级专政本无实质上的区别"，但是"现在的政权的统一战线的组成并没有妨碍共产党和工人阶级的领导，相反地是有利于这一领导的，……因此在相当长的时期内，应当继续保持政权的统一战线性，而如果广泛地宣传它实质上是无产阶级专政，就势必引起许多民主人士的不安、不满和种种揣测，引起资产阶级的恐慌心理，这在目前时期就是不利的，不策略的"，因而要"停止在广泛的干部中关于人民民主专政实质上就是无产阶级专政"的宣传和讨论。[①] 这份党内文件表明，中共中央改变了之前的认识，认可人民民主专政等同于无产阶级专政的新观点，只是出于策略上的考虑而不加以宣扬。

一方面坚持人民民主专政的人民民主统一战线性质，一方面认为人民民主专政实质上是无产阶级专政，这种新认识同样体现在 1954 年颁布的《中华人民共和国宪法》上。宪法第一条规定，"中华人民共和国是工人阶级领导的、以工农联盟为基础的人民民主国家。"宪法尽管从字面上改变了《共同纲领》关于"人民民主统一战线的政权"

---

① 参见《建国以来重要文献选编》第 4 册，中央文献出版社 1993 年版，第 682—683 页。

的提法，但也强调"人民民主制度"依然是"新民主主义制度"。与《共同纲领》一样，宪法规定人民代表大会制度的政体，规定全国人民代表大会是最高国家权力机关，是行使国家立法权的唯一机关，拥有广泛的、最高的权力。中央人民政府是最高国家权力机关的执行机关，是最高国家行政机关，对全国人民代表大会及其常务委员会负责并报告工作。宪法还确立了民族区域自治制度，确立了共产党领导的多党合作与政治协商制度。

毛泽东指出，1954 年宪法基本上体现了两大原则，即民主原则和社会主义原则。"我们的民主不是资产阶级的民主，而是人民民主，这就是无产阶级领导的、以工农联盟为基础的人民民主专政。人民民主的原则贯穿在我们整个宪法中。另一个是社会主义原则。"所谓"社会主义原则"，并不是说当时实行的已经是社会主义制度，而是指宪法中规定的"一定要完成社会主义改造，实现国家的社会主义工业化。"[1]虽然如此，这部体现了社会主义原则的根本大法，依然不是一部社会主义宪法。"我们的这个宪法，是社会主义类型的宪法，但还不是完全社会主义的宪法，它是一个过渡时期的宪法。"[2]所谓过渡时期的宪法，刘少奇的解释是，它区别于"社会主义社会已经建成时期的宪法"："一方面，我国现在还没有建成社会主义社会，另一方面，我国现实生活中已经存在着建设社会主义的事实，而且社会主义

---

[1] 《建国以来重要文献选编》第 5 册，中央文献出版社 1993 年版，第 288—289 页。

[2] 《建国以来重要文献选编》第 5 册，中央文献出版社 1993 年版，第 292 页。1975 年宪法规定，"中华人民共和国是工人阶级领导的以工农联盟为基础的无产阶级专政的社会主义国家。"1982 年宪法规定，"中华人民共和国是工人阶级领导的、以工农联盟为基础的人民民主专政的社会主义国家。"

的建设正在一天一天地发展。"① 宪法的根本作用，就是保障社会主义改造，推动向社会主义的转变。这种社会主义，是苏联模式的社会主义，即存在着"单一的社会主义经济结构的社会"②。这条走向社会主义的道路，"就是苏联走过的道路"，"苏联的道路是按照历史发展规律而为人类社会必然要走的道路。要想避开这条路不走是不可能的。我们一向认为马克思列宁主义是普遍的真理。"③ 以21世纪的眼光看，苏联模式的社会主义，只是社会主义的众多模式之一，而且是一种不好的社会主义模式。中国共产党人，当时并没有这种认识。

无论是《共同纲领》还是1954年宪法，都不是社会主义宪章或宪法。历史的复杂性在于，正是《共同纲领》与1954年宪法，确立了迄今为止一直坚持的基本政治制度框架，包括人民代表大会制度、共产党领导的多党合作与政治协商制度、民族区域自治制度。这个框架，在没有来得及稳定下来即告结束的新民主主义时期，被称为新民主主义政治；在1956年社会主义改造完成之后，被称为社会主义政治；无论被冠以何种名称，实际上都是一回事。1954年宪法，在规定基本政治制度之外，还规定了人民享有广泛的平等、自由与权利：中华人民共和国公民在法律上一律平等，不分民族、种族、性别、职业、社会出身、宗教信仰、教育程度、财产状况、居住期限等的选举权和被选举权，言论、出版、集会、结社、游行、示威、信仰宗教、居住迁徙、通信与人身自由，进行科学研究、文学艺术创作和其他文

---

① 《建国以来重要文献选编》第5册，中央文献出版社1993年版，第507页。
② 《建国以来重要文献选编》第5册，中央文献出版社1993年版，第473页。
③ 《建国以来重要文献选编》第5册，中央文献出版社1993年版，第487页。

化活动的自由，以及劳动权、休息权、获得物质帮助的权利、受教育的权利等。人民代表大会制度，共产党领导的多党合作与政治协商制度，民族区域自治制度，以及它们规定的广泛的自由与权利，是马克思、恩格斯那里所没有的，也的确与苏联的一党制度、联邦制度有所区别，可以视为马克思主义民主思想在中国条件下的创造性运用与发展。

　　问题不在《共同纲领》与 1954 年宪法规定的基本政治制度，而在于保障这些制度得以实施、保障人民自由与权利得以实现的政治体制。简略回顾 20 世纪 50 年代到 70 年代中国的政治发展状况，可以用两个"高度"来概括：高度民主的政治制度与高度集权、民主不够的政治体制。基本制度与具体体制之间，出现了背离。这种背离，曾经是社会主义国家的普遍现象。高度集权、民主不够的政治体制，按照列宁的说法，可称做"为民做主"："说起来苏维埃机构是全体劳动者都可以参加的，做起来远不是人人都能参加，这是我们大家都知道的。"[①] 准确地说，"由于文化水平低，苏维埃虽然按党纲规定是**通过劳动者**来实行管理的机关，而实际上却是通过无产阶级先进阶层来**为劳动者**实行管理而不是通过劳动群众来实行管理的机关。"[②]"为劳动者实行管理而不是通过劳动群众来实行管理"，扭曲了民主的本来面目，即人民当家做主。对于"为民做主"的高度集权的政治体制的表现、弊端，邓小平做过比较充分的分析。

　　民主集中制，既是共产党的组织原则，也是党领导的国家政权的

---

① 《列宁选集》第 3 卷，人民出版社 1995 年版，第 766 页。
② 《列宁选集》第 3 卷，人民出版社 1995 年版，第 770 页。

组织原则。高度集权的政治体制，破坏了民主集中制。"因为民主集中制受到破坏，党内确实存在权力过分集中的官僚主义。这种官僚主义常常以'党的领导'、'党的指示'、'党的利益'、'党的纪律'的面貌出现，这是真正的管、卡、压。许多重大问题往往是一两个人说了算，别人只能奉命行事。"[1] 因为民主集中制受到破坏，"加强党的领导，变成了党去包办一切、干预一切；实行一元化领导，变成了党政不分、以党代政；坚持中央的统一领导，变成了'一切统一口径'。"[2] 因为民主集中制受到破坏，"官僚主义"、"家长制"、"干部领导职务终身制"及各种"形形色色的特权现象"成为党和国家领导制度、干部制度的"主要的弊端"。[3] 在这种情况下，党的一元化领导变成"把一切权力集中于党委，党委的权力又往往集中于几个书记，特别是集中于第一书记"。"党的一元化领导，往往因此而变成了个人领导"，甚至变成了"个人凌驾于组织之上，组织成为个人的工具。"[4] 鉴于高度集权政治体制的弊端及其给中国政治发展造成的灾难，邓小平强调没有民主就没有社会主义，强调民主的法律化、制度化："为了保障人民民主，必须加强法制。必须使民主制度化、法律化，使这种制度和法律不因领导人的改变而改变，不因领导人的看法和注意力的改变而改变。"[5] 这样的思路，是对"为民做主"的集权政治体制的根本否定。

---

[1] 《邓小平文选》第二卷，人民出版社 1994 年版，第 141—142 页。
[2] 《邓小平文选》第二卷，人民出版社 1994 年版，第 142 页。
[3] 《邓小平文选》第二卷，人民出版社 1994 年版，第 327 页。
[4] 《邓小平文选》第二卷，人民出版社 1994 年版，第 329 页。
[5] 《邓小平文选》第二卷，人民出版社 1994 年版，第 146 页。

把马克思、恩格斯的新型民主思想落实到实践中，是一项艰巨的历史任务。在经济文化落后、封建传统深厚的中国、俄国等国家，尤为如此。"俄国中世纪的半农奴制度的残余还异常强而有力（比西欧），它像一副沉重的枷锁套在无产阶级和全体人民身上，阻碍着一切等级和一切阶级的政治思想的发展，所以我们不能不主张反对一切农奴制度即反对专制制度、等级制度、官僚制度的斗争对于工人有巨大的重要性。"① 消除专制制度、等级制度、官僚制度，是任何性质、任何类型的民主政治的直接任务。民主的实质纵然重要，民主的形式也是不可缺少的。在连任何形式上的民主都不存在的国家，民主形式本身的建立，就是一个艰难的历史过程。民主取向政权的建立，甚至民主宪法的制定，并不能自动带来民主，还要建立体现宪法精神的政治体制。只有在合适的民主形式之下，民主的实质性内容才能展现自己。

四、中国特色社会主义政治发展道路的拓展与完善

按照通行的说法，中国特色社会主义是"始于毛"、"成于邓"、"完善发展于江、胡"，是改革开放以来探索出来的道路、形成的理论，不包括毛泽东思想。这种分析，从整体意义上讲是对的。改革开放以前，中国坚持的是苏联模式的社会主义。然而，有一个问题需要认真思考、研究。诚然，在经济社会方面，中国特色社会主义与改革开放以前的社会主义有着很大区别，但在政治方面，我们所坚持的基

---

① 《列宁选集》第 1 卷，人民出版社 1995 年版，第 72 页。

本政治制度，依然是改革开放以前奠定的，并没有根本改变。有所改变的，主要是政治体制及其运行机制。无论如何，改革开放以来，中国政治发展开始走上正常轨道。

全面启动政治体制改革。(1) 基本政治制度更加完善，人大、政协等的机构建设、功能履行、政治威信等都在提升，党政之间也实现了初步分开。(2) 市场经济体制建立，政治从经济、社会领域适当退缩，政经、政社分开。(3) 中国特色社会主义法律体系日益完善。(4) 党和国家领导制度的民主化、法律化，包括退休制、任期制、公务员制等的建立与完善。① (5) 人民参与制度的建立与完善，包括人民以多种形式对政治过程的参与，以及政府对人民知情权、参与权、表达权、监督权等的保障。(6) 执政党建设不断推进，在党与社会的关系上，提出转变执政方式，实现民主执政、依法执政、科学执政；在党内，提出尊重党员的主体地位，不断地发展党内民主。现阶段，尤其需要重视两个问题。一个是，在经济多样化、利益多元化的条件下，如何在政治体制安排上反映多元利益，促进中国特色社会主义政治健康发展。另一个是，改革党政领导人产生机制，将任用制建立在民主选举(包括人大、党的代表大会)的基础之上。马克思曾经说过，

———————

① "中国早就废除了事实上的领导人终身制，领导人有序更替已成惯例。中国已经没有领导人执政20年、30年、40年的现象。中国已经建立中国特色社会主义法律体系和正在不断完善的社会主义民主制度。中国人完全可以在现有法律体系和民主制度内参政议政"，"中国领导人一直以来顺应民意，用发展改革的办法解决发展改革中出现的问题。"(江上雨：《中国不是中东》，《人民日报·海外版》2011年3月11日) 这一段话，扼要真实地道出了改革开放以来中国政治发展的成就。当然，这并不是说中国的民主政治已经尽善尽美，甚至已经不存在重大缺陷。

"如果用等级授职制去代替普选制，那是最违背公社精神不过的。"①
由上级逐级授职的制度，是封建政治的支柱，与任何类型的民主制度
都风马牛不相及。

　　深入推进法治建设进程。法治是人治的对立物，也是对革命党惯
用的运动治国、文件治国的否定。新中国前30年政治发展的一个重
要教训，就是仅仅把法律作为手段，认为"主要靠决议、开会""维
持秩序"而"不能靠法律治多数人"，"法律只能作为办事的参考"。②
以法治取代人治，在执政党层面，要求党在宪法和法律范围内活动。
这个问题，原则上已经得到解决。1982年宪法规定，"一切国家机关
和武装力量、各政党和各社会团体、各企业事业组织都必须遵守宪法
和法律。一切违反宪法和法律的行为，必须予以追究。""任何组织或
者个人都不得有超越宪法和法律的特权。"这里的"各政党"，包括执
政的中国共产党。中国共产党领导人民制定宪法和法律，领导人民遵
守宪法和法律，党自己包括各级机关和领导人当然也必须在宪法和法
律范围内活动，不得有凌驾于宪法和法律之上的特权。在政府层面，
法治的核心在于限制政府权力，保障人民权利。法治建设的重大进
展，一方面体现在"依法治国，建设社会主义法治国家"载入宪法，
另一方面体现在限制政府权力的法律体系建设上：改革开放以来，《行
政诉讼法》、《国家赔偿法》、《行政处罚法》、《行政监察法》、《行政复
议法》、《立法法》、《行政许可法》、《政府信息公开条例》等先后制定，
"民告官"制度、国家赔偿制度、公务听证制度等制度先后建立起来。

---

① 《马克思恩格斯文集》第3卷，人民出版社2009年版，第156页。
② 丛进：《曲折发展的岁月》，河南人民出版社1989年版，第65页。

这些法律制度的制定和实施，对于增强行政行为的透明度、保障公众的知情权、规范政府的权力、促进社会主义民主法治建设，都产生了深远影响。建设社会主义法治国家，是对数千年人治传统的根本否定，是对苏联模式社会主义政治发展道路的根本性突破，也是马克思主义民主思想的重大发展与创新。

正视权力监督与制约问题。在中国，无论是改革开放前政治发展遭遇的挫折，还是改革开放以来深为社会诟病的腐败问题，均与一个人说了算、权力监督与制约不到位关系密切。改革开放以后，邓小平首先提出权力监督与制约，主张"我们要坚持共产党的领导，当然也要有监督，有制约。"① 这是在政党层面讲的。20 世纪 90 年代以后，党的第三代和第四代领导集体深入、持续地将权力监督与制约思想提升到整个政治体系层面。党的十五大，首次在党的代表大会中提出"要深化改革，完善监督法制，建立健全依法行使权力的制约机制"②。党的十六大，继续强调"加强对权力的制约与监督"，提出"建立结构合理、配置科学、程序严密、制约有效的权力运行机制，从决策和执行等环节加强对权力的监督，保证把人民赋予的权力真正用来为人民谋利益"③。党的十七大更具体了一步，提出"建立健全决策权、执行权、监督权既相互制约又相互协调的权力结构和运行机制"④。权

---

① 《邓小平文选》第三卷，人民出版社 1993 年版，第 256 页。
② 《江泽民文选》第二卷，人民出版社 2006 年版，第 31 页。
③ 《江泽民文选》第三卷，人民出版社 2006 年版，第 557 页。
④ 胡锦涛：《高举中国特色社会主义伟大旗帜　为夺取全面建设小康社会新胜利而奋斗——在中国共产党第十七次代表大会上的报告》，人民出版社 2007 年版，第 33 页。

力结构与配置，权力制约、监督与协调，都是政治运行与发展可否持续、健康的重要问题，甚至可以说是核心问题。无论如何，现代社会已经不能容忍绝对权力的存在，正确处理党内权力关系、国家政权内部的权力关系与党政关系，建立结构合理、配置科学、监督有效、运行公开的权力监督与制约机制，建立一党执政条件下的现代民主体制，是中国政治健康发展的关键所在。当然，在一党执政条件下，监督、制约权力所需要的制度架构、科学内涵、实现形式，都需要在实践中勇于探索。

中国政治发展开始走上正常轨道的判断，来源于以下事实：一是符合生产力发展的需要，二是符合人的解放的需要，三是符合执政党历史角色转变的需要，四是符合人类政治生活制度化的要求，五是顺应符合人类政治文明发展的大趋势。当然，中国政治发展中还存在不少问题，例如腐败问题、政府效能问题等。这些问题，要在基本制度框架内，围绕着民主、法治、权力监督与制约、人民参与等政治发展的核心，通过政治体制改革来解决。中国已经确立了社会主义市场经济体制。在经济全球化背景下，市场经济所要求的基本规则，在各国都是一样的。不像经济体制，世界各国的政治制度与体制，甚至都是民主政治，也有着相当大的差异。这些差异，既取决于阶级力量对比、统治阶级的具体状况等，也受一个国家的历史、文化、社会价值等因素影响极大。市场经济的基本规则可以通用，甚至政府干预市场的技术也是通用的，但政治体制则很难复制或模仿。从这个意义上讲，中国的政治发展只能走自己的路。

中国特色社会主义是马克思主义与中国基本国情相结合的产物。中国的政治发展，同样要坚持马克思主义特别是马克思主义民主思想的指导。马克思主义的核心价值追求，是人的彻底解放与全面自由发展。中国政治发展，不能离开这个价值追求，不能离开对劳动者主体性的尊重与关怀。与此同时，中国的政治发展，还要坚持政治发展自身所要求的系统性与整体性。具体来说，要做到四个有机统一：党的领导、人民当家做主与依法治国的有机统一，政治民主与社会民主、经济民主的有机统一，民主的实质与民主的形式的有机统一，政治体制改革的力度、速度与社会可承受度的有机统一。这四个有机统一，层次各有不同，却是政治健康发展所不可缺少的。在更高层面，中国要在整个经济社会进步中推动政治发展。也就是说，政治发展不能脱离与社会其他子系统之间的良性互动。中国现阶段的政治建设，尽管有其自身的不可忽视的价值，但更要成为生产力发展的助力。富强、民主、文明都是中国现代化的基本目标，都具有不可替换的重要性，但富强这个目标在现阶段更具关键意义。

五、结　语

列宁曾经指出，"在工人阶级反对资本家以争取自身解放的斗争中，民主具有巨大的意义。但是民主决不是不可逾越的极限，它只是从封建主义到资本主义和从资本主义到共产主义的道路上的阶段之一。"[①]列宁的这个论断，既揭示了民主作为上层建筑的局限性，也准确概括了民主发展的历史进程：第一个阶段，从封建主义到资本主义阶段，民主制度战胜了封建专制制度，把人们从人身依附的等级制度

---

① 《列宁选集》第3卷，人民出版社1995年版，第200页。

下解放出来；第二个阶段，从资本主义到共产主义阶段，工人阶级在已经获得政治解放的基础上，努力争取经济社会解放，建立取代资本主义民主的新型民主，并由此走向民主消亡的共产主义社会。

马克思主义民主思想，特别是马克思、恩格斯的民主思想，反映了已经获得政治解放的工人阶级进一步实现经济社会解放的民主要求。近代中国的民主发展，准确地说还处在从封建主义到资本主义这个阶段上。中国共产党把马克思主义基本原理同中国国情结合起来，创立了毛泽东思想特别是新民主主义理论，开创了富有中国特色的民主革命道路，建立了民主取向的新政权。尽管《共同纲领》与1954年宪法都规定了高度民主的基本政治制度，但由于苏联模式社会主义、封建政治文化的消极影响，新中国建立起高度集权、缺乏民主的政治体制，政治发展遭遇重大挫折。胡乔木认为，这是"国家民主化进程的中断"——"尽管革命成功了，民主革命、社会主义革命成功了，但是还来不及把落后的东西统统铲除掉。"[①] 所谓"来不及把落后的东西统统铲除掉"，准确地说是没有认识到高度集权、缺乏民主的政治体制本身，就是"落后的东西"，是封建遗毒在体制上的体现。毛泽东曾经说过，废止肉刑"是资产阶级民主主义者反封建的口号，无产阶级应该接受这份遗产。……到了延安，还是没有完全废止肉刑，这表示共产党没有本领，只能依靠封建的办法。现在必须重申，共产党绝不要提倡打人，绝不要组织打人，这是一条原则。"[②] 然而，党的领导人成长、生活在封建传统浓厚的环境中，难免会受到封建主义的

---

① 《胡乔木文集》第 2 卷，人民出版社 1993 年版，第 132 页。
② 《毛泽东文集》第 4 卷，人民出版社 1996 年版，第 335 页。

影响。打人、肉刑是封建主义的，高度集权、缺乏民主的政治体制何尝不是"封建的办法"？依靠这种办法实现伟大的社会改造目标，最终的结果只能是南辕北辙。

民主政权的建立，仅仅是民主政治建设的第一步。没有市场经济，没有自立、自主、自由的人民个性的充分发展，就没有民主政治。新中国第一代领导人，并没有认识到这个道理。现阶段，社会主义市场经济体制已经建立起来，人民个性得到相当大发展，公民社会初具雏形，民主政治深入发展的有利条件日益增多。"只有经过民主主义，才能到达社会主义，这是马克思主义的天经地义"①。毛泽东的这句名言，是在新民主主义革命时期说的，无疑仍适用于 21 世纪的今天。致力于中国特色社会主义建设事业的中国共产党，要学会民主执政、依法执政、科学执政，不能再依赖非民主的执政办法了。当然，市场经济的发育，人民个性的发展，封建遗毒的涤荡与清除，中国特色民主政治的探索，不是一蹴而就的。马克思主义民主思想在中国的彻底实现，中国政治的民主化、法治化、文明化，还需要全体中国人做出持久的艰苦努力。

（作者系中共中央党校马克思主义理论教研部副教授）

---

① 《毛泽东选集》第三卷，人民出版社 1991 年版，第 1060 页。

马克思主义：一个等待深入开发的思想富矿

李惠斌

在研究马克思主义中国化、时代化、大众化的过程中，必须明确这样一种认识，即马克思主义是马克思恩格斯共同创立的科学思想体系，对马克思主义的任何一种简单归纳都有可能是片面的和抽象的。马克思主义作为科学的、完整的思想体系蕴涵着丰富的思想资源，其思想的丰富性和显著的时代特征都有待我们去研究和开发。然而，对马克思主义教条式的理解会遮蔽这一丰富的思想富矿。因此，只有走出教条主义的束缚，科学的、完整的马克思主义才能呈现在我们面前，才能真正成为我国重建社会制度和重塑民族精神的重要思想来源。

一、马克思主义是一个思想富矿

马克思主义在中文的词汇里被称为马克思和恩格斯所创立的思想体系。既然是一个思想体系，它就应当是马克思和恩格斯的全部思想和著作。马克思恩格斯的思想体系涉及哲学、政治、经济、文化、新闻、文学、历史、军事、宗教等几乎现代哲学社会科学中的各个学科,而且至今在这些学科中都有很深的影响。也正是在这个意义上,马克思被世界公认为是"千年思想家"。从著作出版上看,依据俄文版编译出版的中文《马克思恩格斯全集》就有 50 卷之多。国际马克思恩格斯基金会组织编辑的《马克思恩格斯全集》历史考证版计划编辑出版 114 卷(123 分册)。依据历史考证版编译的《马克思恩格斯全集》中文第二版将有 60 多卷。中央编译局在编辑出版《马克思恩格斯选集》四卷本的基础上,已于 2010 年将马克思恩格斯的重要著作编辑整理后出版了《马克思恩格斯文集》十卷本,供广大中文读者阅读和研究。

马克思和恩格斯本人从来不把他们的思想和理论研究成果简单地当做一种主义或意识形态,而是把它们当做科学。马克思甚至不止一次地向身边的人说,"我不是马克思主义者"。与此同时,马克思和恩格斯都把他们关于唯物史观和剩余价值学说的发现当做是科学上的伟大发现。恩格斯指出:"正像达尔文发现有机界的发展规律一样,马克思发现了人类历史的发展规律"[1]。"这两个伟大的发现——唯物主义历史观和通过剩余价值揭开资本主义生产的秘密,都应当归功于**马克思**。由于这些发现,社会主义变成了科学"[2]。马克思在谈到劳动价值论时写道:"后来科学发现,劳动产品作为价值,只是生产它们时所耗费的人类劳动的物的表现,这一发现在人类发展史上划了一个时

---

[1] 《马克思恩格斯选集》第 3 卷,人民出版社 1995 年版,第 776 页。
[2] 《马克思恩格斯选集》第 3 卷,人民出版社 1995 年版,第 740 页。

代"①。马克思在谈到劳动二重性时指出："商品中包含的劳动的这种二重性，是首先由我批判地证明了的。这一点是理解政治经济学的枢纽"②。恩格斯在总结马克思一生的伟大贡献时指出："一生中能有这样两个发现，该是很够了。即使只能作出一个这样的发现，也已经是幸福的了。但是马克思在他所研究的每一个领域，甚至在数学领域，都有独到的发现，这样的领域是很多的，而且其中任何一个领域他都不是浅尝辄止。"③

马克思恩格斯对于他们所从事的社会科学研究事业及其在这种研究中所取得的科学发现，以及因此而表现出来的喜悦和幸福感是我们这些后人所无法企及的。两人的不幸在于，他们的思想难逃狭隘的历史工具性的命运。后人会抓住他们的只言片语，形成一种简单化了的思想体系，作为一个时期之内的思想指南和制度设计方案。但是，一旦这段历史结束，这种社会制度会连同这种以马克思主义的名义出现的思想体系一起，被历史抛弃。这可能正是马克思本人拒绝承认自己是马克思主义者的真实原因。另外，马克思的思想也时常面临着被误读，甚至被抄袭的境况，如杜林、拉萨尔所做的那样。杜林和拉萨尔不仅抄袭马克思的思想，而且肆意歪曲马克思的思想，在剽窃马克思的剩余价值思想的同时又把它歪曲到非常荒谬的程度。这就使得马克思的思想常常会落入"我播下的是龙种，而收获的却是跳蚤"的宿命。

---

① 《马克思恩格斯全集》第 23 卷，人民出版社 1972 年版，第 91 页。
② 《马克思恩格斯选集》第 2 卷，人民出版社 1995 年版，第 119 页。
③ 《马克思恩格斯选集》第 3 卷，人民出版社 1995 年版，第 776—777 页。

二、教条主义对马克思主义思想富矿的遮蔽

"十月革命一声炮响，给我们送来了马克思列宁主义。"这是毛泽东在新中国成立初期总结中国共产党 28 年的光辉历程时提出的一个著名判断。结合后来 30 年的社会主义建设实践，我们不难看出，我们当时接受的马克思主义是与社会主义的苏联模式紧密结合在一起的，其思想和实践的总结更多的是列宁主义和斯大林主义，而不是原来意义上的马克思主义。

我们至少可以在"无产阶级专政理论"和"社会主义理论"这两个问题上看到两种不同的马克思主义之间的区别。

说到无产阶级专政，我们理解的就是无产阶级对资产阶级的阶级镇压，是一个阶级对另一个阶级的暴力统治。但是马克思和恩格斯所理解的"无产阶级专政"不是这个意思，或者说根本不是这个意思。马克思在总结巴黎公社的经验时对无产阶级专政这个概念进行了系统的论述。在马克思看来，无产阶级专政指的是一个没有职业军队、没有职业警察、没有职业官吏，甚至没有职业法官和审判官，以公民自治为主要内容的社会治理方式。马克思在这里首先批判了国家机器，认为国家机器是一个凌驾于社会之上、要由社会供养的一个多余的赘瘤，在由无产阶级掌握政权之后它将自行消亡。取代它的是一个只具有管理或服务职能的"廉价政府"或"社会的代表"，从而"给共和国奠定了真正民主制度的基础"。马克思写道："公社体制会把靠社会供养而又阻碍社会自由发展的国家这个寄生赘瘤迄今所夺去的一切力量，归还给社会机体。仅此一举就会把法国

的复兴推动起来。"① 恩格斯在《社会主义从空想到科学的发展》一文中指出："当国家终于真正成为整个社会的代表时，它就使自己成为多余的了。当不再有需要加以镇压的社会阶级的时候，当阶级统治和根源于至今的生产无政府状态的个体生存斗争已被消除，而由此二者产生的冲突和极端行为也随着被消除了的时候，就不再有什么需要镇压了，也就不再需要国家这种特殊的镇压力量了……那时，国家政权对社会关系的干预在各个领域中将先后成为多余的事情而自行停止下来。那时，对人的统治将由对物的管理和对生产过程的领导所代替。"②

马克思在强调国家这个寄生赘瘤的自行消亡的同时，充分肯定了公社所实行的公职人员普选制度。马克思写道："法官和审判官，也如其一切公务人员一样，今后均由选举产生，对选民负责，并且可以罢免。"③ 马克思每讲到公务人员实行普选的时候，总要加上"对选民负责"和"可以罢免"这两个内容。没有"可以罢免"这个实质性内容，就可能谈不上对选民负责。这一点常常被我们有意或无意地忽视了。

恩格斯在 1891 年，也就是在马克思起草《法兰西内战》20 年后，为该文件所作的"导言"中也主要是从上述两个方面概述了马克思的无产阶级专政理论。一方面是国家消亡，取消常备军、职业警察和职业官吏。恩格斯写道："实际上，国家无非是一个阶级镇压另一个阶级的机器，而且在这一点上民主共和国并不亚于君主国。国家再好也

① 《马克思恩格斯文集》第 3 卷，人民出版社 2009 年版，第 157 页。
② 《马克思恩格斯文集》第 3 卷，人民出版社 2009 年版，第 561—562 页。
③ 《马克思恩格斯文集》第 3 卷，人民出版社 2009 年版，第 155 页。

不过是在争取统治的斗争中所继承下来的一个祸害；胜利了的无产阶级也将同公社一样，不得不尽量立刻除去这个祸害的最坏方面，直到在新的社会条件下成长起来的一代把这个国家废物全部抛掉。"另一方面是指出巴黎公社为了防止国家公务人员"由社会公仆变为社会主人"所采取的两个可靠的办法："第一，它把行政、司法和国民教育方面的一切职位交给由普选选出的人担任，而且规定选举者可以随时撤换被选举者。第二，它对所有公职人员，不论职位高低，都只付给跟其他工人同样的工资。公社所曾付过的最高薪金是 6000 法郎。这样，即使公社没有另外给代表机构的代表签发限权委托书，也能可靠地防止人们去追求升官发财了。"①

恩格斯在写完了这两个方面的内容之后告诉他的读者："你想知道无产阶级专政是什么样子吗？请看巴黎公社。这就是无产阶级专政。"②

我们再以马克思恩格斯的社会主义理论来说明我们在过去的理论和实践中曾经多么严重地误解和偏离了马克思恩格斯的思想。

谈到马克思主义时代化，有人不免会提出疑问说："马克思主义强调生产资料国有化和公有制，强调计划经济，不承认市场经济，这就很难时代化"。这里同样存在着把马克思恩格斯的思想与列宁、斯大林的理解以及社会主义的苏联模式相混淆的问题。生产资料国有化在中外历史上都不同程度地出现过。在马克思的时代，那个曾经主持制定"反社会党人非常法"的"铁血宰相"俾斯麦就曾经在德国实行

---

① 《马克思恩格斯文集》第 3 卷，人民出版社 1995 年版，第 111 页。
② 《马克思恩格斯文集》第 3 卷，人民出版社 1995 年版，第 111—112 页。

过很长时间的国有化运动，后来希特勒在德国搞的国有化和国家社会主义更是给德国和世界带来了灾难性的后果。马克思和恩格斯在写作《共产党宣言》期间也主张把全部生产资料收归国家所有，这主要反映在《宣言》第二章末尾提出的以国有化为主要内容的 10 条革命措施。但是，在经历了俾斯麦的国有化运动和发生了巴黎公社的革命之后，两位经典作家的思想发生了根本性的变化。从上面我们讲到的马克思和恩格斯对于国家的批判性表述（例如马克思恩格斯称国家是"一个废物"，"一个祸害"，"一个寄生赘瘤"，"一个凌驾于社会之上的寄生赘瘤"，等等）我们也可以看出，马克思和恩格斯对于由"国家废物"全部掌握生产资料的想法肯定要发生重大的变化。马克思和恩格斯在 1872 年为《共产党宣言》德文版"序言"中写道："这些原理的实际运用，正如《宣言》中所说的，随时随地都要以当时的历史条件为转移，所以第二章末尾提出的那些革命措施根本没有特别的意义。如果是在今天，这一段在许多方面都会有不同的写法了。由于最近 25 年来大工业有了巨大发展而工人阶级的政党组织也跟着发展起来，由于首先有了二月革命的实际经验而后来尤其是有了无产阶级第一次掌握政权达两月之久的巴黎公社的实际经验，所以这个纲领现在有些地方已经过时了。特别是公社已经证明：'工人阶级不能简单地掌握现成的国家机器，并运用它来达到自己的目的。'（见《法兰西内战。国际工人协会总委员会宣言》德文版第 19 页，那里对这个思想作了更加详细的阐述。）"① 马克思恩格斯在这里特别地提到《宣言》第二章末尾有关国有化的"革命措施""根本没有特别的意义"，"已

---

① 《马克思恩格斯文集》第 2 卷，人民出版社 2009 年版，第 5—6 页。

经过时"和"今天会有不同的写法了"。"工人阶级不能简单地掌握现成的国家机器，并运用它来达到自己的目的。"后人（包括列宁）对这句话的理解各不相同。马克思恩格斯在这句话的括号里说的《法兰西内战》一文中"对这个思想作了更加详细的阐述"。这些阐述我们已经从上面我们引用的《法兰西内战》有关"国家废物"和政府公务人员的产生方式等论述中已经可以看出一个大概。不仅如此，马克思恩格斯在那里还谈到了一个非常重要且完全不同于《宣言》时期的经济学思想，即充分地肯定了公社把生产资料完全变成自由的和联合的劳动的工具，"从而使个人所有制成为现实"。与《宣言》中简单地把生产资料"集中在国家手里"、"用于国家的支出"等表述不同，这里强调的是"自由的和联合的劳动"和"联合起来的合作社"，强调的是劳动的解放，强调的是与《资本论》中的表述一样的使劳动者摆脱受奴役状态或"社会奴隶地位"的"个人所有制"。

所以，关于生产资料国有化的问题，在马克思恩格斯的理论中并不是一个简单的话题，需要我们去认真地进行研究和分析。恩格斯甚至认为国家掌握生资料是"剥削达到了顶点"。所以恩格斯后来一般讲要由社会直接掌握生产资料。这与《法兰西内战》中的思想是一致的。

另外，关于公有制的问题也是一个需要进行深入研究和讨论的问题。我个人在有关文章中对这个问题已经作过比较深入的探讨。这里我给读者再举一个马克思对待公有制态度的例子。在《德国工人党纲领》中，拉萨尔在谈到"公平的分配"时设想了这样一个社会，在那里"劳动资料是公共财产，总劳动是由集体调节的"[①]。马克思把这一

---

① 《马克思恩格斯文集》第 3 卷，人民出版社 2009 年版，第 432 页。

句话同拉萨尔在第一段中所讲的"劳动所得应当不折不扣和按照平等的权利属于社会一切成员"的话进行了比较。马克思除了我们都熟悉的对于拉萨尔的所谓"不折不扣的劳动所得"进行了批判以外，还对拉萨尔在公有制问题上的看法进行了批判。马克思接着写道："在一个集体的、以生产资料公有为基础的社会中，生产者不交换自己的产品，用在产品上的劳动，在这里也不表现为这些产品的**价值**，不表现为这些产品所具有的某种物的属性，因为这时，同资本主义社会相反，个人的劳动不再经过迂回曲折的道路，而是直接作为总劳动的组成部分存在着。于是，'劳动所得'这个由于含义模糊就是现在也不能接受的用语，便失去了任何意义。"[①]马克思这里的意思是说，在一个完全公有制的社会里，不可能有商品经济，因而根本不可能实行按劳分配。马克思的这个思想好像从来没有引起过我们的注意。

三、马克思主义中国化、时代化、大众化需要真实而完整的马克思主义

认真地阅读马克思恩格斯的这些著作，我们可以发现，马克思和恩格斯的许多思想与我们传统的理解存在着巨大差异。正如前文所分析的，马克思恩格斯使用的"无产阶级专政"概念与后来我们理解的"无产阶级对资产阶级的镇压"和"一个阶级对另一个阶级的暴力统治"根本不是一回事。恰恰相反，马克思和恩格斯强调的是这种镇压功能的消亡和取而代之的"人民民主"或工人自治。人们可以说马克

---

① 《马克思恩格斯文集》第 3 卷，人民出版社 2009 年版，第 433—434 页。

思恩格斯以巴黎公社为范例来解释无产阶级专政的理论不一定完全适用于今天的现实，但是，我们不应该误解马克思和恩格斯对于无产阶级专政概念的说明和解释。因为当我们提到"无产阶级专政"这个概念时，其发明权总要归功于马克思和恩格斯。况且，马克思和恩格斯在这里所涉及的思想，如廉价政府、服务型政府、民主共和制度、普选制度、罢免权制度、公务员薪酬制度等，在其后的政治学理论中始终是一些非常重要的研究话题，只是我们没有充分地重视马克思和恩格斯这些重要思想的时代价值而已。

同样，我们过去一听到"资产阶级权利"就会不舒服，其不知这是马克思对于社会主义初级阶段的一个基本表述。另外，我们过去总是把按劳分配与我们过去理解的公有制联系起来，认为公有制就意味着按劳分配。其实恰恰相反，存在着按劳分配原则的社会不是一个完全的公有制社会，而是一个"刚刚从资本主义社会中产生出来的"，依然通过"商品交换原则进行调节的"，因而"在经济、道德和精神方面都还带着它脱胎出来的那个旧社会的痕迹"① 的社会。正是在这样一个社会的框架下，马克思才说出了他的按劳分配理论。不过在马克思表述了他的所谓等价劳动获得等价回报的按劳分配原则之后紧接着说，显然，"这里通行的是商品等价物的交换中通行的同一原则，即一种形式的一定量的劳动同另一种形式的同量劳动相交换。""所以，在这里**平等的权利**按照原则依然是**资产阶级权利**"。② 因此，正如马克思所说，完全的公有制是不承认市场经济的，因而在那里不可能出

---

① 《马克思恩格斯文集》第 3 卷，人民出版社 2009 年版，第 434 页。
② 《马克思恩格斯文集》第 3 卷，人民出版社 2009 年版，第 434 页。

现按劳分配。

　　除了对马克思主义真实思想的误读，许多被忽视的理论也是导致我们不能完整地理解马克思主义的一个重要原因。黑龙江大学的张奎良先生在为《马克思主义与现实》杂志撰文时就感叹道："马克思的《〈公社土地占有制〉一书摘要》在我国已出版二十多年，至今学术界还无人问津，这不能不说是一件憾事。"其实，这种遗憾在我国理论界是十分常见的。马克思恩格斯的著作作为一个思想宝库，不知有多少著作、段落、概念、思想和理论由于种种原因至今无人问津。

　　如今，中国特色社会主义道路已经远离了苏联模式而走向社会主义市场经济时代，但在理论认识上，不能完整的把握马克思主义真精神的问题仍然存在。"回到马克思"，张一兵教授曾经因为提出这个口号而受到不少人的非议，然而今天这应该成为最强劲的时代召唤，因为马克思的理论和思想所产生的历史背景更接近商品经济时代的特征。如果我们真的要超越新自由主义，那么，回到马克思，比之回到孔夫子和追随民主社会主义以及各种新左派思想，都会更加接近真理。今天的商品经济是处在生产力高度发达时期的市场经济，我们与马克思的距离实际上是越来越近。教条主义的牛圈也许很难打扫干净，但是，绕过教条主义，我们就会看到马克思主义为我们准备的一个令人惊喜的、无限丰富的思想富矿和精神家园。

　　　　（作者系中共中央编译局《马克思主义与现实》杂志主编、教授）

责任编辑：徐庆群
装帧设计：李欣欣

图书在版编目（CIP）数据

马克思主义中国化研究 / 中共中央党校马克思主义理论教研部
　中国马克思主义研究基金会 编 .－北京：人民出版社，2011.12
《当代中国马克思主义》论丛（第二辑）
ISBN 978－7－01－010479－9

I.①马…　II.①中…②中…　III.①马克思主义－发展－研究－中国
　IV.① D61

中国版本图书馆 CIP 数据核字（2011）第 259718 号

马克思主义中国化研究
MAKESI ZHUYI ZHONGGUOHUA YANJIU

中共中央党校马克思主义理论教研部　　中国马克思主义研究基金会 编

人民出版社 出版发行
（100706　北京朝阳门内大街 166 号）

北京新魏印刷厂印刷　　新华书店经销

2011 年 12 月第 1 版　2011 年 12 月北京第 1 次印刷
开本：710 毫米 × 1000 毫米 1/16　印张：23.75
字数：323 千字

ISBN 978－7－01－010479－9　定价：48.00 元

邮购地址 100706　北京朝阳门内大街 166 号
人民东方图书销售中心　电话（010）65250042　65289539